KB041404

생명공동체

생명공동체

안건훈 지음

서광사

생명공동체

안건훈 지음

펴낸이 | 김신혁, 이숙
펴낸곳 | 도서출판 서광사
출판등록일 | 1977. 6. 30.
출판등록번호 | 제 406-2006-000010호

(10881) 경기도 파주시 회동길 77-12 (문발동)
대표전화 (031) 955-4331   팩시밀리 (031) 955-4336
E-mail : phil6161@chol.com
http://www.seokwangsa.co.kr | http://www.seokwangsa.kr

제1판 제1쇄 펴낸날 — 2016년 9월 30일

ISBN 978-89-306-2143-4   93190

이 책은 생명과 생명체에 관한 탐구와 더불어 생태계를 구성하는 생명 공동체에서 개체 수가 적어 희귀성 동물로 지정된 동물들과 국제적인 보호를 받고 있는 동물들의 삶을 다뤘다. 그런 동물들이 지닌 특징과 생명공동체에서 사람들에 의해 멸종 위기 상태에 이르기까지 겪어야 했던 동물들의 처절한 삶을 입증 자료들을 통해 서술했다.

이 책은 I부(생명공동체와 인간의 삶), II부(멸종 위기 동물 복원의 필요성)로 이루어져 있으며, 5개의 소제목으로 각각 나뉘어져 있다. I부의 '1. 생명, 생명체, 생물다양성'에서는 모든 생물에 공통으로 존재하는 속성인 '생명'의 뜻풀이와 더불어 생명공동체 구성원들의 공통적인 관심인 '고통'에 관해 서술했다. 이어서 생명공동체에서 생물다양성 감소의 원인 제공자로 인간을 지적하면서, 앞으로 인간이 해야 할 역할에 관해 서술했다. 다른 생물들이 겪는 고통을 이해하는 자세가 보다 고양된 도덕성이라는 것도 밝혔다. 아울러 바람직한 생명공동체는 생명의 존엄성이나 자유와 평등에 기초한 생태민주주의를 함축함을 시사했다.

'2. 다른 동물들과의 의사소통'에서는 '언어'에 관한 개념 규정과 더불어 다른 동물들과의 소통 방법에 관해 지금까지 연구·축적된 방법들을 소개했다. 이어서 동물들의 사고력과 학습 능력에 관한 구체적인 예들도 소개했다. 사고와 언어는 내용과 형식의 관계와 같이 서로 밀접하게 관련을 맺고 있어서 동물들과 의사소통을 하면서 그들의 마음도 헤아릴 수 있다. 동물들의 사고력과 학습 능력이 인간과 다른 점은 '있음'과 '없음'의 차이가 아니라 '정도의 차이'에 불과함을 지적했다.

'3. 거목과 노목의 가치'에서는 산지 면적이 국토의 2/3가 넘는 대표적인 산림녹화국인 우리나라가 의외로 거목이나 노목은 적은 편임을 지적하면서 그런 나무들이 있음으로 해서 이 세계는 더욱 안정감·조화로움·아름다움을 갖게 되며, 그들을 통해 생명공동체가 만들어 내는 도도한 역사의 숨결도 느낄 수 있음을 언급했다. 또한 그런 나무들이 생명공동체에서 차지하는 가치와 더불어 우리에게 시사하는 상징성을 살피는 데 힘썼다.

'4. 소나무와 참나무의 힘겨루기'에서는 우리나라의 대표적인 나무인 소나무 속과 참나무 속을 예로 들어 생태계에서의 변화를 살폈다. 나무는 기후 변화나 사람들의 인위적인 간섭 속에서 그 세력 분포를 달리하면서 그 삶을 이어 나갔으며 저자는 인위적인 간섭에 따른 생태계 변화가 순리적인 변화가 아님을 명확하게 드러내 보이기 위해 러셀이나 타르스키가 제시한 해결 방법을 동원할 필요가 있다는 것도 밝혔다. 생명공동체의 구성원들에 의해 야기된 생태계 변화를 모두 당연한 변화로 여긴다면 인간에 의해 야기된 생태계 파괴도 당연한 것이 되기 때문이다.

'5. 풍수와 환경 문화'에서는 형기론 — 형세론(形勢論)이라고도 함 — 을 중심으로 살폈다. 풍수에서는 산이 건강한지, 물이 땅을 감싸면서 흐르는지가 중요하다. 물론, 형기론은 과학성을 필반(必伴)하지 않는다. 과학적인 확증성이라기보다는 사람들이 선호하는 통계적인 경향성에 근거한다. 자연스러움을 중시하면서도 인간의 상식이나 경향성과 관련된 그리고 민속적인 것이 가미된 하나의 전통이다. 이런 점에서 풍수는 자연과 문화를 연결시킬 수 있는 연결고리의 특징을 지닐 수도 있다.

한편, II부에서는 우리나라에서나 국제적으로 멸종 위기 동물로 지정된 동물들을 중심으로, 그런 동물들의 종류·특징·분포 및 복원 상황·생명공동체에서의 위치를 살피는 데 주력했다. 이를 위해 II부는 '6.여우와 늑대', '7.호랑이와 표범', '8.반달가슴곰', '9.산양과 사향노루', '10.물범·수달·황새·황금박쥐 등'의 삶을 살폈다. 이런 동물들의 삶에 관해 구체적으로 언급함으로써 생명공동체에서 그들이 직면한 현 상황을 더 잘 파악할 수 있게끔 했다. 주로 사람들에 의해 그런 비극적인 상태에 이르게 되었기에 그렇다.

현재 우리나라의 경우 휴전선 이남에서는 늑대·호랑이·표범·대륙사슴·붉은 사슴·바다사자·따오기가 야생 상태에서 더 이상 발견되지 않는다. 여우·반달가슴곰·수달·황새의 경우는 최근에 그 복원 사업이 진행되어 개체 수 증식에 힘을 쏟고 있으며, 반달가슴곰과 황새의 경우는 어느 정도 성공을 이루고 있는 상태이다. 늑대·호랑이·표범의 야생 상태에서의 복원은 사람들 사이에 논쟁을 야기시키는 일이어서 인간중심사회에서는 공감대를 형성하기가 힘든 면이 있다.

서식 환경이 아주 비슷한 산양과 사향노루(궁노루) 가운데서도 사향노루가 인간에게 당한 피해는 실로 눈물겹다. 수백만 년 동안이나 그 모습을 거의 그대로 유지하고 있는, 소위 '살아있는 화석'이라 일컬어질 정도로 학술적으로 매우 귀중한 동물들인데도 향료인 사향 획득을 위해 사람들이 마구 잡아 버려 그렇게 된 것이다. 그 결과 사향노루는 우리나라에서 거의 멸종 위기에 이르렀다.

포유류 가운데 유일한 날짐승인 황금박쥐는 우리나라에만 서식하는데, 현재로서는 복원보다도 서식지 훼손 방지 등 예방이 더 시급하다. 95년 만에 다시 관찰된 수염수리나 또 다른 희귀종인 흰꼬리수리의 경우는 국제적인 협조가 절실한 새이다. 야생 상태에서 자취를 감춘 따오기와 요즘은 보기 힘든 뜸부기의 경우도 비슷한 처지라 하겠다.

하천에 서식하는 수달은 그 모피를 얻기 위한 사람들의 남획 때문에 이젠 멸종 위기에 이르렀다. 바다에 서식하는 물범의 경우도 백령도에만 일부 서식하고 있는데 그 개체 수가 위험 수준이다. 우리나라 동해안에서 목격되곤 하던 알라스카 귀신고래의 경우는 더욱 딱하다. 지능이 비교적 높은 고래이기에 자기를 잡아먹는 사람들을 피해 우리나라 연안에는 더 이상 오지 않는다.

이런 현상이 나타나게 되기까지 생명공동체에서 우리가 그런 동물들에게 가한 박해는 너무나 끔찍하다. 이런 점에서 '인간은 만물의 영장이다.' 또는 '인간은 이성적 동물이다.' 등의 표현은 쑥스럽다. 이런 끔찍한 현상은 생명공동체에서 우리에게 시사하는 바가 크다. 이성적인 동물은 다른 동물들이 당하는 고통을 알면서 다른 동물들을 배려하고 돌보는 확대된 도덕성을 함축하는 그런 것이어야 하며, 만물의 영장은 그런 자세를 지닌 데서 그 모습을 찾아야 한다.

이처럼 II부에서는 생명공동체에서 인간에 의해 그 개체 수가 현저히 줄었거나 없어져 버린 동물들을 우리나라를 예로 들어 구체적으로 살피는 데 힘썼다. 선진국에 진입한, 그리고 성공적인 산림녹화국으로 인정받는 우리나라로서는 이제 사람들이 이런 동식물들의 처지에 관해 숙고할 때이다. 우리나라는 사람들만 사는 곳도 아니고 사람들만을 위한 곳도 아니다. 이곳에서 생활했거나 생활하고 있는 그런 생명체들의 나라이기도 하다. 우리가 그동안 그들에게 가한 일들에 관해 도덕적인 책임을 느끼면서, 우리도 이젠 생명공동체의 일원으로 품위 있게 생활해야 할 때이다. 한 단계 고양된 그런 도덕적인 생활을 하자는 것이다. 이런 점에서 환경윤리가 그 어느 때보다도 요청되는 때라고 하겠다.

이 책을 서술하는 데는 책이나 논문뿐만 아니라 신문이나 잡지에서 확보한 자료도 도움이 되었다. 후자의 경우에는 관련된 글이 게재될 무렵의 상황을 보다 구체적으로 접할 수 있어서였다. 끝으로 이 책이 나오기까지는 나의 건강을 항상 염려하는 아내와, 자녀들의 힘이 컸다. 특히 아들이 환경학 분야를 전공하고 있어 더 힘이 되어 주었다. 출판계의 어려움 속에서도 이 책을 출판해 주신 서광사의 김신혁·이숙 대표님, 김찬우 상무께 고마움을 느낀다. 아울러 편집부 한소영 씨에게도 고마운 마음을 전하고 싶다.

2016년 여름 안 건 훈

머리말   … 5

I 생명공동체와 인간의 삶   … 15

1. 생명, 생명체, 생물다양성   … 17
    1.1 머리말   … 17
    1.2 생명과 생명체   … 18
    1.3 생명체들의 공통 관심사: 고통   … 28
    1.4 생물다양성 감소   … 34
    1.5 생명공동체에서 인간의 역할   … 37
    1.6 맺음말   … 46

2. 다른 동물들과의 의사소통   … 49
    2.1 언어와 의사소통   … 49
    2.2 의사소통을 위한 마음가짐   … 51
    2.3 동물들의 사고력과 학습 능력   … 55
    2.4 종류의 차이와 정도의 차이   … 67
    2.5 결론 및 시사점   … 69

3. 거목과 노목의 가치   … 71
    3.1 문제제기   … 71
    3.2 거목 / 노목의 종류와 특징   … 72
    3.3 거목 / 노목에 대한 인간의 몸가짐   … 79

3.4 거목 / 노목의 상징성   ··· 83
3.5 요약 및 결론   ··· 86

4. 소나무와 참나무의 힘겨루기   ··· 89
4.1 문제제기   ··· 89
4.2 소나무와 우리 겨레의 삶   ··· 91
4.3 참나무와 우리 겨레의 삶   ··· 98
4.4 숲의 교란에 따른 역설의 발생   ··· 101
4.5 요약 및 결론   ··· 112

5. 풍수와 환경 문화   ··· 115
5.1 문제제기   ··· 115
5.2 풍수와 명당 찾기   ··· 116
5.3 명당의 경영   ··· 126
5.4 명당의 경영과 환경 문화   ··· 130
5.5 요약 및 결론   ··· 135

II 멸종 위기 동물 복원의 필요성   ··· 139
6. 여우와 늑대의 삶   ··· 141
6.1 문제제기   ··· 141
6.2 여우의 종류, 특징 및 분포 상황   ··· 143
6.3 늑대의 종류, 특징 및 분포 상황   ··· 146
6.4 이야기나 작품 속에서의 역할   ··· 148
6.5 복원 방법과 생명공동체에서의 위치   ··· 152
6.6 결론 및 시사점   ··· 162

7. 호랑이와 표범의 삶   ··· 167
7.1 문제제기   ··· 167
7.2 표범 · 호랑이의 특징, 종류 및 분포 상황   ··· 169
7.3 이야기나 작품 속에서의 역할   ··· 183
7.4 복원 문제와 생명공동체에서의 위치   ··· 188

7.5 요약 및 결론   ··· 196

8. 반달가슴곰의 삶   ··· 201
   8.1 문제제기   ··· 201
   8.2 곰의 종류, 특징 및 분포 상황   ··· 203
   8.3 이야기나 작품 속에서의 역할   ··· 209
   8.4 복원 상황과 문제점   ··· 211
   8.5 사람과 곰, 그리고 생명공동체   ··· 216
   8.6 요약 및 결론   ··· 222

9. 산양과 사향노루의 삶   ··· 225
   9.1 문제제기   ··· 225
   9.2 특징 및 분포 상황   ··· 226
   9.3 가곡이나 우화에서의 역할   ··· 234
   9.4 복원 사업과 생명공동체에서의 삶   ··· 237
   9.5 결론 및 시사점   ··· 247

10. 물범 · 수달 · 황새 · 황금박쥐 등의 삶   ··· 251
   10.1 머리말   ··· 251
   10.2 황새 · 붉은 박쥐 · 수리의 삶   ··· 252
   10.3 대륙사슴과 붉은 사슴의 삶   ··· 255
   10.4 물범 · 수달 · 고래의 삶   ··· 257
   10.5 복원 사업   ··· 260
   10.6 요약 및 시사점   ··· 262

참고문헌   ··· 265
찾아보기   ··· 273

I
생명공동체와 인간의 삶

현재의 과학 기술 수준에서는 지구 이외에 아직 생명체가 발견되지 않고 있다. 그런 점에서 지구는 특이한 별이다. 지구라는 생태계는 수많은 생명체들이 생명공동체를 형성하면서 살고 있는 경이로운 곳이다. 생명이란 무엇이며, 어떻게 해서 형성된 것인지 실로 궁금하다. 생명공동체에서 동물들이 내는 소리나 몸짓은 언어인가, 아닌가? 인간은 생명공동체의 한 구성원이며, 고통은 모든 생명체가 피하고 싶은 그런 것이다. 인간 이성의 힘으로 그런 고통을 감소시킬 수는 없을까? 소나무나 참나무 속과 같은 식물들에게 끼친 인간의 간섭은 어느 정도일까? 왜 도덕성을 생명공동체로 확산시키는 것이 필요할까?

1
생명, 생명체, 생물다양성*

1.1 머리말

하늘에는 수많은 별들이 있지만 지구처럼 생명체가 있는 곳은 아직 발견되지 않고 있다. 현재 인간의 과학 기술이 그것을 밝힐 정도의 수준에 이르지 못했기 때문이기도 하다. 생명체가 발견된다 하더라도 지구처럼 다양한 생명체가 있는 별이 얼마나 될까? 그런 점에서 지구는 축복받은 땅이며, 인류를 비롯한 모든 생명체는 크나 큰 선물을 안고 있음에 틀림없다. 앞으로 지구에 어떤 자연적인 재앙이나, 핵전쟁과 같은 비극이 발생하지 않는 한, 지구라는 생태계에서의 생명공동체는 그런 축복을 상당히 오랫동안 누릴 것이다.

　지구에 사는 다양한 생명체들의 존재를 긍정적으로 이해하며 기린다

---

* 이글은 2016년 6월 16일, 제주대학교에서 있었던 2016철학연구회 춘계학술대회에서 기조강연 시 필자가 발표한 「생명과 고통, 그리고 가치갈등」(발표논문집인 『생명과 평화』의 1~8쪽)을 바탕으로 작성되었다.

는 측면에서 국제연합(UN)에 소속된 여러 국가들은 2010년을 생물다
양성의 해(International Year of Biodiversity)로 정하여 다양한 행사를
개최하기도 했다. 지구에 있는 생물종은 5백만~3천만 종에 이를 것으
로 추정되며, 경우에 따라서는 좀 더 구체적으로 약 1천 3~4백만 종에
이를 것으로 추정되기도 한다. 그런데 그동안 기후 변화와 인간의 무분
별한 생태계 파괴로 매일 1백 30여 종의 생물이 사라져 갔다. 현대에
이르러서는 인간에 의한 자연 훼손, 산업화와 이에 따른 이산화탄소 배
출 급증, 그로 인한 기후 변화와 생태계 교란 등이 그 주요 원인이다.
뿐만 아니라 인간에 의한 다른 동식물들의 남획도 상상을 초월한다.

　생명공동체에서 생태민주주의가 지켜지지 않는 것은 '인간이 만물
의 영장'이라는 인간의 독선적인 아집에서 유래한다. 인간이 만물의
영장이라는 주장은 주로 인간이 지닌 이성과 도덕성에 기인한다. 그러
나 인간은 과연 도덕적인 존재인가? 더욱이 생명공동체에서 말이다.
여기에 도덕성을 함축하는 그런 이성이 인간 사회에서나 생명공동체에
서 모두 더욱 강조될 필요가 있다. 도덕성을 함축하지 않는 인간의 이
성은 생명공동체에서는 압제자를 위한 도구적인 이성에 불과하다.

1.2 생명과 생명체

1.2-1 생명이란?

　한글학회(1997)가 지은 『우리말큰사전』에 따르면, 생명은 '①목숨,
②생명체, ③수명, ④사물이 가지는 작용의 본바탕'으로 생명체는 '생
명이 있는 물체'로 각각 정의되어 있다(2229). 한편, 동아출판사 백과
사전부(1988)에서 펴낸 『동아세계대백과사전』을 보면, 생명을 '모든
생물에 공통적으로 존재하는 속성 또는 특성'(〈16〉: 450)이라고 규정

하면서, 어느 누구나 쉽게 느낄 수 있는 것이지만 정확하게 정의하기는 어려운 것으로 서술하고 있다. 그러나 생명을 '목숨', '수명' 등으로 규정하는 것은 주어와 술어가 동어반복적인 것이어서 뜻풀이로는 한계가 있다. 생명을 '생명체'로 정의하는 것도 문제가 있다. 생명을 생명체로 정의하고, 생명체를 들어 생명을 정의한다면 순환논증에 빠지게 되기 때문이다. '사물이 갖는 작용의 본바탕'이라든가, '모든 생물에 공통적으로 존재하는 속성 또는 특성'이라는 규정도 생명이란 낱말의 뜻에 초점을 맞추지 않고 에둘러 나타내고 있다는 데 문제가 있다.

생명을 물질 현상으로 설명할 수 있는지에 관한 주장은 크게 생기론(生氣論. vitalism), 기계론, 전체론 등으로 나뉘는데, 이런 견해들을 통해 생명에 관한 정의나 생명이 지닌 특성에 접근해 보는 것도 도움이 될 듯하다. 이 가운데 생기론은 생명 현상의 발현이 비물질적인 생명력이라든지, 자연법칙으로는 파악할 수 없는 원리에 의해 지배된다는 이론으로 활력론(活力論)이라고도 한다(〈16〉: 446). 이런 견해는 생명을 물질 이상의 어떤 특수한 원리가 작용한 그 무엇으로 규정하려는 것으로 세계 곳곳에서 예전부터 전해 내려온 소박한 일반적인 견해이기도 하다.

아리스토텔레스(Aristotle, 384-322 B.C.)의 경우는 소위 영혼설을 제창하여 생명에 철학적인 형식을 부여하려 했다. 그는 질료(質料, hylē, matter)와 형상(形相, eidos, form)에 의해 실체들의 생성변화를 설명하면서, 형상으로 전개될 가능성을 지닌 상태를 가능태(dunamis), 그런 가능성이 실현된 상태를 현실태(energeia) 또는 완성태(entele-kheia)라고 각각 일컬었다. 생성변화를 야기시키는 운동의 원인으로 질료인·형상인·동력인·목적인을 들면서 이 가운데 형상인·동력인·목적인은 결국 형상인에 귀일되는 것으로 파악했다. 이어서 그는 실체

가운데 형상이 조금도 없는 순수한 질료는 단순질료(mere matter)로, 질료가 전혀 없는 순수한 형상을 신(神)이라 했다. 그에 따르면 유기체인 생물은 크게 보아 질료인과 형상인으로 구성되며, 영혼의 경우는 식물적인 영혼·동물적인 영혼·인간적인 영혼 이렇게 3종류가 있다. 질료인이 비교적 강한 것이 식물이라면, 인간은 그것에 비해 형상인이 강하다. 하지만 이런 그의 견해도 생명이 무엇인지 파악함에 있어 아쉬운 면이 있다.

기계론은 '무기계(無機界)를 지배하는 원리가 생물에도 적용된다.'는 것으로, 17세기 철학자인 데카르트(Renē Descartes, 1596-1650)의 견해가 그 대표적인 경우인데, 근세 이래 생물학의 발달과 그 역사를 같이 한다. 생물학에서 생명 현상이 점차 물질적으로 해명되기 시작하면서 생물학자들에 의해 점차 설득력이 있는 것으로 알려진 견해이다. 데카르트는 인간 이외의 동물을 이런 기계론에 근거하여 설명하였으니 소위 동물기계론이 그것이다. 물론, 현대에 와서는 이처럼 구별하는 데카르트 식의 견해는 설득력이 없는 것으로 받아들여진다.

전체론은 '생물개체와 그 주변 환경은 하나로 묶어 파악되어야 한다.'는 견해이다. 앞에서 소개된 생기론과 기계론을 지양(止揚)하면서도 생기론적인 면에 좀 더 기울어져 있는 견해이다. 소위 신생기론을 펼친 H.드리시는 전체성의 원리에 근거하여 생명전체론을 주장했다. 여기서 전체성의 원리란 '전체에는 부분의 법칙으로 환원되지 않는 법칙성이 성립한다.'는 것으로, 베르탈란피(Ludwing won Bertalanffy)가 주장하는 생물 현상의 계층 구조에 대한 주장도 이 원리에 근거한다 (450). 집합[1]에서 진부분집합을 이루는 원소들에는 나타나지 않는 것

---

1 칸토르(Georg Cantor)가 정의한 "우리의 직관이나 사고의 대상으로서 서로 뚜렷이 구별되는 원소(element)들의 전체모임을 집합(set)"이라 보고, 부분집합(subset)·

이 초집합에는 나타난다는 것과 유사한 주장이라 하겠다. 집합의 세계에서 나타나는 이런 현상들은 논리의 세계에나 생물계와 같은 사실의 세계에 새로운 것들을 시사해 주는 측면들이 있어 주목할 만하다.

　유물변증론자인 엥겔스(Friedrich Engels)의 경우는 '생명이란 단백질의 존재양식이다.'라고 정의하면서 '물질대사'를 생명 현상의 기본으로 간주했다. 생물체 내에서의 물질대사는 효소라는 단백질이 주체가 된다는 사실에 주목하면서 말이다. 그가 물질대사에 주목한 것은 생물체에서 이루어지는 지속적인 물질의 출입과 변화, 이에 따른 에너지의 전환 및 출입, 그러면서도 그 평형을 유지하고 있다는 사실에 근거했다(450).

　1940년대에 이르러서는 핵산(核酸)의 중요성이 강조되었다. 핵산 가운데서도 DNA(deoxyribonucleic acid)[2]는 유전자의 본체로서 증식(增殖)의 기초가 되는 물질이다. 그래서 이젠 물질대사보다도 '증식능력'이 생명의 기본적인 특성으로 인식되었다. 사람의 경우, 대략 60조 정도의 세포가 있는데, 각 세포의 핵에는 약 1만 6천에서 3만 9천개의 유전자

진부분집합(proper set)과의 관계를 정리해 보기로 한다. 임의의 2집합 A, B에 대해, A의 모든 원소가 B의 원소일 때, A는 B의 부분집합이 되며 A ⊆ B 또는 B ⊇ A로 나타내 진다. B는 A의 초집합(super set)이다. 이런 정의는 논리적으로는 A ⊆ B ≡ (x)[(x ∈ A → (x ∈ B)]임을 뜻한다. 한편, 2집합 A, B에 대해 A ⊆ B이고 A ≠ B일 때, A를 B의 진부분집합이라 하고 A ⊂ B 또는 B ⊃ A로 나타낸다. 곧, A의 모든 원소는 B의 원소이지만 B의 원소들 가운데 A의 원소가 아닌 것이 있을 때 A는 B의 진부분집합이다. 그래서 A가 B의 부분집합이 아닐 때는 A ∉ B로 나타낸다. 이때 B는 A의 진초집합(proper super set)이 된다(Lin, 1999: 83).
2 1953년 4월 25일, 과학학술지 『네이처(Nature)』에 제임스 왓슨(미국)과 프랜시스 크릭(영국)은 DNA의 구조가 이중나선 형태라는 논문을 게재하였다. 1쪽 정도의 분량이지만 분자수준에서 생명 현상을 규명하는 데 큰 계기가 된 논문이었다. 2000년대에 들어서면서 RNA가 여러 가지 생명 현상을 조절할 수 있다는 사실이 밝혀져 그 관심이 더욱 증폭되었다. DNA는 생물의 유전 정보를 담고 있으며 이중나선구조를 띠고 있는 반면, RNA는 DNA가 단백질을 만들 때 나타나는 물질로 하나의 나선구조를 지닌다.

와 약 32억 개에 달하는 염기쌍이 있다. 이런 DNA는 크게 A(adenine),
C(cytosine), G(guanine), T(thymine)이라는 4종류의 염기와 디옥시
리보스라는 당[설탕]과 인산기로 이루어져 있다(안건훈, 2001: 242-
3). 그러나 이런 증식능력이 왜 발생하는지에 관한 궁금증이 풀리지 않
는 한 생명이 무엇인지 밝혀내는 데는 한계가 있다.

　피드백(feedback)조절이 생물체 현상의 기본적인 역할을 담당하는
것으로 보아, '생명이란 제어(制御) 바로 그것이다.'라는 주장도 있다.
생물과 자동제어 기계에서 나타나는 기능(function)적인 유사성에 근
거하여 제시하는 주장인데, 후자는 인간이 만들어 낸 것이라는 점에서
차이가 있다. 전자와 후자 사이에 어떠한 차이도 없다면, 생물도 인간
이 만들어 낼 수 있다는 주장에 설득력이 생기겠지만 인간의 과학 기술
이 현재 그 수준까지 이르지는 못했다.

　원형질을 구성하는 요소들의 시공 형태에서 드러나는 결합 양상의
차이로 생명을 설명하는 박희성(1955; 1989)의 견해도 생명을 이해하
는데 도움을 준다. 그에 따르면, 생명체의 단위인 세포의 내용물로 원
형질을 제시하는 경우가 있는데, 원형질의 구성물을 구성하는 화합물
은 탄수화물·지방·단백질·물·염류(塩類)로 이는 무생물계와 차이가
없어, 생물계와 무생물계의 차이는 구성원소의 차이가 아니라 결합 양
상의 차이이며 시공 형태에서 드러난다. 생명은 생명체를 구성하는 물
질이 취하는 시공 형태로서 이 형태가 바로 생명 현상들을 가능하게 하
는데, 여기서 생명체에서 나타나는 현상들이란 신진대사·성장·감
성·종족 유지를 뜻한다. 하지만 생명이 어떤 종류의 시공 형태인지,
어떤 방정식을 지니는지는 매우 어려운 난제로 남아 있다.

　'온생명', '개체 생명', '보생명'을 들어 생명을 정의하는 장회익
(2001)의 견해도 관심을 끈다. 장회익(2001)은 그의 책인 『삶과 온생

명』에서 단위체로서 생명을 지칭할 경우, 자족적인 단위로서의 온생명과 의존적인 단위로서의 개체 생명을 구분하면서, 하나의 개체 생명을 기준으로 볼 때 자신의 생존은 온생명의 생존과 함께 이루어지는데, 이때 온생명 안에서 그 자신을 제외한 나머지 부분을 자신에 대해 '보생명'이라 불렀다(228).

이어서 그는 개체 생명이 생존을 위해 보생명과 맺는 관계를 종적인 관계와 횡적인 관계로 나누어 정리하는데, 전자는 자유에너지 및 기타 생존에 필요한 소재들의 수급 과정에서 나타나는 관계이며, 후자는 유사한 여건 속에서 함께 생존해 나가는 동류 개체들 사이에 맺는 관계이다. 여기서 횡적인 관계가 경쟁 위주의 형태인지 협동 위주의 형태인지에 따라 종적인 활동이 개체중심적인지 생태중심적인지가 결정되는 경향이 있다(230). 동위개체들 사이에서 협동으로 맺어지는 횡적인 관계는 상위 개체 형성을 위한 기반으로 작용하기도 하는데 예컨대, 동위개체들인 세포들이 협동하여 유기체를 이루는 경우, 세포 차원의 개체들과는 다른 고차적인 개체들인 고등한 동식물들이 출현할 수 있다는 것이다(231). 이처럼 그는 관계들을 통해 생명의 활동에 관해서는 언급하고 있지만, '단위체로서의 생명'에 관한 규명이나, 세포차원의 개체들과 다른 고차적인 개체들이 왜 출현하게 되는지에 관해서는 여전히 아쉬움을 드러낸다.

한편, '생물의 발생 단계'에 관한 주류적인 견해를 보면, 생물의 발생은 먼저 무기물로부터 유기물이 생성되어 그 유기물을 중심으로 물질의 집합체가 생겨나 그 내부에서 형태 및 기능의 분화를 일으키고, 환경과 끊임없이 물질대사를 영위하게 되는 그런 과정을 밟고 있다는 데 근거한다. 각 생명체들은 고유한 체계를 지니지만 그 개체 내부에서도 항상 생성과 붕괴가 일어나고 있어 동태적이다. 어떤 개체의 삶이나 죽음은 그 개체의 체제화 유지나 붕괴를 뜻한다(교육출판공사, 1985 : 525).

이처럼 생명이 무엇인지에 관한 물음과 그에 대한 주장은 끊임없이 이어져 오고 있다. 이런 생명을 지닌 생물이 지구상에 나타난 것은 약 38억 년 전의 일이며, 35억 년 전에는 광합성을 하는 생명체도 나타났다. 생명이란 것을 공유하는 물질인 생물은 흔히 편의상 동물과 식물로 나뉘어진다. 생물은 보통 일정한 형태와 기능을 지니는 개체로 존재한다. 사회적인 관련 아래 유기적인 체계를 이루면서 말이다. 생물은 일정 기간 동안 신진대사 작용이나 성장과 같은 구체적인 과정을 거치면서 생존하며, 생존하는 과정에서 자기와 같은 종류의 개체를 낳는 것이 일반적인 경향이다. 그리고 환경과 끊임없는 관계를 맺으면서 적응해 나간다.

이제까지의 견해들과는 상당히 다른 관점에서, 생명을 '있음'과 '없음'으로 나누지 않고, 생명이 항상 어느 것에나 있으며 단지 정도의 차이로 이를 파악해야 한다는 견해도 있다. 신실재론자인 화이트헤드(Alfred North Whiltehead. 1861~1947)의 견해가 그 대표적인 경우이다. 그는 유기계와 무기계를 구별하지 않고 궁극적인 존재로 '유기체로서의 사건(events)'을 내세웠다. 그는 유기적인 생명으로 가득 찬 자연 곧, 자연 전체에 생명을 불어넣는 소위 '유기체의 철학'을 확립하는 데 기여했다. 생명을 지닌 이런 유기체는 동적이며 발현(emerging)해 나간다. 그는 생명을 '자기향유(self enjoyment)하는 활동'으로 규정했다. 생명이란 주위에 있는 여러 가지 소재들을 자기발현을 위해 통합해 나가는 활동이라는 점이다. 그는 이런 활동을 생명의 사유화(appropriation)라고도 했다(안건훈, 2012 : 201-2). 요컨대, 그는 유기체로서의 사건을 내세우면서, 사유화와 더불어 '끊임없이 미래로 융합해 나가는 활동' 속에서 생명이 지닌 특성을 규정했다.

그에 따르면, 사건(events)이 실재의 단위인데, 물리학에서의 입자도 생물학에서의 세포도 모두 사건이며 생명을 지닌 활동체이다. 이런 사건은 단독적·고립적인 상태로서가 아니라 역동적인 장(dynamic field)으로 존재하며, 끊임없이 발현하는 진화과정(evolutionary process)을 그 특성으로 한다. 자연 속에서 일어나는 모든 사상(事象, occurrence)은 크게 인간, 인간 이외의 동물, 식물, 단세포생명체, 아주 큰 무기물의 혼합체, 아주 작은 규모의 사건들(소립자의 세계)로 나뉜다(202). 이 6가지 사상들은 서로 영향을 주면서 끊임없이 미래로 융합해 나간다.

생명체와 비생명체를 구분하지 않는 생명에 관한 이러한 견해는 현재로서는 특이하다. 아리스토텔레스 이래 생물학에서 내세우는 이론이나 일상인들이 소박하게 생각하면서 살아 온 주류의 견지에서 보면 그렇다. 하지만 곰곰이 생각해 보면 나름대로 주목할 만한 견해라 하겠다.

'생명이 있음', '생명이 없음'의 관계를 논리적으로 정리하면, 아래와 같은 4가지 경우의 추론이 가능하다(239)

(1) '있음'에서 '있음'으로(something from something)
(2) '있음'에서 '없음'으로(nothing from something)
(3) '없음'에서 '있음'으로(something from nothing)
(4) '없음'에서 '없음'으로(nothing from nothing)

위의 4가지 경우에서 (2)와 (3)은 논리적으로 불가능하다. '있음'과 '없음'은 서로 모순개념이기에 함께 공존이 불가능하다. (4)는 생명체가 실제로 존재하므로 틀린 말이다. 그렇다면 (1)의 경우만 남는다. 그렇다면 '생명이란 무엇인가' 라는 물음에 관한 사실 세계에 근거한 답변은 '있음'에서 '있음'으로 향하는 질적인 변화에서 언급되어야 할 것이다. 이런 측면에서 (1)과 같은 추론은 화이트헤드와 같은 사람들의 견해와도 무모순을 이룬다 하겠다.

1.2-2 생명체들의 상호의존관계

수년 전 나의 형님은 농장 주변을 떠돌아다니는 떠돌이 개 한 마리를 보았다. 누군가가 키우다 버린 듯했다고 한다. 형님을 보면 눈치를 보면서 슬금슬금 피하곤 하여 형님도 처음에는 그 개가 두려웠다고 한다. 하지만 농장에서 날마다 홀로 일을 하는 것도 적적하여 개에게 먹다 남은 음식을 주면서 친근감을 나타냈더니, 몇 주 후에는 개도 형님의 마음을 파악했던지 안심하는 눈치였다고 한다. 세월이 지나자 그 개는 낮에는 형님과 벗하고, 밤에는 형님의 농장을 지키는 일을 도맡아 했다. 그동안 여러 사람들에게 냉대를 받아 온 탓인지 형님 이외의 사람들에게 사나웠으며 특히 농장 근처에 나타난 사람들에게 더 사나웠다. 그 개는 점차 농장의 파수꾼이 되어 갔다. 아침에 형님이 농장에 나타나면 꼬리를 흔들면서 반갑게 맞아 주었고, 그러고 나면 안심이라도 한듯 일하는 형님의 모습을 보면서 낮잠을 자곤 했다. 그런 일이 거의 1년이 지속되자, 서로 간에 형성된 신뢰에 기초하여 의존관계도 형성되었다.

그런데 주변에 사는 사람들이 시당국에 그 진돗개가 무섭다는 둥, 밤에 짖는다는 둥 이러저러한 이유를 대면서 민원을 냈다. 그러자 어느 날 시청 직원을 비롯하여 시에서 부탁을 받고 온 사람들이 형님께 그 개를 없애야겠다고 말했다. 주민들의 민원이라 처리해야 한다는 것이었다. 직원들이 마취 총과 그 개를 담아 갈 기구를 가지고 오자, 그 모습을 본 개가 도망을 쳤다. 그런데 놀라운 일이 일어났다. 형님이 그 개를 부르니 순순히 다가오더라는 것이다. 자기에게 닥친 위험을 알면서도 형님의 말에 순종한 것이다. 민원을 받고 온 사람들은 그 개를 향하여 마취 총을 쏘았고, 이어서 쓰러진 개를 담아서 어디론가 가 버렸다. 형님은 그 일이 있은 후 몇 년 동안이나 개의 모습이 눈에 선하다고 말하곤 했다. 형님의 마음을 그렇게 잘 읽던 영리하면서도 충직한 그 개의 모습 때문에 잊기 힘들다고 했다.

나는 언젠가 EBS에서 방영한 영화 〈윤심덕〉을 본 적이 있다. 윤심덕은 1920년대에 활약한 대표적인 성악가이다. 그녀가 자신의 연인 김우진과 금강산에 갔을 때, 그곳 사찰 스님이 그들에게 들려준 이야기가 지금도 직접 들은 것처럼 생생하다. 스님의 말에 의하면 사찰 주변 절벽들 밑에서는 새나 짐승들의 시체가 종종 발견된다는 것이다. 새나 짐승은 같이 살던 식구가 어떤 일로 죽으면 그런 급격한 상황 변화에 적응하지 못하고 절벽에 부딪쳐 죽음을 택한다는 내용이다. 이는 인간이 아닌 다른 생명체들도 무엇인가를 느끼면서 살아간다는 것을 보여 준다. 어떤 경우에는 인간보다 더 강하게 무언가를 느끼기도 한다.

생명체 가운데는 서로 다른 종류에 속하더라도 서로 도우면서 공존하는 경우가 많다. 예컨대, 호주의 열대성 산호초 연안에 서식하는 대형 우럭의 일종인 감자바리와 공생하는 청소놀래기의 경우가 그러하다. 감자바리는 농어목 바리과에 속하는 비교적 큰 물고기이다. 청소놀래기는 이런 큰 물고기의 아가미나 입안, 또는 피부에 있는 물고기의 기생충들을 주로 쪼아 먹는다. 감자바리는 자기의 입이나 아가미를 수시로 크게 벌려 청소놀래기가 들어올 수 있도록 한다. 감자바리와 청소놀래기 사이에는 무언의 약속과 신뢰가 이루어져 있어 전자는 후자를 결코 잡아먹거나 물어 죽이지 않는다. 이런 신뢰를 바탕으로 청소놀래기는 감자바리의 입이나 아가미 속이나 주변을 이리저리 헤엄쳐 다니

면서 자기가 필요로 하는 먹잇감을 자유롭게 찾고, 감자바리는 청소놀
래기의 도움으로 기생충을 제거하며 신뢰를 바탕으로 한 공생관계를
유지한다. 이런 공생관계는 '콩과 식물'과 뿌리 혹 박테리아에서 볼 수
있듯이 식물과 동물 사이에서도 나타나며, 식물들 상호 간에도 활발하
게 이루어지고 있다.

　우리가 속해 있는 생명공동체는 이렇게 무언가 느끼고 서로 도우면
서 살아가는 생명체들로 이루어져 있다. 우리가 우리 이외의 구성원들
이 나타내는 모습이나 그들의 언어를 해석하지 못해서이지, 그들도 서
로 소통하고 느끼면서 살아가고 있고 서로 간에 신뢰를 쌓아가면서 먹
이활동을 한다. 먹이사슬에서 나름대로 형평성을 유지하면서 말이다.
그런데 그동안 생명공동체에서 이런 신뢰 쌓기나 형평성 유지를 깨뜨
리는 데 악역을 담당하여 온 것이 주로 인간이다. 이런 일들이 인간에
의해 일어났다는 사실은 이성을 지닌 소위 만물의 영장인 우리 인간에
게 반성의 여지를 남겨 놓는다. 그렇기 때문에 대부분의 포유동물들이
나 날짐승들은 사람을 피한다. 그렇지 않다면 대부분의 동물들이 왜 인
간을 그렇게 무서워하고 피하겠는가?

1.3 생명체들의 공통 관심사: 고통[3]

이성 곧, 사고력의 중요성을 내세우는 것은 인간중심주의의 처지에서
는 매우 설득력이 있는 주장이다. 이성이라는 기준으로 본다면 인간이
다른 동물들에 비해 매우 앞서 있기 때문이다. 다른 상당수의 동물도

3　고통에 관해서는 필자(2011a)가 펴낸 『환경문화와 생태민주주의』의 「X. 이성, 고
통, 생태민주주의」에서 '4.생명공동체에서는 고통이 왜 더 중요시되는가?(261-5)'
와, '5.동물실험과 고통(265-7)'에서 서술한 내용을 수록한 부분이 많음을 밝힌다.

정도의 차이는 있을지언정 사고하는 능력을 가지고 있다. 그러나 그 정도는 인류에 비해 매우 큰 차이를 드러낸다. 다른 동물들은 예나 지금이나 사고하는 능력에 변화가 별로 없지만, 인간의 사고력은 세월이 지남에 따라 폭발적으로 배가되어 생활에도 큰 변화를 일으켰다. 이성의 도움으로 인간은 문화와 문명을 이룩했고, 다른 동식물들도 지배할 수 있게 되었다. 물론, 이성이란 개념은 애매성(다의성)과 모호성을 담고 있는 표현[4]이지만, 인간의 특성을 나타내는 중요한 낱말임에 틀림없다.

　우리는 다른 생명체들이 지닌 특성들도 눈여겨보아야 한다. 사람들이 사고력이란 측면에서 탁월하다면, 물고기는 헤엄을 친다는 측면에서, 새들은 날 수 있다는 측면에서, 독수리는 멀리까지 잘 볼 수 있다는 측면에서, 두더지는 땅을 잘 판다는 측면에서, 개는 냄새를 잘 맡는다는 측면에서 각각 탁월하다. 이처럼 각 생명체들은 나름대로 그 특성을 지니면서 생활하고 있다. 그렇다면 이성을 지녔다는 것만으로 생명공동체에서 인간의 우월성을 강조한다면 이런 견해는 인간 위주의 힘에

---

4 이성이란 개념은 아주 좁은 의미로는 (1) 'cogito ergo sum(나는 생각한다. 그러므로 나는 존재한다: 생각하고 있는 나의 존재는 의심할 수 없다)과 같은 본유관념(本有觀念, innate idea)이 참임을 아는 능력'으로 사용되어 왔다. 이런 견해에서 좀 더 확대되어 (2) '수학의 공리나 논리학의 공리가 참임을 아는 능력'을 이성으로 규정하는 경우도 있다. 예컨대, 논리학의 3대 기본공리─동일률·무모순률·배중률─가 참임을 아는 능력이 바로 이성이라는 견해이다. 이어서 (3) '계산을 하고 기하학을 하는 능력'을, (4) '개념에 의한 사유 능력'을, (5) '자기를 인식하며 도덕의 주체임을 자각하는 능력'을 각각 이성이라 하는 사람도 있다. 이보다 더 넓은 의미로는 (6) '진위, 선악, 미추를 판별하는 능력'을 이성이라 하는 경우가 있다. 이처럼 이성이란 개념은 다의적으로 사용된다. 하지만 아는 힘, 생각하는 힘을 나타내는 일종의 사고능력과 연관된 것임에는 틀림없다. 그래서 이성을 다른 말로는 사고력이라 일컫기도 한다. 경우에 따라서는 이런 이성이란 개념이 그 구성 요소별로 나뉘어 제시되기도 하는데, 기억력·상상력·연상력·직관력·추리력 등이 그것이다(안건훈, 2008: 10-1).

근거한 지배구도에서 유래된 것이다. 그렇다면 각 생명체들이 각자 지닌 특성이나 인간의 지배구도에 근거한 것이 아닌, 대다수 생명체들이 지닌 가장 구체적이며 공통적인 특성에는 어떤 것이 있을까?

생명체들이 지닌 공통적인 특성으로는 생명을 지녔다는 것 이외에 심신의 균형이 깨지면 고통을 느낀다는 점에서도 찾을 수 있다. 이성 곧, 사고력은 인간에게 특히 두드러지게 나타나는 현상이지만, 고통의 경우는 그렇지 않다. 동물들도 심신의 균형이 갑작스럽게 깨지면 인간처럼 몸을 비정상적으로 비틀거나 괴로운 소리를 지른다. 이것을 보면 그들도 고통을 느낄 수 있는 신경체계를 지니고 있다는 것을 알 수 있다. 고등동물의 경우는 더욱 그렇다. 그들도 우리처럼 큰골 · 작은 골 · 등골 · 숨골을 지니고 있으며, 눈 · 코 · 입 · 귀를 지니고 있는데, 인간만이 고통을 느낄 수 있다고 주장하는 것은 설득력이 없다.

그래서 인간중심주의 윤리에서는 인간 위주의 도덕성이 중요한 기준이 되지만, 탈인간중심주의 윤리에서는 직접적인 영향을 미치는 고통이 더 중요한 기준이 되게 마련이다. 생명공동체에서는 각 생명체가 지닌 고유한 특성보다는 많은 생명체들이 지닌 공통된 성질을 내세우는 일이 우선시되기 때문이다. 이런 측면에서 볼 때 생명공동체에서는 인간이 지닌 이성이라는 특성을 내세우기보다는 공동체 구성원들 모두가 함께 피하고 싶은 고통이라는 특성이 더 중요시된다. 생명에 대한 외경, 고통의 최소화, 그런 다음에 각 구성원들이 지닌 각자의 특성이 그 순서라 하겠다.

고통이 대다수의 포유류나 조류 등에서 발생함은 벤담(Jeremy Bentham. 1748~1832)이나 싱어(Peter Singer. 1946~)의 견해에서도 잘 드러나 있다. 싱어(2002)는 포유류나 조류의 경우 몸의 균형이 깨질 때는 신음소리와 더불어 몸이 뒤틀리는 모습이 나타남을 들어, 그들도 고통을 당할 때 우리와 비슷한 신경체계에 반응을 일으킨다고 했다(48).
확실히 다른 동물들도 고통을 느낀다는 것이다.

그래서 생명공동체의 구성원들에게는 우선, 직접적으로 당하는 고통
의 최소화가 중요하다. 인간사회에서는 사고력을 특히 중요시하는데
그런 인간사회에서도 사고력이 신체적인 고통에 비해서는 직접적이지
도 구체적이지도 못하다. 여기에 우리 인간은 생명공동체의 다른 구성
원들을 배려하는 자세가 필요하다. 다른 구성원들이 당하는 고통을 이
해하고 이런 상황에서 우리가 할 수 있는 최선의 것이 무엇인지를 숙고
해야 한다는 점이다. 그들이 당하는 고통들이 인간들에 의해 야기되는
경우가 많기 때문에 더욱 그렇다.

우리나라의 경우, 농림수산식품부가 동물의 보호 및 관리체계 강화
를 위해, 동물을 학대한 사람에게 처벌수위를 높여 벌금은 물론이고 징
역형도 가능하도록 하려는 것은 이런 측면에서 충분히 이해할 만하다.
특히, 상습적으로 동물을 학대할 경우에는 가중처벌해야 하며, 그래도
동물소유자가 동물을 학대할 경우는 지방 자치 단체나 관련 단체에서
동물들을 구조해서 보호하고, 동물을 학대하는 사람들에게는 더 이상
동물을 키우고 관리할 수 없도록 법적인 조치를 취해야 한다. 이런 조
치를 취함에 의해 동물이 받는 고통을 가능한 최소화시키는 것이 이성
과 도덕성을 지닌 인간이 해야 할 도리이다.

고통을 제거하거나 완화시키기 위해서는 생명체의 몸에 고통을 가져
오는 외적인 원인을 가능한 없애 버리거나, 몸에 난 상처나 질환을 치
료하여 낫도록 힘쓰는 일이 필요하다. 전자의 경우는 몸에 물리적인 폭
행을 당하는 경우에 잘 나타나는데, 이런 경우는 외적인 상황을 어떻게
바꿀 것인가가 관심거리가 된다. 물론, 발생한 상처나 질환을 그냥 내
버려 두는 일도 당연히 문제가 된다. 고통을 느끼는 정도의 차이는 신

경계의 발달 차이 때문인 것으로 여겨지는데, 고등동물일수록 신경계
가 더 발달하여 더 큰 고통을 느끼게 된다(유호종, 2004 : 304-5).

  인간에게는 이성이 중요한 특성이며 강점이지만, 고통은 모든 생명
체가 피하고 싶은 그런 공통적인 것이다. 물론, 이성에 의해 고통을 감
소시키거나 제거하는 일도 가능하다. 앞(각주 4)에서 제시한 이성이란
개념이 지닌 6가지 뜻 가운데, (5)와 (6)의 경우는 고통이 무엇인지 알
기 위해, 고통의 최소화를 위해 어떻게 하는 것이 바람직한 것인지 알
기 위해 필요한 그런 이성의 역할을 함축하기도 한다. 그렇다면 고통을
최소화하기 위한 이성의 역할은 어떤 것인지를 실험동물[5]을 대상으로
실시되는 동물실험[6]의 예를 통해 구체적으로 살펴보기로 한다.

  우리나라의 경우, 동물실험의 원칙은 동물보호법 제13조에 규정되
어 있는데, 그 내용을 보면, "(1)동물실험은 인류의 복지의 증진과 동
물생명의 존엄성을 고려하여 실시해야 하며, (2)동물실험을 실시하고
자 할 때는 이를 대체할 수 있는 방법을 우선적으로 고려해야 하고, (3)
실험에 사용하는 동물의 윤리적 취급과 과학적 사용에 관한 지식과 경
험을 보유한 자가 동물실험을 시행하여야 하며, 실험에 필요한 최소한
의 동물을 사용하여야 한다."고 명시되어 있다. 이어서 "(4)실험동물의
고통이 수반되는 실험은 감각능력이 낮은 동물을 사용하고, 진통·진

---

5 실험대상이 되는 실험동물은 실험동물에 관한 법률에 의하면 척추동물 가운데 마
우스(mouse: 생쥐)·랫드(rat: 시궁쥐·집쥐)·햄스터(hamster: 시리아가 원산인 쥐
의 일종)·저빌(gerbil)·기니피그(guinea pig: 페루원산의 쥐목에 속하는 작은 짐
승)·토끼·개·돼지·원숭이 이렇게 모두 9종이다. 현재, 파충류·양서류·어류는 포함
되어 있지 않다.
6 동물실험은 '과학의 목적으로 동물을 대상으로 실시하는 실험 또는 그 과학적 절
차'인데, 여기에는 '연구 곧, 관찰과 실험(진리탐구나 가설검증), 시험(생명에 관한
미지의 성질, 영향의 검색), 교육, 시표채취 등'이 포함된다(국립수의과학검역원,
2010 : 14).

정·마취제의 사용 등 수의학적 방법에 따라 고통을 덜어 주기 위해 적절한 조치를 취해야 한다."고 되어 있다.

동물실험에 채택하고 있는 소위 3Rs[7] — 대체(replacement), 사용동물 수의 감소(reduction), 동물이 겪는 고통의 최소화(refinement) — 는 실험대상이 되는 동물들의 고통을 줄이기 위한 기본적인 조치이다. 이런 경우 실험동물의 처지와 실험자의 처지를 바꾸어 놓고 생각해 볼 필요도 있다. 어떻게 하는 것이 최선인지 보다 생생하게 느껴질 것이다. 그런 자세로 실험동물을 대하라는 것이다. 여기서 '대체'란 동물실험계획 전에 다른 대체 방법이 있는지를 고려해야 하고, 가능한 감각능력이 더 낮은 동물들을 실험동물로 택해야 한다는 기준이다. '사용동물수의 감소'는 필요한 최소한의 동물 수를 사용하여 실험을 해야 함을 뜻한다. '고통의 최소화'를 위해서는 실험동물에 관한 윤리적인 취급 및 과학적인 사용과 관련된 지식과 경험을 보유한 사람이 동물실험을 수행해야 하며, 고통이 수반되는 실험에는 진통·진정·마취제 사용 등 수의학적인 조치가 수행되어야 하고, 동물실험 수행자는 실험이 종료된 후에는 즉시 해당 동물을 검사하여 고통이 지속적으로 유발되는지, 회복될 수 없는 상태에 있는지의 여부를 판단해서 신속히 적절한 조치를 취해야 한다(국립수의과학검역원, 2010: 7).

---

[7] 동물보호법 제13조에서는 우리나라도 소위 3Rs를 따르고 있음을 밝히고 있다. 3Rs는 러셀과 버츠(W.M.S.Russell & R.L.Burch)(1959)가 펴낸 『자비로운 실험기술의 원칙(Principles of humane experimental technique)』에서 제시되어 그 후 여러 나라에서 동물실험 시에 채택하고 있는 일종의 원칙이다.

1.4 생물다양성 감소

1.4-1 지구의 경우

현재 지구에 있는 생물종은 약 1천3~4백만 종으로 추정되기도 한다. 이 가운데 그 13%에 해당하는 약 175만 종이 인간에게 발견되어 그 존재가 알려졌다. 그런데 지구 온도는 1992년부터 2010년 사이 0.4도 증가 되었으며, 바다의 상황도 산성화가 가속화되어 전 세계 바닷물의 산성도(pH) 평균값은 8.06(2007년도 기준)으로 악화되었다. 이러한 환경 변화로 유엔환경계획(UNEP) 보고서에 따르면 1992년부터 2012년까지 약 30만㎢에 달하는 숲이 없어졌으며 바다의 경우도 상황이 좋지 않다. 산성화가 심해지면 산호류·갑각류·연체동물 등 탄산칼슘을 지닌 생물의 갑각과 외피가 만들어지지 않으며, 물고기 산란에도 좋지 않은 영향을 미친다. 이러한 환경 변화로 이처럼 생물다양성의 감소가 두드러지게 나타나게 되었다(동아일보, 2012년 5월 9일: A27).

세계자연보전연맹(IUCN)에 따르면 인간에 의해 일어난 환경 변화로 인해 1만 5천 종의 동식물이 현재 멸종 위기에 처해 있다. 2008년 기준으로 고갈 위험에 처한 물고기의 비율도 13%에 이른다. 전 세계의 지구생존지수(Living Planet Index: 2천 5백 종 이상의 동물을 모니터링해서 생태계의 건강성을 분석하는 것)는 1992년 이후 12%나 감소했다. 척추동물의 경우를 보면 지난 20년간 1천 종 이상이 멸종 위기 상태에 빠졌으며, 1970년 이후 야생척추동물 31%이상이 감소했다. 물새의 경우도 1천2백여 종 가운데 44%가 그 개체 수가 감소한 것으로 드러났다(A27면).

아예 지구상에서 더 이상 발견되지 않는 경우도 있다. 비극적인 한 가지 예를 들어 보자. 1914년 마르타라는 이름의 여행비둘기가 미국

오하이오주 신시내티 동물원에서 죽었는데 그 비둘기는 그 종의 마지막 생존자였다. 그래서 그 비둘기는 박제되어 워싱턴 D.C.에 있는 국립 역사 박물관에 전시되었다. 놀라운 일은 그 비둘기가 죽기 60여 년 전에는 20억 마리 이상의 여행비둘기가 있었다는 추산이다(DesJardins 지음, 김명식 옮김, 1999 : 159).

세계 이곳저곳에 살고 있는 고양잇과 포유동물들을 예로 들어 보면, 호랑이는 반세기 만에 10만 마리에서 3천 2백마리 정도로 현재 그 숫자가 크게 줄어들었다. 사자와 표범의 경우도 사정은 비슷하다. 인간이 생명공동체의 다른 구성원들을 어떻게 대하느냐에 따라 이처럼 엄청난 생태계 변화가 야기되는 것이다.

멸종 위기에 처했지만 이를 걱정한 사람들의 노력으로 다시 이 지구상에서 계속해서 살게 된 희망적인 경우도 있다. 유럽인들이 정착하기 전에 멕시코에서 캐나다에 이르는 대평원에는 약 1억 2천 5백만 마리의 들소가 있었다. 그런데 유럽에서 이주해 온 정착민들의 숫자가 늘어나면서 지나친 사냥으로 그 숫자가 점점 줄어들었다. 그래서 1892년경에는 85마리로 이루어진 마지막 들소 떼가 이런 상황을 걱정한 사람들에 의해 옐로스톤 국립공원의 보호구역으로 옮겨졌다. 그 후 각별한 보살핌으로 미국에는 현재 약 7만 5천 마리의 들소가 있는 것으로 추산된다(159).[8]

1.4-2 한국의 경우

국내 자생생물 종은 약 10만 종에 이르는 것으로 추정되며, 이 가운

8 2007년에 발간된 시사주간지 『Time』(26권 40쪽)에 실린 내용을 보면 북아메리카에는 45만 마리의 들소가 살고 있는 것으로 기재되어 있다. 이런 서술은 J. R. 데자르뎅이 책을 펴낼 때에 비해 상당히 증가한 수치이다.

데 3만 8천 종(2011년 기준)이 관찰되었다. 멸종 위기 동식물 종도 증가하여 2005년 221종이던 멸종 위기 동식물은 2011년 말에는 245종으로 증가했다(동아일보: A27면).

예컨대, 야생포유동물 가운데 고양잇과나 갯과동물을 들어 살펴보자. 현재 한국의 경우, 휴전선 이남에서는 한 마리의 호랑이도, 표범도, 스라소니도, 늑대도 발견되지 않고 있다. 호랑이의 경우는 1922년 가을에 경북 경주 대덕산에서 지게를 지고 나무를 하러 가던 김유근 씨를 덮친 호랑이가 마지막이다(그 호랑이는 그 후 그 지역 주재소의 일본인 순사에 의해 사살되었음). 북한의 경우도 사정은 남한과 크게 다르지 않다. 남한의 경우, 표범은 1962년 경남 합천군 오도산에서 수컷 한 마리가 포획된 것을 마지막으로 더 이상 발견되지 않고 있다. 늑대는 1980년 경북 문경시에서 발견된 후 아직까지 야생의 상태에서는 발견되지 않고 있다. 여우의 경우는 2004년 3월에 강원도 양구군 동면에서 죽어 있는 2년생 수컷여우가 발견된 것이 마지막이다. 스라소니의 경우도 남한에서는 찾아볼 수 없다.

바다에 사는 포유동물의 경우도 사정은 나쁘다. 한국 동남해안에서 종종 목격되곤 하던 귀신고래도 1980년대 이후에는 더 이상 발견되지 않고 있다. 바다사자의 경우, 과거에는 국내에서 종종 발견되었으나 이제는 완전히 사라져 멸종되었다. 물범의 경우도 그 개체 수가 현재 과거에 비해 1/4 수준으로 줄어든 형편이다. 습지 먹이사슬의 최강자이면서 행복과 고귀, 장수를 상징하는 상서로운 새로 알려진 황새(천연기념물 199호)는 71년 충북 음성군에서 마지막으로 한 쌍이 발견되었다. 하지만 수컷이 밀렵꾼에게 죽고 홀로 남은 '과부황새'마저 1994년 9월 서울대공원에서 죽으면서 멸종되었다. 그 후 충북 청원군 한국교원대 황새복원센터에서 1996년 새끼 황새 2마리를 러시아에서 들여와 인공번식(알을 인공으로 부화해 실험실에서 키우는 것)을 시도했고, 그 후 황새 어미가 사육장 내에서 알을 낳고 새끼를 직접 기르는 데도 성공했다. 동요에도 나오던 따오기도 한국에서는 더 이상 발견되지 않아 2008년 중국에서 들여오기도 했으니, 우리나라에 둥지를 튼 우포따오기 '양저우(洋洲) 룽팅(龍亭)부부'가 그 경우이다.

생명공동체에서는 무리를 이루어 사는 개체 수가 일정 수 이하가 되면 스스로 멸종된다. 근친 퇴화 현상이나 번식능력이 약해지기 때문에 그렇다. 이렇게 되면 생명공동체에서 구성원들 사이에 형성되어 온 의존관계가 허물어짐과 더불어, 유지되던 자연의 평형관계도 깨지게 된다. 자연세계에서 볼 수 있는 안정성과 온전함이 위협받게 되므로 건전한 생태계를 지속적으로 유지하기 위해서라도 동식물의 다양성이 요청된다.

1.5 생명공동체에서 인간의 역할

1.5-1 고통의 최소화와 황금률의 확대

앞으로 사람들이 동물들에 관해 관심을 많이 갖게 되면 그들의 음성이나 몸짓을 해독할 수 있는 능력이나 기술도 발달하게 될 것이다. 그에 따라 우리 인간은 다른 동물들과도 의사소통을 할 수 있게 되어, 그들의 감정이나 원하는 것을 알게 될 것이다. 그들이 겪는 고통을 알 수 없는 우리 인류는 힘의 논리에 의해 그동안 그들의 자유도 권리도 무시해 버렸다.

인간사회에서는 이성과 도덕성이 중요시되어 왔지만, 생태계에서는 고통이 그 중심개념이다. 인간사회에서도 인간이 겪는 고통을 최소화시키는 것이 급선무이며, 고통 가운데서도 대부분의 사람들에게는 정신적인 고통보다도 신체적인 고통이 더 직접적이다. 인간사회에서 도덕적인 책임이나 의무에 관해 언급할 경우, 가장 기본적이면서도 중요한 도덕률로 황금률(the golden rule)[9] — "우리는 다른 사람들이 우리에게 해 주기를 기대하는 것처럼 우리도 다른 사람들에게 그렇게 해 줄 의무를 지닌다." — 을 들어 말하는 경우가 있다. 우리는 생명공동체의 다른 구성원들에게도 이런 황금률을 확대할 필요가 있다. 다른 동물들이 겪는 고통을 헤아리는 그런 이성이 자리매김 할 때 고양된 도덕성도 싹틀 것이라고 생각한다.

1.5-2 수단이 아닌 목적

인류의 역사에서 보면, 윤리적인 민주주의가 돋보이게 잘 나타나 있는 저서와 문장으로 종종 칸트(Immanuel Kant, 1724-1804)의 저서인 『도덕형이상학원론』과 그곳에 담긴 도덕률들을 들 수 있다. 특히, 그가 제시한 격률들 가운데 '너 자신에 있어서나 타인에 있어서나 인간성을 항상 목적으로 사용해야지, 결코 단순한 수단으로만 사용하지 않도록 행위하라'(Kant, 1959: 47)는 문장은 인간의 존엄성을 윤리적으로 매우 적절하게 표현한 것으로 여겨진다. 물론, 이 문장은 인간은 양심과 이성을 지닌 존엄한 존재임을 이미 상정한다. 그는 이런 자세로 도덕적인 생활을 하는 사람들이 모여서 이루어진 국가를 '목적의 왕국'이라 일컬으면서, 이런 곳에서나 영원한 평화가 가능하다는 '영구평화론'을 주장했다(안건훈, 2011a: 32).

우리가 칸트의 이런 견해를 인간사회뿐만 아니라 생명공동체까지 확

---

9 『신약성서』의 '산상수훈'(山上垂訓) — 마태복음 제5장으로부터 제7장까지에 있는 예수의 가르침으로, 기독교인들이 따라야 할 생활의 기본 원리들이 간단명료하게 나타나 있음 — 가운데 제7장 12절을 가리킨다.

대한다면 그야말로 이상적이라 하겠다. 하지만 생명공동체는 먹이사슬로 이어져 있고, 이를 위한 약육강식도 엄연히 존재한다. 그러나 다른 동물들의 경우를 보면, 그러한 경우에도 과욕을 부리지 않는다. 대부분의 동물들은 자기에게 필요한 먹이만 획득하면 그만이다. 자기에게 위협이 되지 않는 한 다른 구성원들을 해치지도 않는다. 인간처럼 부의 축적을 위해 과도한 경쟁을 하지 않는다. 자기의 취미를 충족시키기 위해 다른 동물들을 죽이는 일도 하지 않는다. 이런 점에서 다른 동물들을 수단이 아닌 목적으로 대하는 자세가 생명공동체에서 생활하는 인간에게 요청된다. 절제하는 이성, 수단이 아닌 목적으로 대하는 이성이 요청된다.

한편, 정치적인 민주주의가 아주 간결하면서도 적절하게 담겨 있는 표현으로는 아마도 링컨(Abraham Lincoln)이 게티스버그(Gettysburg)에서 행한 연설[Gettysburg Address]이 그에 해당된다 하겠다. 그는 '국민의, 국민에 의한, 국민을 위한 정치'(The government of the people, by the people, for the people)라는 글귀로 민주정치가 무엇인지를 요약해서 나타냈다. 그의 이 연설은 또 다른 그의 유명한 선언문인 노예해방선언문(The proclamation of slaves emancipation)과 더불어 민주주의 전개 과정에서 매우 중요시된다(32).

우리 인류는 인간이 아닌 다른 동물들과 의사소통이 아직은 별로 이루어지지 않는 그런 시대에 생활하고 있다. 이런 상황 아래에서는 추측을 통해 생명공동체의 다른 구성원들의 처지를 이해하는 자세가 요청된다. 생명공동체에서 그들의 처지를 대변하여 민주정치를 생명공동체에도 확대해 보자는 것이다. 우리의 이성은 이런 데서 그 빛을 더 발할 수 있다.

1.5-3 자유와 평등

윤리적인 민주주의든 정치적인 민주주의든 민주주의에 흐르는 기본
정신은 인류에게 태어날 때부터 하늘로부터 물려받은 천부적인 권리
가 있다는 점이다. 그리고 그 구체적인 것은 '자유'와 '평등'이다. 앞
에서 소개한 칸트나 링컨의 주장도 결국은 자유와 평등을 신장시키기
위한 과정에서 나온 것이라 하겠다. 프랑스 대혁명 당시의 인권선언도
그렇다.

이와 관련된 견해들을 생태계까지 확대시키는 데 힘쓴 사람으로는
근세의 스피노자(Baruch de Spinoza, 1632-1677)나 현대의 스나이더
(Gary Snyder)를 들 수 있다. 스피노자는 신이 일체의 사물에 내재한
다는 범신론(pantheism)을 펴면서, 신이 곧 자연(Devs sive natura)이
라고 했다. 그는 대상들을 그것이 늑대이든, 단풍나무든, 인간이든, 별
이든 창조된 실체이자 신의 현시(顯示)로 파악했다. 신이 능산적 자연
(能産的自然, Natura naturans)이라면, 자연은 소산적 자연(所産的自然,
Natura naturata)으로 같은 신의 두 가지 측면에 지나지 않는다. 그는
전체체계에 궁극적인 가치를 부여한 일종의 유기체철학을 펼쳤다. 이
어서 그는 나무나 바위도 인간과 마찬가지로 당연히 존재할 가치와 권
리가 있음을 주장하면서, 자연공동체에는 더 낮은 존재도 더 높은 존재
도 없다고 하였다. 이처럼 그는 어떤 특정 개체가 아닌 전체체계에 궁
극적인 윤리 가치를 부여했다(Nash, 1989 : 20).

스나이더(1972)는 역사상 궁극적인 최고의 민주주의(ultimate de-
mocracy)가 실현된 것으로 아메리카 인디언 문화를 들어 높이 평가하
면서 식물이나 동물도 국민이며, 그들도 정치적인 토론에서 그들의 주
장을 펼치는 민주주의를 내세웠다. 그런 민주주의에서는 그들도 '대표
권'을 지니며, '모든 국민들에 속하는 힘'이 표어여야 한다는 것이다

(Nash, 3). 이처럼 그는 모든 생명체를 민주주의 구성원 속에 포함시킴에 따라 이루어지는 그런 민주주의의 완성(perfection of democracy)을 주장했다. "사랑스럽고 존귀한 것은 인간만이 아니라, 순진하고 아름다운 삶을 영위하는 모든 것들이며, 미래의 위대한 공화국은 인간에게만 자선을 베푸는 것으로 한정되지는 않을 것"(28)이라는 것이 그의 주장이다.

그렇다면 지구상의 모든 다른 생명체와 평화롭게 공존할 수 있는 생태나 생명중심의 도덕 또는 가치관은 어떤 것이어야 할까? 여기에 필자는 다음과 같은 것들을 제시하고 싶다.

우선, 인간은 편협한 인간 위주의 쇼비니즘(chauvinism)에서 벗어나야 한다. 윤리의 진화나 권리개념의 확장에서 볼 수 있듯이, 하늘로부터 부여받은 자연권(natural rights)은 인권에서 자연의 권리(the right of nature)로 확대되어 가고 있다. 황금률이 윤리적인 생활을 하기 위해 인간이 기본적으로 지켜야 할 현실적인 도덕률이라면, 칸트의 격률들은 우리 인류가 영원한 평화를 얻기 위해 요청되는 이상적인 도덕률이다. 이런 황금률이나 격률들을 인간세계에서 생명공동체로 확대하여 그 구성원들에게도 적용시켜 보자는 것이다(안건훈, 2011a: 34).

다음으로 자유와 평등을 양대 축으로 하는 민주주의를 인류뿐만 아니라 생명공동체로 확대하는 일이 필요하다. 탈인간중심주의 윤리를 정초시키기 위해서는 전체주의적인 접근과 개체주의적인 접근이 있으나, 생태계는 함께 어우러져 있는 공동체이므로 전체주의적인 측면에서 접근하는 것이 보다 설득력이 있다. 생명공동체의 경우는 더욱 그렇다. 전체가 없으면 개체도 없지만 그 역은 성립하지 않는다(34). 이런 점에서 개체의 중요성은 전체의 중요성을 이미 함축한다고 하겠다.

인간사회에는 자유와 평등이 많이 확산되어 있지만 생명공동체에서는 인간이 여전히 폭군의 자리를 지키고 있다. 이제는 인간도 그런 자리에서 물러나야 할 때다. 폭군이 아닌 현군이거나, 자유와 권리를 함께 누리는 시민의 위치로 되돌아 와야 한다. 우리와 같은 자유나 평등을 나누어 갖기 힘들다면, 돌봄의 자세·청지기의 자세만이라도 잃지 말아야 한다. 동물들도 배고픔·불편함·통증이나 질병·두려움·속박 등으로부터 가능한 자유롭게 살아야 한다. 이런 측면에서 예컨대, 1993년 영국의 농장 동물 복지 위원회(farm animal welfare council)가 규정한 다음과 같은 동물의 5대 자유는 우리 인류에게 시사하는 바가 크다(국립 수의과학 검역원, 2010: 52; 안건훈: 34-5).

1. 배고픔, 영양불량과 갈증으로부터의 자유(freedom from hunger and thirst)
2. 불편함으로부터의 자유(freedom from discomfort)
3. 통증, 부상, 질병으로부터의 자유(freedom from pain, injury or disease)
4. 두려움과 고통으로부터의 자유(freedom from fear and distress)
5. 정상적인 행동을 할 수 있는 자유(freedom to express normal behavior)

자유와 더불어 평등도 요청된다. 동물에게도 정도의 차이는 있을지언정 인간처럼 고통을 느낄 수 있는 능력이 있다. 동물들도 고통을 싫어한다. 그래서 고통을 배제한 도덕에 관한 담론은 생각하기 힘들다. 이런 점에서 인류에게 적용되는 것처럼 동물에게도 정도의 차이는 있을지언정 평등성이 고려되어야 한다. 고통을 느낀다는 측면에서, 고통에서 벗어나고 싶다는 측면에서, 고통에서 벗어날 권리를 가져야 한다는 측면에서 동물도 인류와 평등하다(35).

이상적인 것은 생태민주주의를 실현하는 하는 일이다. 생명공동체의 구성원들이 자유와 평등을 지니는 그런 체제 말이다. 물론, 구성원들 가운데 자유와 평등을 훼손하는 일이 있으면 제재를 받아야 한다. 예컨대, 생명공동체의 안정성이나, 온전함, 아름다움을 훼손하는 그런 개체가 있으면 말이다. 인류에게서 찾아볼 수 있는 민주주의 사회처럼 말이다. 이런 점에서 황금률이나, 인간의 존엄성을 윤리적으로 잘 표현한 칸트의 격률들이나, 민주정치에 관한 링컨의 표현처럼, 자유와 평등이라는 개념은 생태민주주의를 실현시키기 위해서도 귀한 지침이 된다(35-6).

토인비는 새로운 문명의 발생을 위해 세계종교의 역할을 강조했다. 문명의 쇠퇴 후에 나타나는 새로운 문명은 기독교·불교·회교(이슬람교)·정교 등 세계종교의 역할이 크다고 했다. 이는 새로운 문명의 씨앗을 틔워 나가는 데 있어, 세계종교에 대한 토인비의 기대를 나타낸 것이라 하겠다. 생태민주주의를 이루기 위해서는 편협한 인간중심주의에서 벗어나는 패러다임의 대전환이 필요하다. 세계종교에서 엿볼 수 있는 생명존중의 정신도 이제는 생태계로 과감하게 확대시킬 필요가 있다. 종교 지도자들도 신자들도 그들이 믿는 종교에서 이런 정신을 찾아내어, 생명공동체의 존속과 조화로움 속에서 가치 있는 인간의 삶을 추구할 때다(36). 생명공동체에서 이루어지는 지속적인 인간의 삶을 위해서도 그렇다.

1.5-4 이성과 도덕성

생명공동체의 모든 구성원들에게 직접적으로 중요한 것은 고통이다. 이성은 인간이 지닌 특성들을 규정할 때 언급되는 인간의 중요한 측면이다. 그러나 고통의 경우는 다르다. 생명공동체의 다른 구성원들이 고통받기를 싫어함은 사람들과 크게 다를 바 없다. 그리고 이성과 고통은 서로 양립불가능한 관계에 있지도 않다. 도덕성의 경우도 그렇다. 사람이나 다른 동물들이 겪는 고통을 조금이라도 해소시켜 주려는 감정과 생각을 지닌 사람들이 많이 있다는 점에서 그렇다. 그런 감정이나 생각은 도덕성으로 이어진다. 다른 생명체가 겪는 고통까지도 염려하는 자세가 습관화되었다면, 그런 사람은 고양된 도덕성이 몸에 밴 사람이라 하겠다.

황금률이나 도덕률, 자유와 평등과 관련된 뜻을 알거나 판단하기 위해서는 이성이 필요하다. 아울러 실천하려는 의지가 필요하다. 이런 이성에 근거한 실천의지가 도덕성으로 나타나게 된다. 도덕성은 나 아닌 다른 존재들을 편하게 한다는 데서 엿볼 수 있다. 생명공동체의 다른 구성원들이 사람들을 대할 때 편안하게 느낀다면, 사람들은 더 이상 그들에게 두려움이나 무서움의 대상이 아니다. 처마 밑에 제비집이 있어 인간과 제비들이 서로 공존하면서 많은 이야기 꽃을 피워 나가듯이 말이다.

1.5-5 국내 생태계 복원과 국제공조

우리나라의 경우를 보면, 생물 주권을 확보하기 위해 한반도에 서식하는 생물종을 북한주민들과 함께 조사하는 방안이 필요하다. 인간에 의해 끊긴 생태통로도 복원할 필요가 있다. 예컨대, 백두대간의 경우 자동차가 다니는 도로를 개설하느라 단절된 산 능선이 62곳이나 된다. 2차선이나 4차선 포장 도로가 건설되면서 이어진 식물들이 서로 생이별을 하게 되었음은 물론, 동물들도 차량이 내는 소리나 불빛으로 도로 근처에 오길 꺼려한다. 가능하면 터널을 만들어 능선이 훼손되는 일이 없어야 한다. 터널을 만드는 일은 번거로울 뿐만 아니라 자금이 많이 드는 현실이지만 장기적인 안목에서 보면 더 바람직한 일이다. 능선을 오르내리는 데 소모되는 시간을 단축시킬 수 있어 에너지를 절약할 수 있을 뿐만 아니라 근처 동물이나 식물들의 행복한 삶을 위해서도 그렇다.

이런 측면에서 백두대간 가운데 충북 괴산군과 경북 문경시를 잇는 이화령(梨花嶺)의 경우, 산줄기가 끊긴지 87년 만인 2012년 불완전하게 나마 다시 연결되어 복원된 것은 그나마 다행이다. 1998년 이화령 터널이 뚫린 것도 이화령 고갯길의 차량 통행 수를 분산시키는 데 큰 몫을 했는데, 2012년에 와서는 산줄기마저 복원되었으니 말이다.[10] 그러나 산줄기 복원 구간이 너무 짧아 생태통로로서의 기능을 크게 기대할 바는 못 된다. 바람직한 것은 이화령 터널만 남기고 고갯길은 아예 폐쇄해 버리는 일이다. 그러나 지방자치단체의 처지에서 보면 이화령이라는 광관자원을 그렇게 쉽게 포기하지 않을 것이다.

생태계에서 오늘날처럼 동물들이 빠르게 감소하여 가는 상황 속에서, 생물다양성 보전을 위한 국제협약이나 기구들이 나타나게 됨은 매우 다행스럽다. 협약으로는 유엔생물다양성 협약(UNCBD), 연맹으로는 세계자연보전연맹(IUCN), 기구로는 유엔생물다양성과학기구(IPBES) 등이 그것이다. 이 가운데 유엔생물다양성과학기구는 생물다양성 감소에 대한 과학적 조사와 연구를 실시하고, 해당 결과를 각국 정책 결정자들에게 전달해 국가별로 생태계를 살리는 정책을 만들도록 지원하는 업무를 맡고 있다. 이 기구는 2012년 4월 21일에 설립되었으며, 사무국

---

10 행정안전부는 앞으로도 이런 복원 사업을 계속 추진할 예정인 것으로 알려졌다. 강릉시의 대관령, 장수군의 육십령, 문경시의 벌재 등 백두대간 단절지역 12곳도 연차적으로 복원할 계획이라고 한다(동아일보, 2012년 11월 16일: A17면).

은 독일 본에 있다. 유엔환경계획(UNEP), 정부간 기후변화위원회(기후 변화에 관한 정부간 패널: IPCC), 녹색기후기금(GCF) 등도 생물다양성 유지를 위하여 그 나름대로 관련을 맺고 있다. 기후 변화가 생물들의 먹이사슬에 주는 영향도 크기 때문이다.

국내외적인 노력들의 성공 여부는 생명공동체의 생물다양성 유지와 직결되어 있다. 시야를 생태계로 넓히고, 생명공동체 구성원들의 삶에 관심을 지닐수록 성공가능성이 높아진다. 이런 점에서 우선, 멸종 위기에 처해 있는 동식물들에 관한 관심부터 갖는 일이 필요하다.

1.6 맺음말

우리가 사는 지구는 생명체가 있는 축복받은 곳이다. 수많은 생명체가 하나의 큰 공동체를 형성하고 있으니 더욱 그렇다. 생명은 모든 생물들에게 공통적으로 존재하는 속성이지만 정확하게 정의하는 데는 아직도 어려움이 있다. 생명의 외경이나 고귀함을 느끼면서도 말이다.

인간은 탁월한 이성에 근거하여 문화와 문명을 발달시키면서 지구와 생명공동체의 지배자로서 그 자리를 굳혀 왔다. 스스로 만물의 영장임을 자임하면서 말이다. 그런데 생명공동체를 이루는 겸손한 구성원으로서 처신하는 것이 아니라 지배자로서 군림하면서, 생태계와 생명공동체를 파괴하고, 그 문제점이 이곳저곳에서 발생하게 되었다. 그 구체적인 상황이 환경 재앙이나 멸종 위기 동식물현상이다.

우리가 사는 이 지구는 인간만을 위한 곳이 아니다. 다른 동식물도 그 나름대로 태어나 성장하고 번식하면서 살아야 할 권리가 있는 그런 곳이다. 이에 인간도 겸손하게 한 구성원의 위치로 돌아가 다른 구성원들을 배려하는 마음이 있어야 한다. 다른 구성원들이 겪는 고통을 깨달아야 한다.

생명공동체에 다양한 서로 다른 구성원들이 있음으로 해서, 이 지구는 단조로움에서 벗어날 수 있다. 온 세상이 하나의 색깔로 이루어져 있다면 그런 곳에서는 아름다움이 드러나기 힘들다. 다양한 색깔과 모양들이 어우러져 있는 곳에서 아름다움이 나타나듯이 다양한 생명체들이 공존하는 곳에서 이 지구는 더 살맛나는 곳이 된다.

이런 점에서 인간의 이성은 다른 동식물들을 배려할 줄 아는 그런 생각과 판단력을 함축해야 한다. 인간은 이성에 의해 황금률, 도덕적인 격률, 인간의 존엄성, 자유와 평등과 같은 가치를 인간사회에 뿌리내리게 하는 데 힘써 왔다. 아직도 미흡한 단계이므로, 인간은 이런 고귀한 가치를 지속적으로 전파시키고 토착화시키는 데 힘써야 한다.

한편, 생명공동체의 일원으로서, 그리고 수호자로서 인간의 임무를 수행해야 한다. 인간사회에서 중요한 기본적인 가치들을 생명공동체의 다른 구성원들에게도 적용시키고 확산시키는 일이 필요하다. 사람들은 마땅히 공동체의 다른 구성원들의 권리도 대변해 주어야 한다. 이런 점에서 이성은 도덕성을, 진정한 생명공동체는 생태민주주의를 각각 함축하는 그런 표현들이어야 한다.

2

다른 동물들과의 의사소통

2.1 언어와 의사소통

사전적인 정의를 보면, 언어(language)는 '사람이 생각이나 느낌을 소리나 글자로 나타내는 수단'(한글학회, 1997: 2868)으로 서술되어 있기도 하고, '음성 또는 문자를 수단으로 하여 사람의 사상·감정을 표현하고 의사를 전달하는 수단과 체계'(민중서림 편집국, 1999: 1566)로 표현되어 있기도 하다. 보다 상세화된 정의는 에드워즈(Paul Edwards)가 편집장이 되어 펴낸 『철학대사전(*The Encyclopedia of Philosophy*)』의 「언어」 부분에서 앨스턴(William P. Alston)이 정리한 내용이겠는데, 그(1978)는 "언어란 무엇인가?"라는 질문에 답하기 위해 언어가 지닌 특징들로,

(1) 언어는 체계적인 방법으로 연결된 단위들[1]로 구성되어 있으며,

---

1 상식적인 분석에 의하면 그런 단위들은 낱말과 음절로 이루어져 있고, 현대 구조언어(structural linguistics)에서의 분석에 따르면, 그런 단위들은 형태소(形態素, mor-

(2) 낱말 수준의 단위들은 '규약(convention)'에 의해 그 의미를 지니며, (3) 이런 체계의 언어가 대화를 위해 사용됨을 지적하면서, 언어의 특성을 알기 위해서는 단위들의 특성, 단위들이 형성하는 체계, 그리고 대화의 특성에 관해 분명히 해 두는 일이 필요하다고 했다(Vol.4: 384).

언어는 종종 상징이나 기호와 같은 어떤 체계로 그 특징이 드러나는데, 여기서 상징이나 특징은 규약에 의해 그 의미를 지닌다. 언어는 서로 간에 의사소통을 위해 필요하다. 이런 소통의 방법으로는 입을 통한 음성언어 사용과 기호를 통한 문자언어의 사용도 있다. 경우에 따라서는 손짓이나 발짓, 얼굴 표정 등 몸의 움직임을 통해 소통을 하기도 한다. 우리는 이런 것들을 통해 다른 사람들과 소통을 하고, 경우에 따라서는 동물들과 소통을 하기도 한다. 그렇기 때문에 의사소통은 언어를 포함(inclusion)하고 언어는 의사소통을 함축(implication)한다. 언어와 의사소통이 동연(同延, coextension)은 아니라는 점이다. 모든 언어는 의사소통에 속하지만 그 역은 성립하지 않는다.

인간의 경우, 과거로 거슬러 갈수록 언어의 종류가 다양하다. 다른 동물들과의 관계를 보면 유아에게서 볼 수 있듯이 어릴수록 동물들과 의사소통을 시도한다. 인류의 역사를 살펴보면 사람이 사는 곳에는 어디에서나 언어가 존재했으며, 음성언어와 몸짓의 경우와 달리 문자언어의 경우는 아메리카 인디언에게서처럼 없는 경우도 있다. 문자언어는 처음에는 그림문자나 상형문자의 형태로 출발한 것도 있고, 한글처럼 음성언어에서 출발한 경우도 있다. 세월이 지남에 따라 교통이나 통신수단이 발달하여 사람들의 왕래가 잦아지고 교류가 활발해짐에 따라 영향력 있는 언어들은 더 활용도가 높아지지만, 그렇지 못한 언어들은

---

pheme: 뜻을 지니는 최소의 언어요소)나 음소(音素, phoneme: 특정한 언어에서 사용되고 있는 일정한 유한수의 음 단위)들이다(Alston, 1978: Vol.4, 384).

사라져 버리는 경향이 짙다.

한편, 동물들에게는 아직 그림문자나 상형문자와 같은 문자도 없는 형편이다. 그러나 많은 짐승들에게서 알 수 있듯이 상당수의 동물들은 인간의 음성언어를 인식하고 있다. 침팬지나 고릴라와 같은 영장류들은 낮은 수준이긴 하지만 학습에 의해 인간의 문자언어도 인식할 줄 안다. 기억력에서는 인간보다 월등한 경우도 있다. 그렇다면 우리 주위에서 관찰할 수 있는 우리와 다른 동물들과의 구체적인 의사소통의 예로는 어떤 것들이 있을까?

2.2 의사소통을 위한 마음가짐

우리는 어린 아이들이 다른 동물들과 함께 놀거나 소통하는 모습을 종종 보게 된다. 어린 아이들은 자기들이 동물들과 의사소통을 할 수 있는 것으로 여기고 있는 것이다. 엄마가 말을 아직 할 줄 모르는 아기의 표정이나 직감을 통해 아기의 상태를 판단하는 것과 유사하다. 사람은 나이가 들면서 사람과 동물의 차이점을 찾아내는 데 익숙해지고 동물과 자신을 구별하려 하지만, 어릴수록, 그리고 인간이 만든 인위적인 문화의 영향을 덜 접했을수록 동물과의 유사성에 익숙하다.

캐롤 거니(Carol Gurney, 2012)는 그의 저서인 『애니멀 커뮤니케이션(The Language of Animals: 7Steps to Communicating with Animals)』에서 그가 어떻게 동물과 연결되는 경험을 했는지에 관해 언급하고 있는데, 그에 따르면 동물에 대해 주의를 집중하게 되면(정신적인), 마음속에서 격한 느낌을 받게 되며(물리적인), 이어서 따뜻함과 사랑으로 가득함을 느낀다(감정적인)고 했다. 마치 마음의 문이 열리기 시작한 것처럼 말이다(영적으로). 마음의 문이 열리면 동물들과 마음과 마음으로 서로 연결되어 있음을 느낀다는 것이다(43-4).

그러면서 그는 아래와 같은 소위 '7단계 하트토크 프로그램(7Steps Heart Talk Program)'을 제시하는데, 이는 흥미롭다. 중요한 요점을 간추리면 다음과 같다(48-79).

1단계: 정지점 찾기

이 단계에서는 명상을 통해 정신적 · 육체적인 긴장을 푸는 일이다. 숨을 들여 마실 때는 그 호흡을 긴장이 느껴지는 곳에 집중시키고, 숨을 내쉴 때는 그 긴장들을 공중에 내보내는 일을 하면, 사랑과 수용의 감정으로 채워지게 된다.

2단계: 마음 열기

명상을 통해 마음을 연다. 사랑과 연민이 있는 마음을 찾아내어 자신을 감싸 안는 일이다. 발바닥에는 자라나는 뿌리가 있고, 머리 위에는 경이로운 하얀 빛 — 최고의 영적인 수준에서 나타나는 빛 — 이 있다고 상상하면서 말이다.

3단계: 커뮤니케이션의 여러 가지 라인을 이해하기

동물들에 관한 생각을 통해 정신적인 커뮤니케이션을, 감정과 이미지를 통해 감정적인 커뮤니케이션을, 신체감각을 통해 신체적인 커뮤니케이션을 할 수 있게 된다. 이를 통해 메시지 전달가능성과 받는 메시지에 관한 이해가능성이 높아진다.

4단계: 연결 기술 실험하기

'창조적인 시각화'와 '게슈탈트 기술'이 있다. 전자는 동물들이 감정이나 감각을 나타내는 이미지를 보낼 경우, 우리 마음속에서 그것을 시각화하는 방법이다. 후자는 동물의 관점에서 이해하면서 소통의 길에 접어들게 하는 방법이다.

5단계: 집중하는 방법 배우기
동물에게 보내려는 생각을 마음 중심에 잠시 머물도록 한 다음, 보내려는 정보가 가게 하는데, 동물이 그것을 감지하여 기뻐하는 모습도 마음 속으로 상상한다.

6단계: 자기만의 접속 스타일을 인식하기
자신이 가장 편하게 느끼는 그런 스타일을 발전시킨다. 자신의 생각·이미지·감정을 가장 편하게 전달할 수 있는 그런 방법에 대해, 동물이 어떻게 반응하는지 그 신체적인 감각을 파악한다.

7단계: 텔레파시 근육을 훈련하기
이런 훈련을 위해 자기가 아는 동물을 사랑하는 사람을 파트너로 정해 훈련한다. 훈련을 시도하기 전에 먼저 훈련과정을 통독한다. 나와 파트너가 경험을 공유했는지 확실히 한다.

인간이 아닌 다른 동물들도 비탄·슬픔·즐거움·혼란·좌절·분노·실망·공포·사랑 등을 경험한다. 그들이 사고와 인지면에서 인간과 차이를 나타내는 것은 두뇌와 신체의 차이에 따른 것이다. 코끼리들은 동료의 죽음을 슬퍼하면서 시체를 매장하고, 개들은 우리가 밖에서 집으로 돌아올 때 즐거움과 행복감을 느끼며, 그 증거로 꼬리를 흔든다. 캐롤 거니는 이런 사실들을 지적함과 더불어 동물들의 감정이 인간의 감정보다 훨씬 더 강력하다고까지 말한다. 그들은 순간에 집중하며 정신적으로 산만하지 않기 때문이다. 이어서 그는 앞에서 제시한 것과 같은 훈련을 통해 기술이 점점 더 능숙해지면, '사람들과 이야기하는 것보다 동물들과 이야기하는 것'이 더 쉽다는 것을 알게 된다고까지 주장한다(82-3). 다치거나, 배고프거나, 기절하거나, 사슬에 묶이거나, 우리에 갇히거나, 홀로 남게 되거나, 가족과 친구들로부터 떨어지게 되거나 하는 상황을 싫어하기는 사람과 마찬가지다(Long, 2006: 21).

이어서 캐롤 거니는 아래와 같이 '7단계 하트토트 프로그램-접속만들기'를 제시하기도 하는데(Gurney: 93), 동물들과의 소통하는 데 도움이 될 것이다.

1단계: 평화로운 곳에서 동물과 함께 있으라.
2단계: 동물에게 당신과 함께 조용히 있도록 부탁하라.
3단계: 당신의 정지점을 찾아라.
4단계: 동물에게 이 시간이 괜찮은지 물어보라.
5단계: 동물과 솔직한 대화를 나누어 보라.
6단계: 마음으로 묻고 싶었던 것을 질문하라.
7단계: 경청하고, 믿고, 즐겨라.

처음 대하는 동물들에게는 그 동물이 다른 이들과 함께 사는 것에 대해 어떻게 생각하는지, 두려워하거나 불편하게 만드는 것은 무엇인지, 과거에 학대 받았던 경험은 있는지, 행복한 순간은 어느 때인지, 실내생활과 야외생활 가운데 어떤 것을 더 원하는지 등에 관해 물어보아야 한다. 그러면서 그 반응을 살핀다. 예컨대, 동물에게 "무엇이 너에게 행복감을 주니?"라고 물어볼 때, 그 동물이 과거 당신에게 보여 주었던 행동들─무릎 위에 앉아 있으려 하거나, 당신이 가는 곳에 기꺼이 함께 따라다니는 그런 행동─에 관한 이미지가 당신에게 떠오를 경우, 그런 이미지를 통해 어느 정도 파악할 수 있다. 이어서 동물의 눈이나 행동을 통해 알 수 있다(152-3).

2.3 동물들의 사고력과 학습 능력

동물들에 관한 관찰을 통해 우리가 알 수 있는 것은, 동물들의 지각기능도 인간이 지닌 지각 기능과 어느 정도는 유사하다는 점이다. 그들이 파악하는 음파능력도 인간 음파능력과 비슷하다. 이는 음을 통해 판단하는 사고능력도 인간과 어느 정도 비슷함을 유추하게 한다. 몸의 상태를 보면 인간도 인간이 아닌 동물들도 모두 눈·귀·코·입·뇌 등을 지니고 있기에 그런 기관들 간의 기능에도 유사점이 있을 가능성이 높다.

2.3-1 연장류의 경우

원숭이들도 도구를 만들어 사용하는 경우가 있다. 원숭이의 사고능력을 알아보는 실험에서 종종 사용하는 방법인데, 실험대상이 되는 원숭이가 좋아하는 과일과 같은 먹이를 높은 곳에 매달아 놓고, 그 주변에 짧은 막대기 여러 개와 끈들을 놓아두면, 그 원숭이는 그들 스스로 뛰어 오르거나 기어오를 수 없는 상황에서, 끈으로 막대기를 하나로 길게 이어 긴장대로 만들어 그것으로 먹을 것을 털거나 따는 경우가 있다. 주변에 있는 다른 원숭이들도 그런 행위를 곧 모방한다.

일본 교토대의 영장류 동물학자 히라타 사토시는 코시마 섬에 사는

일본 원숭이들에 관한 여러 해에 걸친 연구 끝에『내셔널 지오그래픽
(*National Geographic*)』과의 인터뷰에서 그 원숭이들의 행동으로부터
"인간문화의 진화근거를 관찰한다."고 주장했다. 그는 "이 원숭이들이
다른 개체의 행동에 관심을 갖는다는 점에서 인간과 비슷하다."며, "이
같은 형태는 문화발달의 핵심적인 요소"라고 덧붙였다(Szreter, 2009 :
85).

　일본 교토대의 영장류연구소에서 발표한 바에 따르면 다음과 같은
경우도 있다. 진흙 위에 원숭이들이 좋아하는 곡식알들을 뿌려 놓았더
니, 원숭이들이 처음에는 손으로 하나씩하나씩 그 곡식알들을 골라 먹
었다. 그런데 어떤 원숭이가 진흙 속에 박혀 있는 곡식알들을 푹 퍼서
옆에 있는 물웅덩이에 넣자 곡식들이 진흙에서 분리되어 깨끗해졌다.
이런 과정을 통해 그 원숭이들은 곡식을 보다 쉽게 먹을 수 있었고, 그
모습을 본 다른 원숭이들도 똑같이 행동했다. 더욱 놀라운 것은 이런
사실이 원숭이 사회에 알려지면서 그 지역의 원숭이들이 진흙 속 낱알
들을 그런 식으로 섭취하게 되었다는 사실이다. 이런 일들은 침팬지
(chimpanzee)나 고릴라(gorilla), 오랑우탄(orangutan)과 같은 동물들
에서는 더욱더 흔한 일로 관찰된다.

　『주간동아』 652호(2008 : 67)에서는 일본 효고(兵庫)현 스모토(洲本)
시 아와지(淡路)섬에 있는 '아와지시마 몽키센터'라는 곳을 소개하고
있는데 이 내용이 흥미롭다. 그 당시 이곳에는 일본원숭이 약 180마리
가 무리지어 살고 있었는데, 일본원숭이 사회는 우두머리 원숭이를 정
점으로 하여 그 위계질서가 철저하다. 아사히신문의 보도에 따르면, 그
몽키센터는 1967년에 문을 열었는데, 평균 5년을 주기로 우두머리
(boss) 원숭이가 바뀌었다. 이들 가운데 7대 우두머리 원숭이인 맛키의
경우 새끼와 약자에게 상냥하고 암컷에게도 인기가 높아 특이하게 15

년간이나 그 권력을 누렸다. 원숭이 사회에서는 우두머리가 바뀔 즈음에 실력 행사가 빚어지기 마련이지만, 맛키는 자진해서 잇짱에게 그 자리를 넘겨 주어 세력 다툼도 없었다. 그런데 8대 보스에 오른 잇짱은 권력을 거머쥐자 맛키와 달리 약한 원숭이의 먹이를 빼앗는 등 폭정을 일삼았다. 폭정 때문에 암컷들에게도 인기가 점점 없어졌다. 그러자 잇짱으로부터 종종 심하게 폭행을 당해 왔던 다마고가 아사쓰유, 가즈와 힘을 합해 기회를 엿보다가, 잇짱을 습격하여 크게 상처를 입혔고 그렇게 하여 크게 다친 잇짱 대신 아사쓰유가 9대 우두머리 자리에 올랐다. 이렇게 해서 잇짱의 통치는 5년의 기간이 아닌 단지 3개월로 끝나게 되었다. 아사쓰유는 우두머리가 된 후 7대 맛키처럼 힘이 약한 원숭이들에게 상냥하고 암컷에게도 인기를 얻으면서 생활해 나갔다. 아사쓰유는 잇짱이 아닌 맛키와 같은 통치 방법을 택했던 것이다.

고릴라의 경우를 예로 들어 보자. 2013년 3월 25일 MBC에서 방영한 다큐스페셜에 의하면, 우지지라는 이름의 고릴라(암컷 40세)가 등장한다. 사육사가 단단한 통속에 먹잇감을 넣고 그 통을 고릴라에게 던지자 고릴라는 급히 달려와 그 통속의 것이 먹거리임을 알고 그것을 먹으려 애썼다. 그런데 아무리 애를 써도 열리지 않아 옆쪽을 보니 조그만 구멍이 나 있었다. 그것을 본 고릴라는 잠시 생각하더니 그 구멍을 통해 먹잇감을 꺼내려고 애쓰기 시작했다. 고릴라는 손가락을 집어넣는 등 이리저리 시도를 했지만 손가락이 짧아서 그것도 여의치 않자, 다음에는 나뭇가지를 가져와서 나뭇가지를 구멍에 깊숙이 집어넣고 나뭇가지에 묻어 나오는 먹잇감을 맛있게 먹었다.

같은 프로그램에서 방영된 쥬디라는 침팬지에 관한 이야기도 흥미롭다. 쥬디는 어떤 불가피한 일로 그가 난 새끼를 직접 돌볼 수 없는 형편에 있었다. 그가 난 새끼는 3세가 될 때까지 사람들 손에 자라게 되었다. 대신 사람들은 쥬디에게 자기 새끼가 아닌 인형으로 새끼 돌보는 방법을 가르쳤다. 어미와 새끼가 어떤 관계를 유지해야 하는지, 자기 새끼를 어떻게 돌보아야 하는지를 교육을 통해 일깨워 주었다. 사람들은 쥬디가 인형과의 관계에서 우호적인 단계로 접어들게 되었음을 확인했을 때, 쥬디의 새끼를 쥬디의 우리 속에 넣어 주었다. 쥬디는 교육받은 대로 자기 새끼를 잘 돌보았다. 이는 교육이나 훈련이 침팬지에게도 가능하다는 것을 시사해 준다.

2013년 6월 KBS1에서 방영된 아프리카에 사는 만탕가라는 침팬지의 모습을 보면 그 침팬지는 꿀이 먹고 싶은데 벌꿀집이 높은 나무줄기 속에 있을 경우에는 몽둥이를 갖고 올라가 그 나무줄기 속에 있는 꿀집을 쳐서 허문 다음, 꿀을 얻는다. 아울러 그런 기술을 자기의 새끼들에게도 전수한다. 물고기가 있는 물가에 사는 새들도 사람들이 빵과 같은 먹이를 주면, 그것을 그대로 먹지 않고 그것을 물에 뿌려 물고기들을 모이게 한 후 그 물고기를 잡아먹는다고 한다. 이는 동물들에게도 무시 못할 사고력이 있음을 보여 준다. 그래서 선진국에는 포유류가 사람의 말을 사용하는 것을 연구하는 곳도 나타났다.

연장류들은 기억력이 대단한 것으로도 알려졌다. 침팬지의 경우는 순간 암기력이 인간에 비해 월등하다는 것이 여러 실험에 의해 입증되고 있다. 이젠 인간을 중심으로 모든 것을 파악하고 평가하던 그런 무지의 오류(argument from ignorance)[2]에서 탈피할 때이다. 인간 아닌 다른 동물들이 지닌 탁월성도 인정해야 할 때이다. 인간의 편견에서 비

---

2 반증된 적이 없기 때문에 받아들여야 한다거나, 확인된 적이 없기 때문에 거부되어야 한다는 식의 주장에서 빚어진다. 예컨대, '지구 밖의 외계에 생명체가 있다는 것을 아무도 확인한 적이 없다. 따라서 지구 밖 외계에는 생명체가 없다.'고 논증을 펴는 것과 같다.

롯된 동물들에 가한 갖가지 만행에서도 벗어나야 한다.

2.3-2 반려동물과 가축의 경우

인간과 더불어 사는 반려동물(伴侶動物)의 대표적인 것으로는 개와 고양이를 들 수 있다. 반려동물들 중에는 특히 인간의 생활방식을 빨리 체득하는 경우가 많다. 강원도 춘천시 남산면 행촌리에 있는 '강촌캠퍼스 애견 훈련 학교' 관계자의 말에 의하면, 이곳에서는 몸집이 작은 유형의 개들은 3~4개월, 큰 개들은 4~6개월 정도 위탁 훈련 과정을 진행하고 있는데, 한 두가지 문제만 있는 경우에는 개주인과 개가 일일 교육을 함께 받으면 해결된다. 해결하는 데 필요한 시간은 2~3시간 정도밖에 안 된다.

개를 키우고자 한다면 3시간씩 2회 정도만 교육을 받은 후, 3개월 정도 연습하면 된다. 대소변을 못 가리고, 짖고 물고 하는 것 등을 포함해서 말이다. 사람이 다니는 길과 찻길을 구별할 줄 알고, 훈련과 놀이 등을 구별할 줄 알게 하는 데 필요한 시간이다. 사람들과 함께 편히 산책하는 데 필요한 시간이라 하겠다. 개는 사람의 눈치를 잘 살피면서 처신하는 동물이다. 주인이 무엇을 좋아하고 싫어하는지를 아는 동물이다. 그러면서도 아주 순종적인 동물이기도 하다. 이것은 비록 동물이라 할지라도 인간과 친해질 수 있는 가능성이 있음을 알려 준다.

2013년 4월 3일 1시경에 어떤 TV에서는 터키지역에 사는 캉갈도그라는 아시아 최대 크기의 개에 관한 이야기를 방영했다. 그 개는 다 자랐을 경우 뒷다리를 세워 키를 재면 약 180cm나 되고 몸무게는 80~90kg에 달한다. 힘도 세서 1톤 자동차도 끄는 놀라운 힘을 지니고 있다. 어떤 캉갈도그는 주변에 사는 늑대를 5마리나 잡아 버린 경우도 있었다. 경계심도 대단해 외부인들이 오면 무섭게 대들지만, 자기를 키

운 사람에 대해서는 그렇게 잘 따르면서 순종적일 수 없다. TV에서는
에르기라는 7살배기 여자어린이와 어린이와 함께 사는 캉갈도그가 등
장했는데, 더불어 노는 모습이 가까운 친구와 같았다. 그러면서도 큰
몸집의 캉갈로그는 작은 그 어린이에게 아주 순종적이었다. 그 어린이
의 몸짓이나 목소리에 관해서 말이다. 그 개는 수많은 양들을 인도하기
도 하고 지키기도 하는 일꾼 역할을 하면서 그곳에서 그 어린이의 가족
들과 더불어 살고 있었다.

　우리나라에 살고 있는 개들 가운데는 아주 옛날부터 사람들과 더불
어 살아온 소위 토종개라는 것도 있다. 지금은 거의 다 외래종에 의해
잡종견이 되어 버렸지만, 간혹 보이는 토종견 가운데 삽살개·동경이
(댕견)³·진돗개·풍산개 등은 우리나라에서 천연기념물로 보존되고
있는 영리한 개들이다. 이런 개들은 인간의 눈치를 잘 살피면서 인간의
반려동물로서 그 역할을 잘해 오고 있다. 그들은 주인의 말을 잘 알아
듣는다. 발을 들라고 하면 발을 들고, 앞으로 가라고 하면 앞으로 간다.
악수를 청하면 천연덕스럽게 악수를 하는 삽살개도 있다. 주인의 지시
에 따라 여러 가지 재주를 부리는 개들도 수없이 많다.

　필자가 어린 시절 생활하던 곳에서 사용하던 언어를 중심으로 이를

3　경주개 동경이는 천연기념물 제540호로 지정되어 있다. 5~6세기 고분에서 출토된
토우(土偶) 토기 파편에서도 발견되는데, 어떤 동경이는 멧돼지를 사냥하는 모습으로
나타나 있다. 신라시대에는 왕족이나 귀족이 애완견으로 소중히 키우기도 했고, 그 이
후 천년 이상 사람들과 더불어 잘 지내왔으나, 1930년경 '꼬리가 없어 불길한 짐승'이
라는 소문이 퍼지면서 그 가죽이 군대에 납품되는 등 수난을 당했고, 해방 후에도 '병
신 개', '복 없는 개' 등으로 놀림을 받으면서 떠돌이 개 신세를 면치 못했다. 동경이
의 가치가 새롭게 인식된 것은 2005년에 와서다. 그해 국립경주박물관이 개최한 '신
라 토우전'에서 동국대 최석규가 동경이의 모습을 보고, 그 개가 오래된 토종개임을
인정하면서 부터이다. 동경이의 특징은 꼬리가 엉덩이에 딱 붙어 있을 정도로 짧고,
귀는 쫑긋 솟아 있으며, 눈은 생기가 있고, 쭉 뻗은 두 다리에 날렵한 몸체이다(동아
일보, 2012년 11월 19일자: A13면).

예증해 보려 한다. 그 지역에서는 개를 부를 때 "워리워리"하고 불렀다. 친근감을 주려 하거나 먹이를 줄 때 부르는 소리다. 이런 소리는 특히 어느 정도 자란 개를 부를 때 사용하는 언어이다. 그러면 개는 놀다가도 그 부르는 곳으로 달려온다. 강아지를 부를 때에는 혀를 아랫입술 안쪽에서 위쪽으로 당기면 마찰음으로 "쯔쯔쯔쯔"하는 소리를 낸다. 그런 소리를 들은 강아지는 꼬리를 세워 흔들면서 다가 선다. 개와 함께 놀고 싶을 땐 개처럼 "멍멍멍멍"하면서 뛰어 다니면 된다. 개를 쫓아 버리기 위해서는 "지개지개, 이놈의 개"하면서 인상을 찌푸리면 된다.

최근 연구에 따르면 개는 여러 가지 색깔도 구별할 수 있는 것으로 밝혀졌다. 그런데 개는 색깔보다도 형태 파악에 민감하며, 냄새를 맡는 능력은 인간이 도저히 따라잡기 힘들 정도로 발달되어 있다.

필자가 어린 시절 살던 지역에서는 고양이를 부를 때, "야옹야옹"하면서 목소리를 낸다. 그러면 고양이가 그 목소리를 듣고 부르는 사람에게 관심을 지니거나 다가간다. 개와 고양이는 같은 반려동물이라 하더라도 몸짓이나 성격에서 차이가 난다. 몸짓 가운데 꼬리로 보여 주는 신호의 경우를 보면, 고양이는 긴장을 하면 그 경계 신호로 꼬리가 올라가지만 개의 경우는 기분이 좋을 때 꼬리가 올라간다. 고양이는 개와 달리 꼬리를 세운 상태가 긴장하고 있다는 징조이다. 꼬리를 내린 상태는 긴장을 푼 상태다. 이런 점에서 개와 고양이의 경우, 꼬리를 통한 신호는 서로 반대이다. 개와 고양이가 싸우는 경우가 잦은 것은 이런 신호체계가 서로 다르기 때문이라는 견해도 있다.

성격의 경우를 보면 고양이는 주인보다는 집을 더 선호하는 반면에, 개는 집보다 주인을 더 좋아한다. 그래서 그런 반려동물과 이사를 갈 경우, 개는 주인을 따라 주인이 가는 곳으로 미련 없이 함께 나서지만, 고양이는 주인을 따라 선뜻 나서기를 꺼려하며 집에 애착이 가서 집으로 되돌아가는 경우도 있다. 집에서 개와 고양이를 키워 보면 고양이는 집을 주인의 것이 아닌 자기 것으로 여기지만 개의 경우는 그렇지 않다. 주인의 집으로 생각하며, 주인에게 충성을 다하면서 살아간다. 대체로 고양잇과 동물들은 암컷사자들의 경우를 제외하고는 단독생활을 즐기면서 자기 위주로 생활을 하는 경우가 많다. 배려도 부족하다. 반면에 갯과동물들은 늑대의 경우에 특히 잘 나타나듯이 집단적인 생활에 익숙해져 있다.

다음에는 가축의 경우를 살펴보기로 한다. 필자가 어린 시절 살던 지역에서는 소와 더불어 지내고 싶으면 소에게 친근감을 주는 "음매~음매~"하는 소리를 내면 되었다. 소를 부를 때 특히 송아지의 경우는 더욱 그렇다. 물론, 인류의 경우, 지역에 따라 언어가 서로 다른 곳이 많듯이 짐승들의 경우도 지역에 따라 특징이 다르다.[4] 소의 경우는 몸을 쓰다듬어 주는 것을 아주 좋아해, 쓰다듬어 주면 친밀감을 느낀다. 이는 대부분의 가축들에게 나타나는 공통된 성향이기도 하지만 소의 경우는 그 반응이 금시 나타난다. 말의 경우도 그런 것으로 여겨지지만 소에는 미치지 못하는 듯하다.

돼지의 경우는 시골에서도 돼지우리 밖에서 자유롭게 생활하도록 내버려 두지 않는다. 코로 땅을 계속해서 파대는 습성 때문에 농작물에 많은 피해를 주어 그런 것도 있고, 소나 개에 비해 성질이 급해 사람에게 해를 끼칠 수도 있기 때문에 그렇기도 하다. 사람들이 돼지에게 먹이를 주기 위해 돼지를 부를 때는 흔히 "꿀꿀꿀꿀"하면서 다가 선다.

---

4 2012년 8월 15일 오후 10시 30분경에 방영된 내셔널 지오그래픽(National Geographic)의 「우랄알타이를 가다. 3부: 남시베리아의 영혼, 뚜바」의 장면을 보면, 그곳에서는 소를 부를 때는 '훠이훠이'라고 한다. 고양이의 경우도 우리는 고양이를 부를 때 '야옹야옹' 하지만, 영미생활권에서는 '먀우먀우'라고 한다.

돼지의 경우도 등을 긁어 주면 아주 좋아하면서 순해진다. 돼지는 기둥과 같은 물건에 등을 비비는 것을 특히 좋아한다. 그래서 사람들이 다가서면 등을 내밀면서 긁어 달라는 시늉을 한다.

　사람들이 닭에게 모이를 주기 위해 닭을 불러 모으려 할 때는 흔히 "구구우 구구 구구, 구구우 구구 구구"하면서 의사표현을 한다. 닭을 놀리거나 흉내 낼 때는 "꼬끼오 꼬꼬, 꼬끼오 꼬꼬"하는데, 그렇게 하면 닭도 알아차린 듯 머리를 들어 고개를 들면서 좌우를 살핀다. 암닭이 알을 낳는 것을 흉내 낼 때는 흔히 "꼬꼬댁 꼬꼬 꼬꼬, 꼬꼬댁 꼬꼬 꼬꼬"한다. 오리의 경우는 부를 때 "꽥꽥꽥꽥"하면서 부른다.

　동물들도 음악에 민감한 경우가 있다. 남시베리아의 뚜바라는 곳에서는 양의 경우, 새끼를 낳은 어미 양들 가운데 스트레스로 자기 새끼에게 젖을 물리려 하지 않는 일이 있을 경우, 어미가 새끼에게 젖을 먹이도록 유도할 때 부르는 그 지역 전통의 노래가 있다. 그 노래를 부르면 어미 양은 순해져 새끼에게 젖을 먹인다. 몽골의 경우는 난폭해진 말을 길들이기 위해 피리소리를 사용하기도 한다.

　지금은 대부분의 가축들이 일정한 곳에 갇혀 있거나 고립되어 살고 있지만, 우리나라의 경우를 보면 수십 년 전까지만 해도 가축 가운데서도 개·닭·고양이 등은 자유로운 몸으로 살았다. 낮에는 밖에서 마음껏 활동하다가 밤이 되면 사람들이 마련해 준 집으로 들어오는 것이 일상적인 그들의 모습이었다. 그래서 인지 그들 간에 공통적인 소통이 있는 것처럼 보였고, 사람들이 그들을 대할 때 언어를 구사하는 모습도 어느 정도 유사했다. 그러던 것이 평생 고립되어 사는 경향이 점차 짙어짐에 따라 그들 간에 소통도 공통점을 찾기가 힘들어졌다. 고립되어 살게 되면서 그들이 사용하는 언어도 더 다양화되고 분화되어 가는 경향이 짙어지기 때문인 듯하다.

2.3-3 야생동물의 경우

2012년 9월 15일 8시 50분경에 방영된 내셔널 지오그래픽 채널(Na-
tional Geographic Channel)을 보면, 어른 코끼리들이 생각하면서 일
을 처리하는 모습을 볼 수 있다. 새끼 코끼리가 진흙에 빠져 허우적거
리고 있는데 물밖에 있던 어미 코끼리가 물속으로 들어와 자기의 코로
새끼 코끼리를 물가로 밀어냈다. 물가가 진흙 언덕이라 미끄러워 새끼
코끼리가 그 진흙 언덕을 못 올라가자, 이번에는 새끼 코끼리가 올라가
기 쉽도록 어른 코끼리들이 진흙을 걷어 내고 길을 내어 어린 코끼리가
물 밖으로 나올 수 있도록 도왔다.

경기도 용인시 에버랜드 동물원에 사는 '코식이'라는 코끼리(2012
년 당시 22세)는 인간이 하는 말투를 흉내 내는 능력을 지닌 것으로 잘
알려져 있다. 그 코끼리가 인간의 말투를 흉내 내게 된 계기는 동물원
에서 혼자 살게 되자, 사육사와 교감을 하기 위해서였다. 홀로 살게 되
자 외로웠던 것이다. 코식이는 '예', '좋아', '안 돼', '누워', '앉아',
'발', '아직'이라는 개념을 말하는 것으로 보도되었다. 그리고 자음보
다는 모음을 더 정확하게 발음하는 것으로 밝혀졌다(동아일보, 2012년
11월 3일: A10). 이처럼 포유류가 사람의 말을 따라 하는 경우는 앞으
로 더욱 연구할 가치가 있다. 이런 연구를 통해 그들이 머릿속으로 어
떤 생각을 하면서 살고 있는지 파악할 수 있기 때문이다.

시카고의 경우를 보면, 2천여 마리의 코요테가 도회지에서 인간과
더불어 사는 방법을 배우며 살고 있다. 도회지에서 어떤 코요테가 하는
행동을 보고 다른 코요테들도 그것을 학습하여 익혔기 때문이다. 예컨
대, 사람들이 상자 속에 먹을 것을 넣었을 경우, 어떤 코요테가 그 상자
를 열어 먹을 것을 꺼내 먹는 것을 보면, 그런 모습을 목격한 다른 코요
테들도 그대로 학습하여 실행하면서 산다. 이런 과정을 거쳐 그들은 도

회지서 살아 나가는 방법을 배우기도하고 가르치기도 하면서 생존과 번식을 하고 있다.[5]

파충류의 경우도 인간과 언어소통이 가능하다. 아프리카 나일 악어를 예로 들기로 한다. 나일 악어를 연구하거나 구경하려는 사람들은 어미 악어를 모이게 하려고 어린 악어 소리를 흉내 낸다. 그러면 모성애가 강한 어미 악어가 그 소리를 듣고 소리가 나는 곳으로 오기 때문이다. 이와 유사한 예들은 동물의 세계에서 흔히 나타나는 일들이다.

날짐승[조류]의 경우도 학습 능력이 입증되는 경우가 많다. 어떤 새들의 경우는 사람들이 언어를 가르쳐 주면 학습하여 따라한다. 앵무새에게서 흔히 볼 수 있는 일이다. 까마귀는 새들 가운데 가장 똑똑할 뿐만 아니라 동족들끼리 친화력이 강한 것으로 인식되어 왔다. 까마귀는 늙으면 그 새끼들이 먹이를 구해 먹여 주는 새라고 하여 효조(孝鳥)라는 또 다른 이름을 지닌 새이기도 하다. 앵무새는 사람이 하는 대로 단순히 흉내를 내는 것 같기도 하지만 까마귀의 경우는 자신의 욕구와 사람들로부터 배운 말을 연결시켜 구사하는 능력도 있다. 까마귀가 밥 먹을 때라고 여긴 사람이 '배고파'라고 반복해서 말했더니, 그 말을 들은 까마귀는 배가 고프면 실제로 '배고파'라는 말을 사용했다(Long, 2006 : 39). 물론, 모든 까마귀가 이런 능력을 지니고 있다는 뜻은 아니다.

2.3-4 설명하기 힘든 동물들의 인지 능력

동물들은 인간이 보았을 때 경이할 만한 인지 능력을 지니고 있는 경우가 많다. 비가 오기 전에 개미들이 안전한 곳으로 줄지어 이사를 가거나, 청개구리가 유난히 울어 대는 것을 우리는 잘 알고 있다. 그렇다

---

5 2012년 2월 2일자 내셔널 지오그래픽 채널 방송 내용

면 짐승들에게서 발견되는 경이할 만한 일들에는 어떤 것들이 있을까? 여기서는 오래전부터 알려진 것들을 중심으로 살펴보기로 한다. 짐승들의 경우는 개미나 청개구리에서 나타나는 그런 정도의 인과관계나 고도의 상관관계는 아니어서 일반화하기가 힘들지만, 아래와 같은 신기한 경우들도 있어 소개하기로 한다.

집에 많이 있던 쥐가 갑자기 사라지면 며칠 지나지 않아 그 집에 불이 나는 경우를 예로 들어 본다. 집뿐만 아니라 고기잡이배나 선박에서도 이러한 일이 일어난다고 한다. 집에서 기르던 개의 경우는 개가 갑자기 나가 버리거나 나가서 죽으면 집안에 좋은 일이 생기고, 나갔던 개가 집안에 들어오면 나쁜 일이 생긴다. 개가 집을 나가서 죽으면 그동안 고마웠던 주인 대신 개가 죽는 것이란 옛이야기가 있다. 반면에 집으로 돌아오는 것은 그동안 싫었던 주인이 곧 죽게 되니까 안심하고 집으로 돌아온다는 것이다. 소의 경우도 집에서 기르는 소가 죽으면 좋은 일로 간주한다. 소가 주인 대신에 죽은 것으로 여기기 때문이다. 이런 이야기들은 우리나라와 중국에서 예로부터 종종 믿어 왔던 것들인데 단순한 우연적인 상관관계로 여겨지긴 하지만 여전히 흥미롭다.

동물들의 뛰어난 인지 능력과 관련시킬 수 있는 경우도 많다. 화창한 날씨인데도 개미가 줄지어 이사를 가면 가까운 시일 안에 비가 오는 경우처럼 말이다. 지진이 날 경우도 동물들이 그것을 먼저 인지한다. 예컨대, 코끼리의 모습에서 이런 일들은 종종 관찰된다. 보통 때와 달리 코끼리가 가기를 꺼리는 곳은 머지않아 지진이나 해일이 발생한다. 인간은 모르지만 코끼리는 그 지점을 미리 안다는 것이다. 수년 전에 인도네시아에서 있었던 대형 쓰나미(Tzunami)에서도 예외가 아니었다. 그 당시 코끼리를 비롯한 많은 동물들이 수일 전에 갑자기 해안가에서 언덕이나 산위로 피신했으며, 코끼리들은 그들이 평소에 흔히 다니던

해안가 길을 가려고 하지 않았다. 새가 갑자기 안방에 들어오는 것도 좋은 징조가 아니다. 이처럼 생명공동체에서 발견되는 아직 설명하기 힘든 구성원들의 모습들[6]에 관해서도 앞으로 그 탐구를 필요로 한다.

2.4 종류의 차이와 정도의 차이

인간과 동물의 사고능력의 차이는 '종류의 차이(difference of kind)' 도 있겠지만 '정도의 차이(difference of degree)'로 파악하는 것이 설득력 있다. 여기서 종류의 차이란 사람과 짐승들이 각자 지니는 차이다. 사람에게는 다른 동물과 달리 그들만이 공통으로 지니는 특징이 있다. 인류가 지닌 언어에서도 이런 모습은 볼 수 있다. 한글과 중국어의 경우를 보면 전자는 소리글[表音文字]이지만 후자는 뜻글[表意文字]이다.[7] 외형적으로 보면 사람들은 대부분의 다른 동물들과는 달리 직립보행(直立步行)을 한다.

그런데 사람들처럼 다른 동물들도 눈·코·귀·잎·피부를 지니고 있다. 상당수 다른 동물들도 사람들처럼 큰골·작은 골·등골·숨골을 지니고 있다. 이런 오관(五官)이 하는 기능이나 각종 골의 기능은 우리 인간의 것과 비슷하다고 보아야 한다. DNA구조를 보면 인간과 침팬지의 경우는 그 상동관계(homology of genomics DNAs)가 98.4%라고 한

---

6 식물들에게서도 이런 징조는 찾아볼 수 있다. 예컨대, 집에서 기르던 화분의 식물들의 잎이 황색기가 돌면 사람들이 집에서 하는 일도 안 되는 것으로 믿는 경우가 있다. 집안이나 뜰에 심은 나무의 수명이 짧으면, 집안 사람들의 수명도 짧고, 장마철인데도 참나무 잎이 황색이 되면 이 또한 좋지 않은 징조라 한다. 학술적으로 탐구하여 봄직하다.

7 표음문자는 말의 소리를 기호로 나타낸 글자로서 한글이나 로마문자 등이 이에 속한다. 반면에 한자와 같은 표의문자는 그림에 의해서나 사물의 형상에 기초하여 만들어진 것으로 시각적인 것에 의해 뜻이나 사상을 전달한다.

다. 침팬지와 고릴라의 경우는 그 상동관계가 97.1%인 점을 고려하면, 침팬지는 고릴라보다 인간에 가깝다. 이처럼 몸을 구성하는 DNA구조를 보면 상당히는 정도의 차이에 불과하다. 동물들도 마음과 감정이 있다. 도구를 만들거나 사용하거나, 언어 사용도 상당히는 정도의 차이로 파악해야 한다.

동물들을 보면, 인간에 비해 그 신체 기능이 더 발달한 것도 있고 그렇지 않은 것도 있다. 개의 경우는 후각기능에서, 독수리는 시각기능에서, 박쥐는 청각기능에서, 치타는 달리기에서 인간보다 훨씬 더 발달되어 있다. 인간과 인간 아닌 다른 동물들이 생활에서 큰 차이를 나타내기 시작한 것은 유구한 역사로 보면 그리 오래되지 않는다. 인간은 구석기시대·신석기시대·청동기시대·철기시대 등을 거치면서 비약적으로 인간이 지닌 약점들을 보완해 나가는 데 탁월한 능력을 발휘해 나갔을 뿐이다.

사고력에 대해서도 인간과 다른 동물의 차이를 종류의 차이뿐만 아니라 정도의 차이로도 이해해야 한다. 그들이 지닌 각종 골의 기능도 감각기관을 통해 들어오는 다양한 현상들을 분석하고, 종합하면서 판단하는 데 관여한다. 침팬지나 오랑우탄의 경우, 단시간적인 기억능력은 인간의 기억능력을 압도한다는 사실이 여러 실험을 통해 입증되고 있다.

인간과 인간이 아닌 동물들의 차이를 이처럼 종류의 차이가 아니라 정도의 차이로 파악하는 데 기여한 대표적인 학자들로는 분류학의 아버지라고 일컫는 린네(Carl von Linné, 1707-1778), 1871년 『인류의 기원(*The Origin of Human Beings*)』을 펴낸 다윈(Charles Robert Darwin, 1809-1882) 등을 들 수 있다. 린네는 인간이 다른 동물들과 다르다는 종(種)의 불연속성(discontinuity of species)에 대해 강한 의심을 나타냈으며, 다윈은 인간과 다른 동물들과의 차이는 종류의 차이가 아니라 정도의 차이(the difference not in the kind but in the degree)임을 그의 책에서 내세웠다. 물론, 이런 주장은 다른 나라 학자들의 견해에서도 엿볼 수 있겠지만 과학적으로 그것을 입증하는 데 힘썼다는 것에 그들의 기여도가 크다.

2.5 결론 및 시사점

인간과 인간 이외의 동물들은 여러 면에서 서로 비슷하다. 그들도 사람들처럼 보고, 듣고, 냄새 맡고, 맛을 알고, 살갗으로 느끼면서 살아간다. 그들도 정도의 차이는 있지만 사고력을 지니고 있다. 사고와 언어는 내용과 형식의 관계처럼 서로 밀접하게 관련되어 있다. 동물들이 내는 소리는 일종의 언어이다. 그 소리는 그들이 생각하는 바를 나타내는 방법으로 그 속에는 서로의 소통을 위한 규약 비슷한 것이 있다.

아쉬운 것은 인간이 다른 생명체들이 사용하는 소리나 몸짓이 뜻하는 것을 파악하는 데 아직 매우 미흡하다는 사실이다. 우리는 외국어를 모르거나 사전이 없으면 다른 나라나 지역의 언어를 이해할 수 없다. 외국어를 모르면 다른 나라 사람들의 언어는 단순한 하나의 음성에 불과하다. 인간과 다른 동물들의 관계도 이런 관점에서 접근할 필요가 있다. 우리가 그들의 소리나 음성언어를 파악하지 못하는 것이지 그들에게 언어가 없는 것은 아니라는 점이다. 과거 아메리카 인디언의 경우, 짐승들과 대화를 통해 서로 간의 처지를 말했다는 이야기가 전해지는 것을 보면, 앞으로 가능성은 있다.

세월이 지나면 사람들이 지금보다 더 다른 동물들과 고도의 구체적인 의사소통을 할 수 있는 단계에 이를 것이다. 현재의 상태에서는 인류도 언어가 서로 다르면 의사소통이 잘 되지 않는다. 대부분의 사람이 지구상에 있는 수많은 언어들 가운데 하나의 언어를 사용하다가 생을 마감한다. 그러나 자기와 다른 언어를 사용하는 사람들과 접촉할 기회가 많아짐에 따라 그들이 사용하는 언어들에 관한 관심도 증대될 것이다. 마찬가지로 다른 동물들에 대한 관심이 많아질수록 그런 동물들을 이해하기 위해, 그들이 나타내는 음성이나 몸짓에 관한 관심도 증대될 것이다. 나아가서 언어로서 체계화할 수 있는 방안을 모색하게 될 것이며 이를 통해 의사소통가능성도 좀 더 진척될 것이다.

$$3$$

거목과 노목의 가치

3.1 문제제기

우리나라는 산지 면적이 국토의 2/3가 넘는다. 오늘날에는 세계에서 대표적인 산림녹화국으로 다른 여러 나라의 부러움을 사곤 한다. 그런데 의외로 거목이나 노목들은 여러 선진국에 비해 적은 편이다. 왜 그럴까? 기후와 토양 탓인가, 사람들에 의한 남벌 탓인가? 흔히 국토의 농경지들이 바둑판 모양으로 나뉘어 있는 선진국의 경우도 곳곳에 거목이나 노목들이 자리하고 있어 그 썰렁한 인공적인 분위기를 잠재워 주는데 말이다. 우리와 달리 도회지를 포근히 감싸고 있는 숲의 모습이나 곳곳에 있는 큰 나무들의 모습에 또한 우리의 처지를 되돌아 보게 된다.

   우리나라도 이젠 대표적인 산림녹화국으로 알려져 있을 뿐만 아니라, 경제적으로 선진국 대열에 서 있다. 우리는 반만년의 역사를 지닌 우리나라를 예부터 자연과의 조화로운 삶을 중요시하는 나라라고 힘주어 말하기도 한다. 그렇다면 우리에게 그런 주장을 뒷받침해야 할 증거들이 있어야 하지 않을까? 곳곳에 노목과 거목들이 있어야 더욱 설득력이 있지 않을까? 나아가서 노목이나 거목들이 그렇지 않은 나무들과 조화를 이루고 있을 때, 자연스러움이나 아름다운 모습이 더욱 두드러지지 않을까? 천연기념물의 경우는 어떤가?

3.2 거목 / 노목의 종류와 특징

우리나라의 경우 근대화는 산업화에 근거한 경제발전과 밀접하게 관련이 있다. 경제적으로 어려웠던 시절, 굶주림을 해결하기 위해 식량증산에 걸림돌이 되는 것들은 제거해 버렸다. 그런 과정에서 마을 이곳저곳에 전설과 더불어 남아 있던 거목이나 고목들도 하나둘 사라져 버렸다. 농지를 넓혀 식량증산을 하기 위해, 주변 작물들에 그늘을 드리우지 않게 하려고 제거해 버린 경우가 허다하다. 그런 과정 속에서도 살아남은, 현재 우리나라에 있는 대표적인 노목이나 거목들에는 어떤 것들이 있을까? 그런 나무들이 있을 경우 왜 더 돋보이는가? 몇몇 예를 들어 살펴보기로 한다.

우선, 거목의 경우를 예로 들어 보자. 우리나라 사람들에게 친숙한 소나무부터 살펴보기로 한다. 소나무는 늘 푸른 나무[사철나무]로 오래 살고견디는 것, 그리고 독특한 향기로 사람들의 사랑을 받아 왔다. 그래서 사람들은 소나무 이외의 다른 나무들을 잡목으로 일컬을 정도였다. 우리 주변에서 흔히 볼 수 있는 나무이지만, 고려나 조선시대는 나라에서 궁궐이나 성문건축에 사용할 소나무들을 법령으로 보호했다. 사람들은 여러 가지 전설을 지닌 소나무들도 소중하게 여겼다.

소나무 가운데 거목이나 노목에 해당하는 예로는 속리산 정2품송을 들 수 있다. 이 소나무는 천연기념물 제103호로, 충청북도 보은군 내속 리면, 속리산 법주사 가는 길가에 있다. 그 크기나 우아함으로 유명했 는데 1980년대에는 솔잎혹파리로 수난을 당하기도 하고, 1993년 이래 다섯 번에 걸쳐 풍수해를 입기도 했다. 특히, 2012년 8월 28일의 태풍 볼라벤이 몰고 온 강풍으로 가지가 또 부러져 나가 국민들의 아쉬움을 자아내기도 했다. 같은 해 9월 1일 저녁 뉴스보도에 의하면 그 지역에 서 목신제를 올렸을 정도로 이 소나무에 대한 관심이 크다. 사람들이 소나무의 어른 격에 해당하는 그런 나무에 대해 예의를 표한 것이라 하 겠다.

늘푸른 침엽수로는 전나무도 그 몫을 크게 한다. 전나무는 소나뭇 과에 딸린 늘푸른 큰키나무이다. 곧게 자라며, 껍질은 잿빛을 띤 갈색 에 작은 비늘이 있고, 잎은 납작한 바늘꼴인데 짧지만 단단하다. 봄에 는 꽃이 피고 가을에는 녹갈색의 솔방울 같은 열매가 열리며 목재는 건축이나 제지용으로 많이 쓰인다(한글학회, 1997 : 3586). 전나무는 사시사철 푸른 단단한 잎새를 드러내 보이면서 곧게 자라, 그 기품이 실로 늠름하고 믿음직스럽다. 인간사회에도 그런 사람이 있듯이 말 이다.

남한에 있는 대표적인 전나무 숲은 경기도 남양주 광릉수목원 숲, 전 라북도 내소사 입구의 숲, 오대산 월정사 전나무 숲을 들 수 있다. 이 가운데 월정사 전나무 숲의 경우는 특히 평창군 진부면 월정사로 가는 산길 좌우에 늘어서 있는 전나무들이 대단하다. 이 전나무 숲은 일주문 부터 금강교까지 1km 남짓한 산길 양쪽에 있는데, 나무의 나이가 370 년 정도되는 전나무를 비롯하여 거목들이 줄줄이 늘어서 있다. 2006년 10월 태풍 때 쓰러진 전나무는 그 수령이 5백년이 넘는다.

느티나무도 거목이나 노목으로 남아 있는 경우가 종종 있다. 마을을 지켜 주는 마을 지킴이처럼 말이다. 예컨대, 경춘선을 타고 가다 보면 청평역에서 서북쪽으로 좀 떨어진 곳에 유난히 눈길을 끄는 한 그루의 느티나무가 있다. 전철역에서 약 7분 거리에 있어, 잠시 차에서 내려 보고 싶은 그런 나무이다. 정자도 근처에 있어 휴식을 취할 수 있도록 되어 있다. 가평군 청평면 청평리 380번지에 있는 이 느티나무는 식재 년도가 1720년으로 되어 있으며, 1982년 10월 15일 보호수(지정번호: 경기 가평-20)로 지정되었다. 지정 당시 나무 높이는 22m, 나무 폭은 29m, 나무줄기 가운데 가장 굵은 부분은 약 7m 정도였다. 안내서 표지판에는 "본 수목은 수형이 웅장하고 수려하여 주민들의 정신적 지주로서의 가치가 큰 유형자산이기에 보호수로 지정함"이라고 적혀 있어, 보호수로 지정한 이유를 알 수 있다.

이처럼 느티나무는 우리나라 마을이나 유적지에서 그 큰 모습을 종종 찾아볼 수 있는데, 흔히 전설이 담겨 있는 경우가 많다. 여름에는 마을 사람들에게 큰 그늘을 제공하여 사람들이 쉴 수 있는 자리를 제공하기도 한다.

느티나무가 마을 사람들의 쉼터 역할을 한다면, 은행나무는 가을이면 샛노랗게 물드는 강렬하고 아름다운 나뭇잎으로 유명하다. 은행나무는 그 화석에서 보여 주듯이, 3억년 전이나 지금이나 거의 진화되지 않은 채 그 모습을 간직하고 있어, 학술적으로도 그 연구 가치가 높다. 은행나무는 은행나뭇과에 딸린 큰키나무로, 잎은 부채꼴이고, 암수딴그루이다. 5월에 수꽃은 이삭꽃차례로, 암꽃은 꽃자루 끝에 두 개가 피고, 둥근 씨 열매는 10월에 노랗게 익는다. 중국 원산으로 풍치목·가로수·정자나무 따위로 심는데, 샛노랗게 물든 가을 단풍이 일품이다. 나무는 조각재·기구재료로 쓰이며, 열매는 연한 카키색을 띤 타원형으로 먹이 또는 약으로 쓰인다. 격언으로 "은행나무도 마주서야 연다."

는 말의 뜻은 은행나무의
수나무와 암나무가 서로
바라보아야 열매가 열리듯
이, 남녀도 결합해야 집안
이 번영한다는 말이다
(3282-3).

거목의 경우, 경기도 양
평군 용문면 용문사 근처
에 있는 용문산 은행나무
는 그 나이로 보아 우리나
라에 있는 은행나무들의
맏형 격이다. 1100년 정도
된 나무로, 경순왕(신라의
마지막 왕)의 아들인 마의

서울 선릉 은행나무(노거수 제160호,
수령 약 5백년, 높이 24m, 둘레 5.5m)

태자가 금강산으로 가는 도중 이곳에 들렀다가 짚고 가던 지팡이를 꽂
아 놓았는데 여기에 싹이 터서 이 은행나무가 되었다고 한다. 은행나무
의 높이는 약 60m이며, 굵기는 14m정도로 현재 천연기념물 제30호로
지정되어 있다. 줄기에는 커다란 혹같은 것이 돌출되어 나와 있는데,
이것은 옛날에 어떤 사람이 도끼로 은행나무를 베려했다가 하늘에서
천둥이 쳐서 베는 것을 멈추었는데 그때 도끼에 의해 찍힌 상처가 아문
자국이라 한다. 이 은행나무가 병들면 나라에 좋지 않은 일이 일어난다
는 전설을 가진 나무이기도 하다.

서울 도봉구 방학동 연산군 묘 앞 동네에 있는 은행나무도 그 크기나
수령이 대단하다. 방학동 546번지에 있는 이 은행나무는 수령이 약 830
년 정도로, 나무의 둘레길이는 10.7m, 나무의 높이는 25m이다. 서울

에서 가장 오래된 은행나무로 예부터 많은 사람들이 신성시하였다. 이곳에 불이 날 때마다 나라에 큰 변이 생겼다는 일화가 지금까지도 전해지고 있다. 박정희 전 대통령이 세상을 떠나기 1년 전에도 불이 나서 소방차가 동원하여 진화했다고 한다. 현재 서울특별시 지정보호수 제1호로 되어 있다.

회화나무의 경우는 궁궐·서원·문묘·양반 집 앞에 흔히 심는다. 과거에 급제를 하거나 관직에서 퇴직할 때 기념식수로 심기도 했다. 궁궐의 경우, 곳곳에 회화나무 거목들이 있는 것도 그 때문이다. 예컨대, 창덕궁 정문인 돈화문을 들어서면 관람로 양 옆에 있는 8그루의 회화나무들을 볼 수 있다. 나무들의 높이는 15~16m, 가슴높이 줄기 직경은 90~178cm에 이르는 노거수들이다. 2006년 4월 6일 천연기념물 제472호로 지정되었다. 회화나무는 괴목(槐木) 또는 홰나무라고도 한다. 홰나무는 보통 궁궐을 상징하는 나무로, 『주례』라는 책에는 궁궐에 나란히 심은 3그루의 회화나무들이 3정승 — 영의정·좌의정·우의정 —을 상징하는 것으로 되어 있다.

다음, 거목이라기보다는 노목에 가까운 나무들에 관해 살펴보자. 최근 들어 정원수로도 주목을 받고 있는 주목(朱木)의 경우는 높이 자라지는 않지만 오래 살면서 그 운치를 더해 주는 나무로 알려져 있다. 주목은 '살아 천년 죽어 천년'이라는 말에서 알 수 있듯이 매우 오랫동안 그 모습을 이 세상에 드러내 보이고 있다. 설악산·오대산처럼 큰 산, 높은 산의 산등성이에서 종종 발견되어, 산을 찾는 사람들의 발길을 잠시 멎게 한다. 이 가운데 태백산 주목들의 경우는 겨울에 특히 유명한데, 그 이유는 주목에 피어 있는 서리꽃[상고대] 때문이다. 그 신비한 모습을 보기 위해 많은 사람들이 겨울에 태백산을 찾는다. 태백산 도립공원에는 현재 2805그루의 주목이 있는데, 그 가운데 지름이 1m이상

되는 것만도 15그루나 된
다(동아일보, 2015년 12
월 19일: 18면). 다음의
사진은 설악산 한계령에
서 중청으로 가는 능선인
북능에 있는 어떤 주목의
모습이다.

향나무의 경우는 운치
와 더불어 그 독특한 향으
로도 유명하다. 그래서 궁
궐·서원·사찰·유적지
등에서 종종 마주하게 된
다. 여기서는 창덕궁 향나
무의 경우를 들어 살펴보

설악산 북능의 주목

기로 한다. 창덕궁에는 천연기념물로 지정된 모두 4종 11그루의 나무
들이 있는데, 그 가운데 창덕궁 향나무는 1968년 3월 4일 천연기념물
제194호로 지정되었다. 그 향나무의 수령은 7백여 년으로 추산된다.
조선의 개국년도보다도 나이가 더 많다. 궁궐이 들어서기 이전에 이곳
을 향교동 옛터라고 한 것을 보면 향교가 있었던 모양이다. 태종은 국
도를 개경에서 한양으로 다시 천도하면서, 이 향교동 옛터에 창덕궁을
짓고 정궁으로 삼았다. 왕실의 서고였던 보각(普閣)과 봉모당(奉謨堂)
이 나란히 서 있는데, 이 두 건물 사이의 잔디밭 왼쪽 끝 길가에 향나무
가 서 있다. 한때, 이 향나무의 크기는 높이 6m, 가슴높이의 둘레
4.3m, 가지의 길이는 동쪽 5.5m, 서쪽 6.0m, 남쪽 2m, 북쪽 3.5m였
다. 이 나무가 접한 면적은 313.5m²이다(동아세계대백과사전〈26〉,

1988 : 243). 그런데 2010년 태풍 곤파스가 우리나라를 강타했을 때, 이 향나무의 가장 크면서도 위쪽으로 향해 있던 주된 가지가 부러졌다. 그 당시 대중매체에서도 이 상황을 보도하면서 큰 아쉬움을 나타냈다. 이 향나무의 뿌리 근처 둘레는 5.9m나 된다. 이외에도 창덕궁 여기저기에 수백 년 된 향나무들이 있어 건물과 더불어 그윽한 정취를 더한다.

서초동 향나무. 보호수(서22-3)

도심지에 향나무 노목이 서 있는 경우도 있다. 옛날에는 마을이었지만 세월이 흘러 지금은 도심이 되어 버린 곳에서 그런 모습을 볼 수 있다. 과거에는 전설을 담고 마을을 지켰던 나무가 지금은 도심 속에서 운좋게 살아남아 세월의 흐름과 무상함을 지켜보는 듯하다. 예컨대, 서울 서초동 향나무는 그 수령이 870~80년(2016년 기준), 나무높이 18m, 나무둘레 390cm로 서울에서 가장 오래된 향나무이다. 빌딩 숲에 쌓여, 지나는 사람이나 자동차들을 지켜보는 딱한 처지가 되었지만 그래도 그 나무가 있음으로 해서 삭막한 주변 분위기를 한결 완화시켜 준다. 현재 서울시 지정 보호수로 되어 있다.

외국에 있는 거목·노목의 경우도 소개하려고 한다. 물론, 우리나라와 토양이나 나무의 종류들이 달라 그 모습도 특이한 경우가 많다. 미국 캘리포니아주 중부 약 7천 피트 높이에 위치한 세쿼이아 국립공원

3. 거목과 노목의 가치 79

(Sequoia National Park)[1]에는 줄기가 붉고 나뭇잎이 떨어지지 않는 침
엽수계통의 세쿼이아 거목들이 곳곳에 있는데, 그 가운데 대통령나무
(The President Giant Sequoia)는 수령이 약 3천 2백년, 나무높이가
247피트, 아랫부분 나무줄기 지름이 27피트나 된다. 이 나무는 5만 4천
입방피트의 숲을 차지하고 있으며, 성장을 위해 엄청난 양의 탄산가스
를 들이마시는데, 섬유소(cellulose)·헤미 셀룰로스(hemicellulose)·
목질소(lignin)로 탄소를 공급하고 있다. 이 나무 근처에는 3백 피트 높
이의 나무도 있다(Quammen, 2012: 40). 흥미를 끄는 것은 이들 나무
에 산불이나 벼락도 도움을 준다는 사실이다. 산불이나 벼락이 주변의
작은 나무들을 없애 주어 영양을 더 섭취하고 햇볕을 더 받는 데 도움
을 주기 때문이다. 나무가 너무 커서 산불도 벼락도 이들을 죽이지 못
한다.

3.3 거목 / 노목에 대한 인간의 몸가짐

지구상에는 크고 작은 많은 나무들이 서로 어울려 살면서 그 조화로움
을 유지하고 있다. 물론, 자세히 보면 그들 간에도 경쟁이 있고 약육강
식이 펼쳐지는 상황 속에 놓여 있겠지만 말이다. 이런 경쟁과 약육강식
속에서도 이제까지 긴 세월동안 전체적으로 큰 안정감이나 균형을
유지하면서 자연세계가 이어지고 있다는 사실은 실로 경이롭다. 나무
들도 그 수명이 다양하여 어떤 나무는 단지 수년 동안만 살지만 어떤
것은 수천년을 살다가 그 삶을 마감하는 경우도 있다. 나무들 가운데는

---

1 휘트니 산(Mount Whitney, 4,418m) 근처에는 세쿼이아 국립공원과 킹스 캐니언
국립공원(Kings Canyon National Park)이 있는데, 그 주변에는 곳곳에 세쿼이아 거
목들이 있다.

거목이나 노목으로서 그 가치를 인정받는 경우도 있고, 학술적으로 중
요하기 때문에 천연기념물로 지정된 경우도 있다. 물론, 거목·노목·
천연기념물을 함께 겸비하고 있는 경우도 있다. 나무들이 인간에 의해
어떤 대우를 받으면서 살고 있는지를 우선 천연기념물로 지정되어 있
는 제주 비자나무 숲[비자림(榧子林)]의 경우를 예로 들어 살펴보기로
한다.

비자나무(Torreya nucifera siebold)는 주목과에 속한다. 잎이 한문
글자인 '비(非)' 자를 닮아 비자나무라는 이름이 붙었다고 한다. 상록
교목으로 잎은 어긋나고 나무껍질은 홍갈색이며 얇게 벗겨진다. 수꽃
은 갈색포이고 암꽃은 녹색포이다. 열매는 타원형이며 적갈색 속껍질
이 있고 10월에 익는다. 나뭇가지는 마디구조를 하고 있으며, 비자나
무 꽃은 보일 듯 말 듯 하고, 열매가 되는데 2년이 걸린다. 비자나무는
100년 동안 지름이 20cm 정도 밖에 자라지 않는, 성장이 매우 더딘 나
무이다.

비자열매와 나무는 예로부터 민간과 한방에서 귀중한 약재와 목재로
널리 쓰이고 있다. 열매 안에 있는 씨앗을 비자라고 하며, 동의보감에
서는 비자를 하루 7알씩 먹으면 기생충이 없어진다고 했다. 구충제로
이용할 수 있음을 밝힌 것이다. 씨에서 짠 기름은 먹거나 등잔불기름으
로 쓰였다. 비자열매에 관한 서술로 고서(古書)에서는 '비자는 눈을 밝
게 하고 양기(陽氣)를 돋군다.' 라고 하였고, 강장장수를 위한 비약(秘
藥)이라고 하였다. 비자열매는 콜레스테롤을 제거하는 작용도 있어 비
자를 상시 먹으면 고혈압 예방치료에도 도움을 주며, 요통이나 오줌을
조금씩 자주 누게 되는 병도 고친다. 기침·폐기능강화·소화촉진·치
질·탈모·기생충예방에도 좋으며, 충독(蟲毒)과 악독(惡毒)제거에도
사용된다. 오줌이 뿌옇고 걸쭉하게 나오는 병도 다스린다. 녹음이 짙은

비자나무 숲속의 삼림욕(森林浴)은 혈관을 유연하게하고 정신적·신체
적인 피로회복과 인체의 리듬을 되찾는 자연건강 휴양효과가 있다(제
주특별자치도,『천년의 숲 비자림』).

　비자나무 목재는 재질이 좋아『고려사』에는 원나라에서 궁궐을 짓기
위해 가져갔다는 기록도 있다. 한때 시중에서는 바둑판으로도 각광받
았던 나무이다. 지금 우리나라에 남아 있는 억대를 호가하는 바둑판은
모두 비자나무로 만든 것이라고 한다. 이처럼 비자나무는 고급가구
재·장식재·바둑판 등 각종 재료로 쓰이는 귀중한 나무이다.

　제주비자림은 천연기념물 374호로 지정되어 보호를 받고 있다. 이곳
은 448,165㎡의 면적에 500~800년생 비자나무 2,878그루가 밀집하여
자생하고 있다. 나무의 높이는 7~14m, 직경은 50~ 110㎝, 수관폭(樹
冠幅)은 10~15m에 이르는
노목들이 군집한 세계적으
로 보기드문 비자나무 숲이
다(『천년의 숲 비자림』). 그
비자나무들은 모두 고유번
호를 지니고 있다. 고유번
호 0001번인 '새천년비자나
무'는 '조상목'이라 불리기
도 하는데, 고려 명종 20년
(1189)에 식재된 것으로 나
무높이 14m, 나무둘레(가
슴높이) 6m, 나무폭(수관
폭) 14m에 달한다. 2000
년 1월 1일을 기해 새천년

제주 비자림 연리목

비자나무로 명명되었으며, 국내에 있는 비자나무 가운데 최고령나무이다. 제주도 내에서는 가장 오래된 나무이기도 하다.

비자목들 가운데는 '사랑의 나무'라 불리는 '연리목(連理木)'도 있다. 연리는 자연 상태에서 뿌리가 다른 두 나무가 서로 맞닿아 부딪쳐 방사조직이 섞이면서 세포벽이 이어져 하나가 되는 현상이며, 나무줄기가 합쳐진 것을 연리목이라고 부른다. 이렇게 나무가 하나로 합쳐진 것이 마치 부부가 만나 한 몸이 되는 것과 닮았다고 하여 금실의 표상으로 여긴다. 이 연리목의 가운데 부분은 구멍이 크게 뚫린 듯한 모습이다.

비자림 입구에서 관찰로를 따라 조금 걷다 보면 왼쪽 길 옆에 '벼락 맞은 비자나무'라는 안내판이 서 있는 비자나무(고유번호 2691)도 만나게 된다. 그 나무는 1세기 전에 벼락을 맞은 것으로 전해지는데, 벼락 맞은 곳은 가지가 별로 없지만 그렇지 않은 곳은 가지가 무성하다. 비자림에는 비자나무 이외에 풍란·콩짜개란·흑난초 등 희귀한 난초식물 및 초본류가 140여 종, 생달나무·머귀나무 등 목본류 100여 종이 자생하고 있어, 그 가치를 더한다(『천년의 숲 비자림』).

비자나무 숲이 비교적 그 원형을 잘 유지한 채 보전되고 있는 반면에 그렇지 않은 천연기념물 숲도 있어 아쉬움을 갖게 한다. 우리나라 천연기념물 제1호인 대구 동구에 있는 도동 측백(側柏)나무 숲이 후자에 속한다. 이 숲은 측백나무 자생지로는 가장 남쪽에 있는 군락지인 데다 쓰임새가 귀중한 나무라는 이유 등으로 1962년 천연기념물 1호로 지정되었다. 측백나무는 측백나무과에 딸린 늘푸른 큰키나무이다. 키는 3m쯤이고, 전체는 원뿔꼴이며, 줄기는 많은 가지로 갈라지고 잎은 잔비늘꼴이다. 4월에 홑성 꽃이 피고, 길둥근 방울열매는 9~10월에 익는다. 중국원산이고 울타리로 많이 심으며, 잎과 열매는 약재로 쓰인다(한글학회, 1997 : 4180).

측백나무는 다른 나무들이 해가 뜨는 동쪽을 향해 앞다퉈 서려고 할 때, 홀로 서쪽을 고집했다는 고집스런 나무이다. 이 이야기는 측백나무라고 할 때, 백(柏)자의 소리음에서 유래하는 듯하다. 물론 여기서 백자는 '잣 백(柏)' 자이지만, 백자를 '흰 백(白)'으로 여기면서 — 오행(五行)에서는 서쪽을 나타내는 색이 백색이므로 — 그렇게 그럴듯하게 꾸민 이야기인 듯하다. 참고로 오행에서는 초록색은 동쪽, 흰색은 서쪽, 붉은 색은 남쪽, 검은색은 북쪽을 각각 나타낸다. 서쪽을 나타내는 백색의 그런 특성 때문에 측백나무는 예로부터 사당의 정원수나 무덤가에 많이 심어 조상을 지켜 주는 몫을 해 왔다.

이 지역은 암벽으로 이루어진 향산(香山)과 불로천(不老泉)이 어우러져 글자에서 볼 수 있듯이 독특한 분위기를 자아 내는 곳이다. 그런데 이런 천연기념물 제1호가 2012년 9월 산중턱에 있는 구로정(九老亭)이라는 정자의 모습을 가린다는 이유로 숲 내의 측백나무 3그루가 몸통까지 잘려 나가는 어처구니 없는 일이 발생했다. 몇 사람의 사려 깊지 못한 판단으로 천연기념물이 당한 수모라 하겠다.

3.4 거목 / 노목의 상징성

이제까지 우리나라에서 지정된 천연기념물 숲을 중심으로 인간에 의해 비교적 잘 보전되고 있는 경우와 그렇지 못한 경우들을 제주 비자나무 숲과 대구 측백나무 숲을 들어 각각 살펴보았다. 앞에서 비교한 2개의 숲 가운데 비자나무 숲의 경우는 거목·노목에 속한 그런 나무들이 많이 있는 숲이기도 하다. 물론 비자나무 숲은 인간의 손길을 비교적 덜 탈 수 있는 곳에 위치해 있기에 사람들로부터 화를 면할 수 있었다. 캘리포니아에 있는 세쿼이아 나무들의 경우는 품종 자체가 거목에 속하고 토양 자체도 적절하여 그렇게 되었으나 사람들이 나무들의 가치를 늦게나마 깨달아 그 보전에 힘을 기울인 면도 크다.

우리나라 대부분의 산은 흙의 깊이가 그리 깊지 못하다. 토양이 기름지지도 못한 경우가 태반이다. 계곡이나 개울의 물 색깔을 보면 낙엽이 썩어 흐르는 갈색이 아니라 유리처럼 투명하고 맑은 색이다. 땅을 파면 곧 암석이나 암반이 나타나며, 아예 암석이 돌출되어 있는 산들도 많다. 그래서 인지 산이 많은 것에 비해 거목이나 노목은 그리 많지 않다. 사람들은 많고 연료가 부족하던 시대, 사람들이 산에 가서 나무를 베어다가 연료로 사용했기 때문일 수도 있다. 여하튼 우리나라는 거목이나 노목이 의외로 적은 편이다. 그래서 거목들은 사람들의 관리가 이루어지고 있는 사찰·서원·궐·능 등 유적지 주변에나 일부 있는 정도이다.

한동안은 성황당 주변이나 토속신앙이 얽혀 있는 곳에도 거목이나 노목들이 있었으나, 근대화의 물결 속에서 그런 곳에 있었던 거목이나 노목들은 사정없이 없어졌다. 토속신앙이 미신으로 배척되면서 상징성을 지니던 그런 나무들도 함께 베어 없어진 경우도 많다. 지금 생각하면 미신은 경계해야 하지만, 자연의 일부인 거목이나 노목들에게 그 책임을 떠 넘겨서는 안 된다. 이런 행위는 거목이나 노목들에 대한 인간의 편견이 자아낸 결과이다. 오랫동안 그곳에 그냥 묵묵히 있었을 뿐인데 사람들이 이런저런 의미를 부여해 그런 변까지 당하게 된 것이다. 사람들이 가한 그런 행위는 말없이 살아왔던 고목이나 노목들에 대한 인간의 일방적인 폭력이다. 거목이나 노목들에 의미를 부여하면서 사는 것은 인간이다. 잘못은 인간에게 있지 그런 나무들에게 있지 않다.

거목이나 노목들은 오랜 풍상을 겪으면서 강인하게 생존해 온 역전의 생명체들이다. 생태계에서 벌어지는 생존을 위한 치열한 적자생존·약육강식의 경쟁에서 살아남은 역전의 용사들이다. 과학적으로 보면 좋은 유전형질을 지니고 있을 가능성도 높다. 좋은 유전형질을 지닌 개체들을 보존한다는 측면에서도 보호되어야 할 가치가 있다. 그래서 최근에 와서는 우리나라의 학계에서도 이런 점을 감안하여, 삼척의 준경묘(濬慶墓) 근처에 있는 우수한 거목인 금강송들이나, 속리산 정2품 소나무의 후손들이 소중히 보호관리되고 있는 형편이다.

　이를 위한 하나의 상징적인 예로 속리산 정2품 소나무와 삼척의 금강송이 혼례이룬 경우도 있는데, 혼례를 이룬 혼례소나무(Bride of the jeongipum Pine Tree)가 탄생한 내력도 흥미롭다. 산림청 임업연구원은 한국을 대표하는 소나무의 혈통보종을 위해 10여 년의 연구와 엄격한 심사를 통해 우리나라에서 가장 형질이 우수하고 아름다운 소나무를 찾았는데, 바로 그 소나무가 선발되었다. 나이 95살·키32m·가슴 높이 2.1m인 이 소나무는 충북 보은군 내속리산 상관리에 있는 천연기념물 제103호 정이품송(正二品松)을 신랑으로 맞아, 2001년 5월 8일 이곳 준경묘 역에서 많은 하객들을 모시고 세계 최초의 '소나무 전통혼례식'을 가짐으로서 한국기네스북에 올랐으며, 이 행사를 계기로 삼척시와 보은군은 사돈관계를 맺게 되었다.[2] 이처럼 거목이나 노목 등은 인간사회의 많은 이야깃거리를 재생산하여 인간사회에 나름대로 기여도 한다.

　경기도 남양주시 진건읍에 위치한 사릉 근처에 있는 전통수목양묘장의 경우도 이와 유사한 목적으로 설립되었다. 고건물 복원이나 궁

2　신순우(申洵雨)산림청장이 주례를 맡고 김종철(金種轍)보은군수가 신랑(신랑역: 삼산초등학교 6학년 이상훈)혼주, 김일동(金日東)삼척시장이 신부(신부역: 삼척초등학교 6학년 노신영)혼주로 참석하여, '소나무 전통혼례식'을 가졌다.

궐·능·원의 조경에 필요한 좋은 품종들의 나무들을 공급하기 위해
마련된 기관이다. 이곳 양묘장에는 춘양목과 같은 고건물 복원에 필요
한 나무, 백송이나 미선나무와 같은 천연기념물이나 희귀식물들, 느티
나무·회화나무·매화나무처럼 전통조경에 필요한 나무들이 자라고 있
다. 이외에도 전통적으로 우리나라를 대표하는 여러 종류의 나무들이
자라고 있다. 근처에는 교육용으로 조선왕릉 자연생태전시관도 있다.

거목이나 노목들은 흔히 많은 이야깃거리를 제공해 준다. 할아버지
할머니가 어린 손자·손녀들에게 그렇게 하듯이 말이다. 마을이나 유
적지에 고목이나 노목이 있으면, 그 모습이 더 돋보인다. 우리나라처럼
오래된 역사를 지닌 곳에서는 더욱 그렇다. 거목이나 노목을 인간세계
에서 오래오래 건강하게 살면서 좋은 일을 많이 하여 남들의 존경을 받
는 노인에 비유할 수도 있다. 나무들도 이처럼 다양한 종류의 것들이
다양한 수령을 지니면서 우리와 함께 생명공동체를 구성했으면 한다.
어린 나무도 있고 거목이나 노목도 있어 서로 조화를 이루면서 공동체
를 형성해 나갔으면 한다. 그런 삶 속에 안정감과 온전함과 아름다움도
담겨 있다고 생각한다.

3.5 요약 및 결론

산지 면적이 국토의 2/3가 넘으며, 대표적인 산림녹화국인 우리나라가
의외로 거목이나 노목들은 적은 편이라는 것을 지적하면서, 유적지나
높은 산이나 일부 마을에 남아 있는 거목·노목·천연기념물들을 통해
그들의 중요성을 살펴보았다. 우리가 사는 이 지구는 다양한 동식물들
이 어울려 사는 생명공동체인데, 인간의 독선적인 사고방식에 따라 많
은 동식물들이 이 생명공동체에서 이미 사라졌거나 점차 사라지고 있

다. 나는 이 글을 통해 이런 상황에 처해 있는 생명공동체에서 그런 나무들이 차지하는 위치를 드러내 보이고자 했다.

우리나라뿐만 아니라 세계 곳곳에는 거목·고목과 더불어 천연기념물로 지정된 것들이 있어, 지구라는 생명공동체를 더욱 풍요롭게 한다. 그들이 있어 이 세계는 더욱 다양함·안정감·조화로움·아름다움을 갖게 되며, 그들을 통해 생명공동체가 만들어 내는 고요한 역사의 숨결을 더 느낄 수 있다. 물론, 생명공동체의 한 구성원인 사람들에게는 많은 이야깃거리를 제공해 주는 역할도 한다. 이런 점들은 나무들이 당연히 존중받아야 할 가치로운 존재임을 함축한다.

선진국은 경제적인 측면만을 고려해서 달성되는 것이 아니다. 그런 곳은 힘이 센 강대국은 될 수 있을지언정, 생명공동체에서의 선진국은 아니다. 환경오염이 심해 동식물이 살기 힘든 곳, 동식물이 학대 받는 곳은 생명공동체에서는 탈피해야 할 후진국이다. 이런 점에서 참다운 이성은 동식물의 처지를 헤아리는 안목을, 진정한 도덕성은 그들이 겪는 고통을 각각 함축하는 데서 찾아야 한다.

4

소나무와 참나무의 힘겨루기[*]

4.1 문제제기

예로부터 소나무속(屬)[1]과 참나무아속[2]은 우리나라에서 가장 많이 볼

[*] 이글은 필자가 2016년 2월 26일에 있었던 한국환경철학회·서강대학교 생명문화연
구소 공동학술대회에서 발표한 후, 『환경철학』 제21집 〈한국환경철학회〉에 게재한 논
문을 부분적으로 수정한 글이다. 발표 당시 논평을 해 준 김영건 박사에게 고마운 마
음을 전한다.

[1] 속(屬)은 여러 개의 종이 모여 이루어진 생물분류의 단위이고, 과(科)는 여러 개의
속이 모여 이루어진 생물분류의 단위다. 종(種)은 유전되는 형태적·생리적 성질이
특이하여 다른 종류와 구별되는 자연집단으로 생물분류의 기본단위다. 생물분류상 속
은 과의 아래이고, 종의 위에 해당한다. 소나무속는 크게 단유관아속(單維管亞屬)과
쌍유관아속(双維管亞屬)으로 나뉘는데, 전자에는 잣나무·누운잣나무·섬잣나무·백
송이 속하고, 후자에는 소나무·해송이 속한다. 이글에서는 편의상 소나무속을 소나
무라 부르면서 서술하기로 한다.

[2] 참나무는 참나무과 참나무속에 속하는 여러 수종(樹種)을 가리키는 이름이다. 참
나무속에는 겨울에 잎이 떨어지는 낙엽활엽수(참나무아속)와 그렇지 않은 상록활엽
수(가시나무아속)로 나뉜다. 참나무속은 '쓰임새가 많아 유용한 나무'로 '진짜 나무'
라는 뜻이며, 모두 가지에 도토리라는 견과(堅果)가 달려서 '도토리나무'라고도 한

수 있는 나무이다. 수천 년 전에는 나무들 가운데 참나무가 주류(主流. main stream)를 이루었으나, 이후 소나무가 사람들에 의해 보호관리됨에 따라 소나무가 그 역할을 했다. 그러나 현대로 오면서 소나무가 차지하던 산림지역이 점차 참나무로 대체되어 가는 현상이 다시 나타나기 시작했다. 이런 변화는 인간에 의한 간섭뿐만 아니라 돌림병과 기후변화에 따른 현상이라는 지적이다. 지금은 우리나라와 그 인근 지역의 경우, 참나무가 산림의 주류를 형성해 가는 설정이다.

소나무와 참나무는 우리나라 사람들에게는 친숙한 나무이기도 하다. 소나무는 그 독특한 오래 견딤과 향기로 사람들이 살아서 생활할 때는 좋은 목재로 사용되었고, 사람들이 세상을 떠날 때는 시신을 감싸는 관으로 쓰여 함께 묻혔다. 이렇듯 소나무는 사람들과 함께 운명을 같이 하는 나무이다. 이런 여러 가지 이유로 사람들은 소나무를 보호해 왔다. 그래서 사람들은 소나무 이외에 다른 나무들을 잡목으로 여기기도 했다.

그러나 참나무의 경우는 좀 달리 취급되는 경우도 있었다. 참나무는 '참된 나무'라는 뜻의 준말이며, 숯을 만드는 주된 재료다. 소나무가 목재로 사용되었다면 참나무는 밥이나 반찬을 만들 때 사용하는 연료이며 숯 가운데는 참나무 숯이 최고로 취급되었다. 농촌에서는 논의 토질을 유지하기 위해 봄에 어린 참나무들을 베어 논의 퇴비로 활용했는데, 그 시기에는 농촌에 화학비료가 부족했기 때문이다. 흉년이 들 때는 도토리가 구황식물(救荒植物)의 역할을 해냈다.

우리나라의 양대 수목이라 할 수 있는 소나무와 참나무, 그리고 이 두 종류의 나무들 사이에 벌어지는 힘겨루기는 우리에게 무엇을 시사하는가? 자연의 이치에 의한 변화가 아니라 인간의 간섭에 의해 그렇

___

다. 이글에서는 편의상 참나무아속을 참나무라고 부르면서 서술하기로 한다.

게 되거나 공해 배출과 같은 환경오염 · 기온 상승에 따른 생태계의 변화일 때, 그런 변화를 우리는 어떻게 설명해야 할 것인가? 나아가서 이런 변화에 어떻게 대체하여 나갈 것인가? 인간에 의한 변화도 생태계의 일부로서 파악할 것인가, 아닌가? 이런 생태담론에서 직면하는 역설은 무엇이며, 그것에 대한 해결 방법은 있는 것일까?

4.2 소나무와 우리 겨레의 삶

소나무속(Pinus Linn.)은 중생대[3]에 출현한 이래 환경에 잘 적응하여, 지금까지 살아남았다. 지역에 따라 수관 형태[4]에 차이를 보이고 연령에 따라서도 그 모습을 조금씩 달리하면서 말이다. 경우에 따라서는 1억 5천만 년 전 쥐라기(紀)시대의 소나무가 아직도 그 모습을 거의 그대로 유지한 채 자라고 있다.[5] 소나무속에는 100여 종의 식물이 있는데, 주

---

3 지질시대에서 고생대와 신생대 사이에 있는 해당한다. 중생대는 다시 삼첩기 · 쥐라기 · 백악기로 나뉜다. 중생대는 약 2억 2,500만년 전부터 6,500만년 전까지로, 무척추동물로는 암모나이트(ammonite)가, 척추동물로는 파충류에서도 특히 공룡류가, 육상식물로는 소나무류 · 소철류 · 은행나무 등 겉씨식물이 번성하던 시기였다.

4 수관 형태의 경우 일본의 우에키(植木秀幹) 박사는 우리나라에 있는 소나무들을 기후와 지역적 특성에 의하여 동북형 · 금강형 · 중부남부평지형 · 위봉형 · 안강형 · 중부남부고지형으로 구분하였다. 이 가운데 동북형은 함경남도, 강원도 일부지역에 분포하는데, 줄기는 곧게 올라가고 수관은 계란 모양이며, 아랫가지들의 높이[枝下高]가 낮다. 금강형은 금강산 · 태백산을 중심으로 있는데, 줄기가 곧고 수관은 가늘고 지하고가 높다. 중부 남부 평지형은 서해안 일대에 분포하며, 줄기가 굽으며 수관이 넓고 지하고는 높다. 완주군 위봉산을 중심으로는 위봉형이 있으며, 전나무의 모양을 닮았고 수관이 좁고 줄기생장은 저조하다. 안강형은 울산을 중심으로 분포하며, 줄기가 매우 굽으며 수관은 위가 평평하며 수고가 낮고 난쟁이형을 이룬다. 중부 남부 고지형은 금강형과 중부 남부 평지형의 중간형으로 지형 · 표고 · 방위 · 기후에 따라 금강형이나 중부 남부 평지형에 가까운 수관 형태를 보인다(김경희 외, 2006: 44-5).

5 이런 '쥐라기의 소나무는 현재 호주의 시드니 서쪽으로 약 2백 km지점에 있는 울레미 국립공원 내 우림지대에서 자라고 있다. 39그루가 발견되었는데, 이들 소나무 가

로 지구 북반구의 열대지방에서 온대지방에 걸쳐 분포한다. 원래는 햇볕을 좋아하는 나무지만 추위에도 잘 견딘다. 우리나라에 자생하는 소나무속에는 소나무·잣나무·섬잣나무·눈잣나무·만주흑송·해송 이렇게 6종이다. 이 가운데 소나무·해송·만주흑송은 잎이 2개씩 묶음으로 붙고, 나머지 잣나무 종류들은 5개씩 묶음으로 함께 붙어 있다. 물론, 소나무속에도 외래식물들이 여럿 있다[6]. 소나무에는 잎이 두 개인 것과 세 개인 것이 있는데, 전자를 이엽송(二葉松), 후자를 삼엽송(三葉松)이라 부른다.[7]

우리나라에서는 제주도 한라산에서 함경북도 은성군 증산에 이르기까지 고산지대를 제외한 대부분 지역에 있다. 특히, 북위 37°∼38° 사이에서 가장 많이 나타나지만, 남부 도서지방에서는 소나무속 가운데 해송이 많으며, 북부에서는 신갈나무림 지역이나 고원 또는 심산지대에는 별로 없고, 산록지대나 부락 부근에서 단순림이나 산생(散生)상태로 그 모습을 드러낸다. 소나무의 고도에 따른 분포를 보면 남부인 한라산의 경우는 표고 1,200∼1,800m까지, 중부인 화악산과 추애산은 1,300m까지 각각 나타나는 경우도 있으나, 대체로 보아 상한계선은 900m이고, 500m 내외의 지대가 수직적인 분포 영역의 중심이 된다.

운데 가장 큰 것은 밑동둘레 3m, 높이 40m에 이른다. 호주의 식물학자들은 "쿼라기 소나무의 발견은 금세기 최고 발견 가운데 하나이다."라고 하면서 그 가치를 높이 평가하고 있다. 그들은 현장에서 채취한 씨앗을 배양하여 발아시키는 데도 성공했다 (1994년 12월 16일, 동아일보 1면)

6 소나무속의 외래식물로는 백송·방크스소나무·풍겐스소나무·리기다소나무·스트로브잣나무·구조소나무 등이 있다.

7 '소나무 송(松)' 자는 '나무 목(木)자' 와 '벼슬 공(公)' 자로 이루어져 있는데, 그 까닭은 중국의 진시황이 소나무 아래서 비를 피한 뒤 그 소나무에게 공작의 벼슬을 내려 목공(木公)이라 부른 데서 유래한다고 한다. 훗날 두 글자가 합쳐 송자가 되었다(2012년 12월 29-30일, 동아일보 B7면).

소나무는 생육기일 동안 기온합계가 평균 2,962°C이상 되는 지역에서 생육가능하다[8](김경희 외, 2006: 52-4).

소나무는 소나무속에 딸린 늘푸른 바늘잎 큰키나무를 뜻한다. 껍질은 검붉은 비늘 꼴이고, 잎은 바늘 꼴로 두 잎이 모여 난다. 꽃은 5월에 피며, 열매는 솔방울이라 하는데 9~11월에 익는다. 나무는 건축재·침목·기구재·땔감 등으로 쓰이고, 송진은 약용·공업용으로 쓰인다(한글학회, 1997: 2359). 소나무는 북향이나 동향에서 더 잘 자라며, 토양 조건이 열악한 곳에서도 소나무가 자라는 것은 경쟁상대가 없기 때문이다. 소나무는 경쟁에 약하다. 토양 조건이 좋아지면 다른 수종이 침입하여 더 득세하여 밀려나게 된다. 솔잎과 속껍질은 약재로 쓰이고, 수꽃에서 만들어진 꽃가루인 송화가루는 꿀에 반죽하여 다식판에 박아 노란색의 다식(茶食)으로 만들어 먹기도 한다. 송진은 테르펜유와 약재를 만드는 데 쓰이며, 뿌리·가지·줄기에서는 관솔이라는 기름을 뽑기도 한다. 소나무가 있는 숲에는 향과 질에서 고급스러움을 드러내는 송이버섯이 돋아나 백성들의 미각을 돋운다. 소나무는 죽은 다음 3~5년이 지나면 뿌리에 복령[9]이라는 것이 기생하게 되는데, 이는 귀한 약재로 사용된다.

---

8 예컨대, 잣나무는 2,307°C, 주목은 2,016°C, 가문비나무는 2,545°C로 소나무는 이들 침엽수에 비해 기온합계가 높아 그 내한성이 다른 침엽수종에 비해 낮다(김경희 외: 54).

9 복령은 여름에서 가을에 걸쳐 주로 적송의 뿌리에 생성되는 버섯 종류로, 군생하며 다년생이다. 크기는 일반적으로 7~31cm이며, 때로는 뿌리를 둘러싸고 있다. 유구형이나 타원형 등 감자모양이며, 표면은 적갈색·흑적갈색·갈회색을 띤다. 조직은 백색이나 옅은 분홍색을 띠고 건조하면 백색을 띠며 속은 차 있다. 오랜 옛날부터 한방에서는 이뇨제로 사용되어 왔다. 한약재료로서 백복령과 적복령이 있으며, 최근에는 복령에서 항암물질 등이 발견되어 학계에 관심을 끌기도 한다(자연을 담는 사람들, 2010: 296).

솔향 강릉의 겨울소나무

　우리나라 어느 곳에서나 볼 수 있는 소나무는 줄기의 색깔이 엷은 붉은 빛인 적송(赤松)이다. 우리나라 산림을 구성하는 소나무 가운데 가장 많은 나무이면서 육지에 주로 분포하므로 육송(陸松)이라 일컫기도 한다. 한반도 주변인 만주·연해주·일본에도 상당히 퍼져 있다. 화강암 지대에 잘 자라는데 고성·양양·강릉·삼척·울진·영양·봉화 지방은 예로부터 송전(松田)이라고 불릴 만큼 소나무숲이 유명하다. 우리나라에서 자라는 소나무의 품종으로 반송·금송·여복송·처진솔·은송·금강소나무 등이 알려져 있다(현진오·김사홍, 1999: 35).

　소나무는 자라는 위치에 따라 바닷가에 있으면 해송(海松), 그렇지 않으면 육송(陸松)이라 일컫기도 한다. 해송은 바닷바람을 받는 해변의 산지나 제방 등에서 주로 자라는데 잎은 두 잎씩 붙어나고 나무껍질은 줄기에 단단히 밀착되어 있다. 줄기 색깔은 암회색이라서 흑송(黑松)이라 부르기도 한다. 육송은 우리가 흔히 보는 소나무로 30m 높이, 6m 둘레까지 자라는데, 줄기는 비늘 모양의 검붉은 껍질로 덮혀 있다. 소나무 줄기 껍질이 어떤 색깔인지에 따라 적송(赤松: 붉은 소나무), 흑송(곰솔) 등으로 나뉘기도 하는데, 전자에 속하는 전형적인 소나무는 외금강 산자락이나 삼척 준경묘(濬慶墓)·영경묘(永慶墓) 주변에 있는 금강송(金剛松)들이며, 후자로는 동해안의 소나무들이나 제주 비자림에 있는 곰솔을 들 수 있다. 소나무 가운데 가지가 유난히 많은 것은 만지송(万枝松)이라하고, 소나무 가지 몇 개가 특히 두드러진 것은 그 모양에 따라 이름을 부여하기도 한다.[10] 정원수로 사용되는 반송(盤松)은 키가 작고 주된 줄기 없이 여러 가지들이 반구형(半球形)으로 펴져 있어 정원에서 나름대로 운치를 더한다. 부재(盆栽)의 경우도 소나무 분재를 으뜸으로 간주하는 경우가 많다.

소나무 가운데는 껍질이 하양고 잎이 유난히 진한 백송이라는 것도 있다. 백송은 중국이 그 원산지인데, 성장속도도 늦고, 번식력도 약할 뿐더러 옮겨심기도 까다롭다. 통의동 백송(서울, 종로구 통의동 35-15에 위치)의 경우를 보면, 한때는 우리나라에서 가장 큰 백송(높이 16m, 흉고둘레 5m)이면서 아름다워 천연기념물 제4호로 지정(1962년 12월 3일)되기도 했으나, 그 후 태풍으로 넘어져(1990년 7월 17일) 생을 마감하였다. 내가 1978년에 그 백송을 보았을 때는 희고 굵은 나무 줄기에 싱싱한 진초록 솔잎을 보여 주고 있어 신비스러움이 느껴졌는데, 2012년 2월에 다시 찾아갔을 때는 그런 옛 모습은 간데없고 고사목이 되어 동그마니 밑동만 남아 있었다.[11]

---

10   예컨대, 경남 함양군에 있는 소나무(천연기념물 제358호)는 가지가 아홉 갈래로 갈라졌다 해서 구송(九松)이라 일컬어진다(동아일보, 2012년 12월 29~30일: B7면).
11   고사한 백송 주변에는 4그루의 백송들이 자라고 있다. 고사한 백송의 자손인 듯

고사한 통의동 백송 이외에 서울에는 현재 '수송동 백송'과 '재동 백송'이 비교적 큰 형태로 살아남아 있어 그나마 다행이다.[12] 백송처럼 희귀한 소나무 속도 있지만 대부분의 소나무는 우리 주변에서 우리 겨레와 그 삶을 같이 해 온 육송이나 해송이다. 소나무는 사시사철 그 푸르름을 간직해서, 면면히 이어온 우리 겨레의 삶을 나타내는 듯한 나무이기도 하다. 그래서 우리나라 사람들은 소나무를 민족의 나무, 겨레의 나무라 부를 만치 친근하게 느끼면서 살아왔다. 사람들은 소나무 이외의 것은 잡나무라 일컬을 정도였다.

소나무는 서민들에게 봄에는 솔잎차를, 한가위 때는 송편의 향기를, 겨울에는 추위를 이겨 내는 땔감인 장작을 제공해 왔다. 마을을 위해서는 벌판이나 해안가의 바람막이 역할을 하기도 했고, 성황당을 지키거나 주변을 꾸며 주는 지킴이나 보호수 역할을 하기도 했다. 소나무는 송진 끼가 있어 잘 썩지 않아 기구재 뿐만 아니라 건축재로도 훌륭한 재료가 되어 왔다. 궁궐이나 선박이나 중요한 건축물의 목재로 사용된 것이 그 예이다. 최근에도 경복궁·광화문·남대문 등 주요 건축물의 건축재로는 소나무를 사용한다. 금강소나무[금강송][13]는 특히 황장목

하다. 백송할머니 홍기옥 소유라는 명찰도, 서울시청 소유라는 명찰도, 종로구 소유라는 명찰도 나뭇가지에 매달려 있었다. 나머지 하나는 그 소유주가 누구인지 밝히고 있지 않다. 신이나 자연의 소유로 남겨 두었는지도 모른다.
12 천연기념물 1번에서 10번까지 가운데 백송이 6그루나 포함되어 있다. 그 6그루 가운데 4그루는 아깝게도 죽어 그 보존가치를 상실해, 지금은 2그루 — 종로구 재동 헌법재판소 마당에 있는 백송(재동 백송, 천연기념물 제8호)과 종로구 수송동 조계사 마당에 있는 백송(통의동 백송, 천연기념물 제9호) — 만 남아 있다. 이 가운데 수송동 백송은 조계사 경내에 자리 잡고 있으며 나무 둘레는 약 1m, 높이는 20m가 채 안된다. 나이는 500년 정도이다. 수술한 자국이 많은 편이어서 각별한 보호가 필요한데 현재 상황은 그렇지 않다. 주변 조경과 더불어 세심한 보호가 필요하다. 재동백송이 현재 우리나라에 생존하고 있는 백송 가운데 가장 크다.
13 소나무의 한 품종으로 상록침엽의 큰키나무다. 줄기는 곧고, 껍질은 밑부분은 회

(黃腸木)이라 하여 조선 초기에는 황장금표(黃腸禁標)를 여러 곳에 세
워 소나무벌채(伐採)를 금지했고, 후기에는 황장봉산(黃腸封山)[14]을 정
해 소나무를 보호했다. 봉산은 나라에서 벌채를 금지하던 산을 뜻한다.
금강송은 줄기가 곧으면서도 굵고 게다가 재질도 단단하여 목재로서는
아주 귀히 여겨 왔다. 사람들은 일상인들의 집에서 궁궐에 이르기까지

소나무로 건축을 하며 살
았고, 죽은 후에는 소나무
관 속에서 흙으로 되어 갔
다. 묘나 능 주변에는 소
나무를 심어 그 운치를 더
해 주었다. 이런 과정을
거치면서 소나무는 우리
겨레가 가장 좋아하는 나
무가 되어 갔다.

소나무는 항상 푸르름
을 나타내는 상록수로서
문인들은 소나무의 늘푸
른 모습을 절개의 상징으

삼척 영경묘 · 준경묘의 금강송

갈색이고 위로 올라가면서 황적색이다. 금강산에서 처음으로 그 존재가 알려졌기 때
문에 금강소나무 또는 강송(剛松)이라고도 부른다. 경상북도 춘양지방에서 많이 생산
되었기 때문에 춘양목이라고도 한다. 곧은 줄기를 춘향의 곧은 절개에 비유하여 춘향
목이라고 부른다는 이야기도 있다. 학자에 따라서는 기본종인 소나무와 같은 것으로
보기도 한다(현지오 · 김사홍. 1999: 36).
14 속대전(續大典)에 따르면, 1746년(영조 22년)의 경우 황장봉산이 경상도에 7, 전
라도에 3, 강원도에 22곳이 있었다. 치악산국립공원 구룡사 입구의 자연석에 글씨를
새긴 '황장금표' 표석과 1976년에 발견된 경상북도 문경시 동로면 명전리 황장산 자
락에 있는 '봉산(封山)'이라는 비석이 그 증거로 남아 있다(38).

로 나타냈고, 화가들은 낙랑장송의 모습이나 산과 어우러진 소나무의 모습을 화폭에 담아 그림의 신비성을 더하기도 했다. 산수화는 소나무에 의해 그 진가를 더했다. 겨울의 함박눈은 늘푸른 나무가지에 눈을 솜뭉치처럼 얹어 사람들에게 고요한 신비감을 불러 일으키기도 했다.

이처럼 우리 겨레와 삶을 같이해 온 그런 소나무가 잠시 망국송이라 하여 천대를 받던 일도 있었다. 일부 잘못된 학설이나 편견에 근거한 학자들에 의해, 또는 그들의 견해에 의존해 정책을 펴 나간 행정 책임자들에 의해 이런 천대는 더 심해졌다. 심지어 학교에서도 공공연하게 망국송이라는 오명으로 언급되기도 했다. 뒤늦게나마 그런 오명이 벗겨지고, 이제 그런 편견이나 잘못된 정책도 많이 시정되어 매우 다행스럽다.

특히, 최근에는 소나무의 가치가 여러 방면에서 되살아나고 있다. 소나무가 지니는 미적인 가치에 의해서도 더욱 그렇다. 그래서 도시의 경우를 보면 고급품종의 가로수로서, 교정이나 아파트 단지의 정원수로 많이 사용되고 있다. 물론, 소나무가 풍기는 솔향, 늦가을 지면에 선사하는 황금색 솔잎 카페트도 빼놓을 수 없다. 그래서 인지 소나무를 보면 마음이 포근해진다. 나무줄기나 가지마다 여러 가지 자연스런 모습을 보여 주어서인지 은근한 아름다움을 더한다.

소나무숲 밑에는 풀이 잘 자라지 못한다. 나무에서 떨어진 솔잎이 분해되면서 나오는 화학물질이 다른 식물의 싹틔우기나 생장을 방해하기 때문이다. 그래서 소나무숲 속에는 진달래처럼 이런 화학물질에 버틸 수 있는 몇몇 식물들만 자랄 뿐이다(36).

4.3 참나무와 우리 겨레의 삶

참나무는 '진짜 나무[眞木]'라는 뜻으로 현재 우리나라의 산에서 가장 흔히 볼 수 있는 나무이다. 참나무속의 나무들은 현재 우리나라 산림면적에서 소나무보다도 더 많은 면적을 차지하고 있다. 우리나라에는 참나무속 식물이 19종 자라는 것으로 알려졌다(17). 갈참나무·굴참나무·나도밤나무·너도밤나무·떡갈나무·물참나무·상수리나무·신갈나무·졸참나무 등이 그것이다. 이 가운데 갈참나무·굴참나무·떡갈나무·상수리나무·신갈나무·졸참나무는 '참나무 6남매' 또는 '참나무 6형제'라고 일컫기도 한다. 이들이 우리나라에 있는 참나무속 가운데 가장 많은 숫자를 차지하는 나무들이다.

우리나라에서 자라는 참나무속은 낙엽활엽수가 대다수이지만 제주도를 비롯한 남부지방에는 상록수로서의 참나무속도 있고, 자연교배에 의한 참나무속들도 많이 있다. 이 가운데 갈참나무는 도란형(倒卵形: '거꿀달걀꼴'의 한자이름)으로 잎자루가 길고 잎이 크고 뒷면이 하얗다. 늦가을까지도 나뭇가지에 잎이 붙어 있는 경우가 있어 가을 참나무

종묘의 참나무

라는 뜻인데 줄여서 흔히 갈참나무라고 부른다. 굴참나무는 피침형(披 針形: 식물의 잎사귀가 굶은 데를 째는 침인 바소나 버들잎과 같은 꼴) 으로 잎뒷면이 희고 줄기 껍질이 매우 발달하여 갈라진 부분이 희게 보 인다. 나무껍질이 유난히 두껍고 깊은 골이 위아래로 파여 있는 형태를 취하여 옛부터 골참나무라고 불렀는데 지금은 흔히 굴참나무라고 부른 다. 떡갈나무는 도란형으로 잎자루가 짧고 잎부분이 둥글고 오목하며 유난히 잎이 넓어 떡을 감싸기에 좋았다. 떡갈나무 잎으로 떡을 싸놓으 면 떡이 오래간다는 이야기도 전해 온다. 이처럼 떡갈나무는 떡과 관련 된 이야기가 깃들어 있다. 신갈나무는 도란형으로 잎자루가 짧고 잎부 분이 뾰족한데, 백성들이 옛날 짚으로 만든 짚신을 신고 다닐 때, 짚신 의 바닥이 해지면 그 잎을 짚신 바닥에 깔아 신었다고 하는 그런 잎이 다. 졸참나무는 도란형으로 잎자루가 길고 잎이 작고 잎가의 톱니가 안 으로 휘어져 있다. 참나무속에 속하는 나무들의 나뭇잎 가운데 잎이 가 장 작아 졸병 참나무라는 뜻에서 그렇게 부른다.

상수리나무는 피침형으로 잎의 뒷면이 희고 윤기가 난다. 이 나무로 만든 도토리묵은 임금님의 수라상에 종종 오른다하여 그 참나무의 도 토리를 '상수라'라고 했다. 나중에 이 말은 '상수리'로 변했고, 그 도 토리가 열리는 참나무는 상수리나무가 되었다. 상수리나무와 얽힌 이 야기 가운데는 우리나라가 겪었던 전쟁과 관련된 것이 있다. 임진왜란 때의 일인데, 당시 임금인 선조는 급히 평안도로 피난을 떠나게 되었 다. 피난길[蒙塵]이라 수라상(임금에게 올리는 진지상)이지만 임금의 입맛을 돋우는 반찬을 마련하기가 매우 어려웠다. 그러던 어느 날 수라 상에 임금의 입맛을 돋우는 반찬이 있었으니 다름 아닌 도토리묵이었 다. 선조는 "부드럽고 고소하여 참으로 별미로다."하면서 도토리묵을 좋아했고, 전쟁이 끝난 뒤에도 그 음식을 즐겨했다. 이처럼 참나무 6형제는 나름대로 이름을 갖게 된 흥미로운 내력이 있다.

참나무 속에 속하는 나무들은 백성들의 구체적인 삶과 특히 관련을 많이 맺고 있다. 농촌의 경우, 어린 참나무 줄기나 잎은 논갈이가 시작되는 봄에 논의 중요한 거름이 되었다. 볏집을 구하기 힘든 산촌에서는 볏집 대신에 참나무 껍질로 지붕을 이어 집을 짓는 일이 많았다. 농촌이나 산촌에서는 참나무가 숯을 만드는 데 중요한 재료가 되었으며, 땔감인 장작의 주된 원료가 되었다. 열매인 도토리는 예부터 흉년이 들었을 때나 춘궁기(春窮期)때, 배고픔을 해결하는 구황(救荒)식품의 역할을 해 왔다. 그래서 『세종실록』에는 '흉년에 대비해 일정한 수량의 도토리를 예비하도록 하다.' 라는 기록도 있다(조선일보, 2012년 11월 15일). 물론, 도토리는 사람뿐만 아니라 산에 사는 멧돼지 · 다람쥐 · 청솔모 등 야생동물들이 즐겨 찾는 먹거리이기도 하다. 이런 여러 가지 이유로 참나무는 '진짜나무', '참으로 좋은 나무' 라는 뜻의 나무로 이름 붙여졌다.

4.4 숲의 교란에 따른 역설의 발생

4.4-1 인위적인 간섭은 왜 역설을 야기시키는가?

많은 사람들은 생태계가 사람들에 의해 훼손되고 있음을 걱정한다. 그래서 레오폴드(Aldo Leopold, 1887~1948)와 같은 윤리적인 전체론자는 "생명공동체의 온전함(integrity) · 안정(stability) · 아름다움(beauty)을 보전함이 옳으며, 그 반대는 그르다."(Leopold, 1949: 262; DesJardins, 1999: 282)고 강조하기도 했다[15]. 생명공동체의 구성원들은

---

15   레오폴드의 이 주장은 도덕적인 감정(moral sentiment)에서 유래된 것으로 사실과 가치, 존재와 당위의 간격을 메우면서 연속선상에서 파악해야 할 주장이다.

대체로 그 공동체에 담긴 특성에 부응하여 삶을 영위하고 있다. 하지만
그런 공동체에서 문제를 야기시키는 구성원이 있는데 그것이 특히 인
간이라는 지적이 많다. 그래서 '인간에 의해 속박 받지 않는 지역, 인간
이 거주자가 아니라 단지 방문지인 지역[야생지]' (DesJardins, 1999:
251)', '사람의 힘을 더하지 않은 천연 그대로의 상태[자연]' (민중서
관, 1999: 1893; 한글학회, 1997: 3455), '꾸밈이 없어 무리한 데가 없
음[자연스러움] (한글학회: 3457)' 등이 생태계나 생명공동체의 바람직
한 모습으로 강조되기도 한다.[16] 그런데 이런 주장이나 규정은 상당히
역설적인 것이어서 논리적인 검토가 필요하다. 환경 훼손의 주범으로
생태계와 생명공동체의 질서를 뒤흔들어 놓는 인간도 엄연히 생태계와
생명공동체를 구성하는 일원이기 때문이다. 그렇다면 생태담론에서 종
종 나타나는 이런 표현들은 어떻게 설명해야 하며, 인간은 생명공동체
와 생태계에서 어떤 행위를 해야 할 것인가?

  유기체들은 주변 환경의 변화에 민감하게 대처하면서 각자의 개체를
유지시켜 나간다. 이제까지 다룬 소나무나 참나무도 예외일 수 없다.
먼 옛날의 경우 우리나라에는 참나무 숲이 소나무 숲에 비해 우세했던
것으로 알려져 있다. 그러던 것이 소나무의 중요성이 높아지면서 사람
들이 소나무를 가꾸고 참나무를 베어 버려, 사람이 사는 곳에서 가까운
곳일수록 전자가 더 많은 것으로 알려져 있다. 사람들의 인위적인 간섭
에 의한 생태계의 변화이다. 그러다가 현재에 가까워질수록 침엽수인
소나무가 활엽수인 참나무들에 의해 다시 대체되는 경향이 있다. 이런
현상은 특히 지구의 기온이 올라감에 따라 활엽수가 적응하기에 더 좋

---

16 자연이란 개념은 애매성(曖昧性, ambiguity)을 지닌 개념이어서, 그리스의 physis
나 라틴어의 natura에서 유래한 사람이나 사물의 고유한 성질이나 본질을 뜻하는 것
으로도, 사회에 대비되는 자연일반을 뜻하는 것으로도 사용된다.

게 되어 그렇게 되었다. 한때 우리나라 삼림면적의 절반을 소나무가 차지했던 적이 있었지만 지금은 참나무에게 그 자리를 내주게 되었다. 주로 인간에 의해 그런 변화가 나타나게 되었다. 소나무에 관한 애착(愛着)이 이전만 못할 뿐만 아니라 대기오염에 따른 지구의 온난화현상에 의해서 말이다.

생태계와 생명공동체에서는 인간도 하나의 구성원이다. 그 구성원인 인간의 행위가 생태계나 생명공동체가 나아가는 길과 어긋난다는 우려가 적지 않다. 하지만 인간도 그 구성원이므로 생태계와 생명공동체의 큰 흐름 속에서 그 변화를 설명해야 하지 않을까 하는 생각이 들기도 한다. 그래서 이제부터는 소나무나 참나무에 가한 인간의 직접적인 간섭이나 간접적인 간섭에 의한 생태계의 변화를 생태담론에서는 어떻게 풀어야 할지 역설(逆說. paradox)과 관련시켜 살펴보기로 한다.

숲이 어떻게 바뀌어 가는지를 가리키는 것으로 산림동태(forest dynamics)란 개념이 있다. 산림동태는 시간적으로 몇 시간, 몇 십년, 몇 백년 등 그 척도에 따라 다르게 표현된다. 소나무는 토양수분이 열악한 산의 능선부와 같은 그런 천박한 환경에서도 잘 견딘다. 하지만 토양조건이 좋아 다른 수종과 경쟁을 하는 경우에는 다른 수종에게 밀려나게 되는 취약점도 있다. 숲이 교란(disturbance)되는 외부요인들을 보면 인위적인 간섭 및 관리·산불·산사태·바람과 수해·병해충 등이 있다(김경희 외: 61-3). 이 가운데 이제까지 우리나라 소나무 숲에서 찾아볼 수 있는 큰 동태요인들은 무엇보다도 인위적인 간섭과 솔잎혹파리와 같은 돌림병 피해에 의해서이다. 전자는 이미 앞에서 자세히 언급했듯이, 사람들이 소나무를 특히 귀하게 여겨 소나무를 보호하고 다른 나무들을 제거해 온 역사에서 찾아볼 수 있고, 후자의 경우는 해충에 의한 나무들의 피해를 통해 알 수 있다. 그런데 후자도 사람들에 의한 나무나 재목 이동에 의해 발생했을 가능성이 높기에, 그 확산이 인간 행위와 무관하지 않다.

이처럼 소나무 숲에서 나타나는 생태계 변화는 인간의 직접적인 간섭이나, 환경오염·해충 등 간접적인 간섭에 의한 것이 많다. 1990년대 초 전국을 휩쓸었던 솔잎혹파리[17]에 의한 소나무 피해나, 그 후 재선충[18]이라는 돌림병에 의해 소나무들이 붉게 말라죽었던 일들을 생각해 보면 알 수 있다. 솔잎혹파리가 휩쓸고 간 지역은 소나무가 거의 전멸을 피하기 힘들다. 예컨대, 강원도 횡성군 주천강변 지역이나 평창군에 있는 상당수의 소나무들이 당한 상황을 보면 알 수 있다. 재선충병은 더욱 무서운 것으로 알려져 있다. 감염되면 현재로서는 치료가 불가능해 그대로 잎이 붉은색으로 마르면서 죽어 버린다. 솔껍질 깍지벌레도 소나무에 피해를 많이 준다. 참나무속의 경우도 최근 전국 곳곳에서 나타나고 있는 참나무 시들음병이 큰 위협이 되고 있어 안타깝다.

인간의 의도적인 간섭이나, 병충해에 의한 돌림병이나, 인간에 의해

---

17 솔잎혹파리의 체색은 황갈색이며, 성충의 몸길이는 암컷이 2.0~2.5㎜, 수컷이 1.5㎜~1.9㎜이고, 날개길이는 암컷이 대략 2.3㎜, 수컷이 2.0㎜이다. 1929년 전남 목포와 서울의 창덕궁 비원에서 최초로 발견된 이후 현재는 남한뿐만 아니라 북한의 금강산까지 확산된 소나무해충이다(김경희 외: 262-3). 특히 1990년대 초에 강원도 평창군, 횡성군 등 영서지방을 휩쓸고 간 무서운 해충이다.

18 소나무재선충(Pine Wood Nematode; Bursaphelenchus xylophilus)의 몸길이는 암컷이 0.7~1.0㎜, 수컷이 0.6~0.8㎜이다. 소나무재선충은 선형(線形)동물로 1쌍이 20일 후에는 20만 마리정도로 무섭게 증식하는데 솔수염하늘소와 같은 몇 종의 하늘소과를 매개충으로 하여 전파된다. 재선충이 소나무에 침입하여 몇 주가 지나면 잎이 시들기 시작하는데, 처음에는 묵은 잎이 나중에는 새잎도 갈색으로 변하면서 말라 죽는다. 일본에서는 1900년대 초부터, 우리나라에서는 1988년 부산 금정산에서 처음으로 발견된 이후, 1997년 구례·함안, 1998년 진주, 1999년 통영, 2000년 사천·울산, 2001년 거제·김해·구미·목포·밀양·진해로 퍼져 나갔다. 2005년의 경우를 보면 경남·경북·전남·제주·강원지방까지 확산되어 피해를 주었다(이찬용, 2003: 4, 38; 김경희 외: 210-3).

야기된 기후 변화에 따른 소나무 숲의 축소[19]와 같은 생태계 변화도 크게 보아 생태계의 순리로 봐야 할 것인지, 아닌지는 논리적인 문제를 야기한다. 상식에 따른 견해로 이런 변화는 생태계와 생명공동체의 훼손이나 파괴에 해당한다. 인간의 간섭이 가해진 곳과 그렇지 않은 곳을 구별해 놓고 비교하면 확연히 그 모습이 드러나기 때문이다. 하지만 사람들에 의한 생태계 변화도 생태계 변화라는 집합 속에 넣어 설명하면 이율배반(antinomy)과 연관된 역설적(paradoxical)인 표현으로 이어진다. 인간에 의한 산림동태나 숲의 교란에 관해서도 추론의 방법을 달리함에 의해 생태계와 생명공동체의 훼손이나 파괴로도 볼 수 있고, 아닐 수도 있기에 그렇다. 이처럼 동일한 현상을 두고서도 서로 다른 추론방법에 의해 대비되는 결론들이 나타난다면 이는 역설에 속한다. 왜 그런지 좀 더 구체적으로 살펴보기로 한다.

  콰인(W. V. O Quine)에 따르면 역설이란 '처음 보기에는 불합리한 듯하지만 주어진 결론을 떠받치는 어떤 논거를 지닌 그런 추론'이며, 이율배반은 '확립된 추론방법들에 의해 자기모순을 산출하는 역설'이다(Blumberg, 1976: 78)[20]. 이율배반은 정당한 추리들에 의해 자기모순(self contradiction)을 일으키는 논증으로, 역설에 포함되는 하나의 전형적인 예이다. 그러니 이율배반은 역설을 함축(implication)하는 개념이다. 그렇다면 사고 활동이나 언어사용에서 이런 이율배반적인 역

---

19 산림청통계에 따르면, 2003년 현재 우리나라의 침엽수림은 전체 산림면적의 42%인 2,692,000ha이라고 한다. 20여년 전인 1982년도의 3,259,000ha보다 567,000ha이 감소된 면적이다. 통계상수치로는 매년 3만여 ha의 침엽수림이 소멸되고 있다(배상원, 2004: 278).

20 이율배반인 역설은 언어로부터 야기되는 언어적인 이율배반과 논리로부터 야기되는 논리적인 이율배반으로 나뉘는 경우가 있는데, 여기서는 후자에 근거하여 문제점을 파헤치고 해결해 보고자 한다.

설은 왜 발생하는지 러셀(Bertrand Russell)과 타르스키(Alfred Tar-
ski)의 견해를 통해 각각 살펴보면서, 인간의 간섭에 의한 생태계 변화
도 역설로 이어질 수 있음을 밝히고, 러셀이나 타르스키의 견해에 근거
해 그런 역설을 해결해 보기로 한다.

우선, 러셀은 논리적인 이율배반의 특징으로 모순을 들면서 역설이
발생하는 까닭을 집합이 지닌 특징을 들어 설명한다(Russell & White-
head, 1968: 386-7; Blumberg: 79).²¹ 그는 모든 역설은 악순환의 원
리(the vicious circle principle)라는 문제에서 비롯된다고 하면서, 역
설적인 논의가 야기되는 것은 제시된 주장이 자기의존(self depen-
dence)으로 악순환에 빠지기 때문임을 지적했다. 집합 그 자체도 부분
집합(subset)을 이루고, 부분집합은 집합(set)의 한 원소가 되기에 그
렇다. 예컨대, 어떤 거짓말쟁이가 "나는 지금 거짓말을 하고 있다."고
주장할 때, 그의 주장이 역설에 빠지게 되는 것은 그의 주장이 자기의
존으로 인하여 악순환에 빠졌기 때문이다(Russell &, Whitehead: 60-
5). 유사하게 "남의 말을 함부로 믿지 말라."고 말하는 사람의 말이나,
말하는 자기도 한국 사람인데 "한국 사람은 성질이 급하다."고 말하는
것 등이 그것이다.²²

---

21 집합 원소들 각자는 그들 자신의 원소가 되지 못하는 그런 집합을 R이라하고, R
∈ R인지의 여부를 알아보자. 우선, R ∈ R이란 주장이 옳다고 해 보자. 그렇다면 R
은 그 자신의 원소일 수 없다는 원래의 규정—원소들 각자는 그들 자신의 원소가 되
지 못한다는 규정—에 어긋나게 된다. 반면에 R ∉ R이란 주장이 옳다고 해 보자. 이
경우에도 R ∉ R이라면, 집합이 지니는 원래의 일반적인 특징—집합 그 자체도 집합
원임—인 R ∈ R에 어긋난다. 요컨대, R ∈ R이라면 앞서 제시된 규정과 모순되고, R
∉ R이라면 집합이 지니는 일반적인 특징과 모순을 이룬다. 그래서 결국 'R ∉ R 이
면서 R ∈ R'로 증명된다(79).
22 "모든 크레타(Creta)사람들은 항상 거짓말만 한다."고 주장하는 어떤 크레타 사
람과 관련된 이야기(Haack, 1979: 136)—에피메니데스(Epimenides) 역설—도 비
슷한 예이다. 이 역설에서 주장하는 그 사람도 그 주장이 지칭하는 사람들 속에 포함

그렇다면 생태담론에서, 인간의 직접적인 간섭(예: 숲가꾸기 사업)
이나 간접적인 간섭(예: 인간이 야기시킨 기후 변화에 따라 발생하는
생태계의 변화)에 따라 참나무 숲이 소나무 숲으로 변하거나, 소나무
숲이 참나무 숲으로 변하는 생태계 변화는 왜 역설을 야기시키는가?
그 까닭은 인간도 생태계에서는 엄연히 생명공동체의 한 구성원이며,
소나무나 참나무 숲들이 그렇게 변하는 것도 엄연히 생태계 변화로 설
명되기에 그렇다. 생명공동체 구성원들에 의해 야기되는 현상을 지극
히 당연한 것으로 받아들이면서 논증을 펼쳐 나간다면, 인간도 생명공
동체의 일원인 이상 인간에 의한 그런 변화도 당연한 것으로 여겨야 한
다. 하지만 그렇게 되면 인간의 행위에 의해 나타나는 소나무 숲과 참
나무 숲의 힘겨루기와 같은 생태계나 생명공동체의 변화도 당연한 것
이므로 생태담론에서 악순환의 늪인 역설에 빠진다. 상식적인 수준에
서 보면 그런 변화(인간의 직접적·간접적인 간섭에 의한 변화)는 생태
계의 순리에 어긋나지만, 인간도 생태계에 포함시키면 그렇게 귀결되
지 않는다. 집합과 부분집합의 관계에서는 인간도 생태계의 부분집합
을 이루고, 인간의 간섭에 의한 소나무 숲과 참나무 숲의 힘겨루기도
생태계 변화에 관한 부분집합이 되기 때문이다. 이처럼 동일한 생태계
변화라 하더라도 상식적인 판단과 집합의 특성에 근거한 판단은 서로
모순을 이루므로 역설을 야기한다.

한편, 타르스키의 경우는 언어란 의미론적으로 열린 것이어야 한다
고 주장하면서 그것이 닫히면 역설을 유발한다고 했다(Tarski, 1952:
13-49; Mackie, 1973: 30-43). 타르스키의 논거에 의해 생태 문제를
진단해 보면 예컨대, '인간의 간섭에 의한 생태계 변화는 문제투성이

시키면, 우리는 그의 주장을 믿을 수 없게 된다. 그러나 포함시키지 않는다면, 그가 크
레타 사람이라는 위의 규정에 어긋나게 된다(안건훈, 2008: 263-4).

다.'라는 주장은 그 언어 수준에서는 인간도 생태계를 구성하는 구성원인 까닭에 의미론적으로 닫혀 있어 문제를 야기한다. 생태계에서 그 구성원들에 의해 야기된 현상을 순리로 받아들이게 되면 말이다. 이처럼 같은 생태계 변화를 두고서도 추론의 방법을 달리하면 서로 대비되는 결론이 추론되기 때문에 역설적이다.

그렇다면 역설이 지닌 이런 문제점을 생태담론에서는 어떻게 풀어나가야 할 것인가? 어떻게 하면 인간에 의해 야기되는 생태적인 교란, 환경오염이나 파괴 문제를 생태담론에서 정리해 나갈 수 있을까?

4.4-2 역설에 대한 해결 방법 탐색

우리의 언어 생활이나 사고 활동에서 역설에 빠지면 근본적으로 탈출구가 없다. 근본적인 해결 방법이 없다는 점이다. 이는 집합의 특성상 집합 그 자체도 하나의 부분집합이 되어 집합에 포함되기 때문에 발생한다. 그러니 역설적인 사고 활동이나 언어 생활을 하지 않는 예방이 무엇보다도 중요하다. 예방이 처방보다 중요하다는 점이다. 그런데도 사람들은 부주의에 의해 역설에 빠지곤 한다. 이럴 경우는 근본적인 해결방법이 없으므로 주어진 생황 속에서 피할 수 있는 차선의 방법을 생각해 내는 수밖에 없다. 앞의 두 학자들의 견해를 중심으로 임시방편적인 처방을 모색해 보기로 한다.

우선, 러셀의 해결책에 의해 접근해 보기로 한다. 러셀에 따르면, "나는 지금 거짓말을 하고 있다."라는 거짓말쟁이의 주장이 역설이지 않기 위해서는, "나는 지금 거짓말을 하고 있다."라는 거짓말쟁이의 그 주장만은 거짓말이 아니라는 '제한(limitation)'을 두어야 한다. 이 주장만은 그 거짓말쟁이가 하는 모든 주장들로 이루어진 모든 집합에서 제외시켜야 한다(Russell &, Whitehead : 60-5 ; 안건훈 : 266).

생태담론에서 보면 생명공동체에서 인간이 한 행위들 가운데는 시정되어야 할 것들이 많이 있다. 예컨대, 레오폴드(Aldo Leopold)와 같은 윤리적인 전체주의자가 강조하는 '생명공동체의 온전함·안정·아름다움'이라는 측면에서 살펴도 그렇다. 4.41에서 예로 제시한 인간의 그런 행위들은 생명공동체가 지녀야 할 이런 측면들을 훼손하는 것으로 이어진다. 생태계가 지녀야 할 바람직한 모습을 깨는 일이기에 그렇다. 그러므로 이런 인간의 행위에 대해 문제를 제기하려면 인간의 그런 행위까지도 포함하는 생태계 변화는, 생태계 변화라는 집합에서 배제되어야 한다. 생태계나 생명공동체라는 집합에서 그런 행위를 하는 인간은 배제되어야 한다. 인간에 의해 야기되는 생태계의 부적절한 변화— 예컨대, 동식물 수의 급격한 감소나 멸종, 오염과 소음, 기후 변화, 무분별한 난개발 등— 는 생태계 변화라는 집합에서 제외시켜야 잠복해 있는 역설적인 논의에서 벗어날 수 있다.

그러나 생태계나 생명공동체를 구성하는 구성원에는 인간도 당연히 포함된다. 집합과 부분집합의 관계에서 집합 그 자신(인간을 포함한 집합)도 부분집합이기 때문에 그렇다. 인간을 생태계나 생명공동체라는 집합의 원소(element)에서 제외시키면 집합과 진부분집합(proper subset)의 관계가 되는데, 그럴 경우 인간을 제외한 생태계라는 사실의 세계와 들어맞지 않는다. 인간도 엄연히 생명공동체의 구성원인 이상, 앞에서 제시한 사전적인 정의(lexical definition)— 어떤 특정한 언어공동체에서 용인된 정의, 보고적인 정의(reportive definition)라고도 함— 들에서 '자연'이나 '자연스러움'을 지향하려는 듯한 표현은 역설적인 상황에서 벗어나 보려는 러셀의 차선책과 맥을 같이하는 그런 유형의 정의에 불과하다. 인간도 생태계나 생명공동체라는 집합들의 요소인 이상, 인간이 '자연'이나 '자연스러움'을 그런 집합에서 해결하는 일은 원칙상 불가능하기 때문이다.

다음, 타르스키의 해결책에 의해 접근해 보기로 한다. 타르스키에 따르면, "나는 지금 거짓말을 하고 있다."는 어떤 거짓말쟁이의 주장이 역설이 되지 않기 위해서는, 그 주장이 의미론적으로 열린 언어가 되어야 한다. 그러기 위해서는 아래와 같이 대상언어(object language : O)와 고차언어(meta language : M)로 언어의 계층을 세워 고차언어에서 대상언어를 평가하는 일이 필요하다(안건훈: 268 ; Mackie, 1973 : 30-43 ; 247-54).

> 대상언어: "나는 지금 거짓말을 하고 있다."고 거짓말쟁이가 말한다.
> 고차언어: "나는 지금 거짓말을 하고 있다."고 거짓말쟁이가 말하는 것은
> 대상언어에서의 거짓이다.

그는 동일한 문장도 서로 다른 문맥에서는 서로 다른 의미를 지닐 수 있으므로, '참'과 '거짓'도 언어의 계층에 따라 상대화될 수 있으므로, 서로 다른 진리치를 지닐 수 있다고 했다. 위의 예에서는, 대상언어를 거짓으로 평가하면서 고치언어는 참으로 삼아야 한다. 그렇다면 '생명공동체의 온전함·안정·아름다움'에 관한 주장도 대상언어와 고차언어로 나누어, 다음과 같이 대상언어를 평가할 수 있다.

> 대상언어: '생명공동체의 온전함·안정·아름다움'에 관해 레오폴드는
> 말한다.
> 고차언어: '생명공동체의 온전함·안정·아름다움'에 관해 레오폴드가
> 말하는 것은 대상언어 수준에서는 틀렸다.

이처럼, 생태담론에서 나타나는 많은 주장들은 인간도 엄연한 생태계의 구성원에 포함되므로 역설적인 것으로 이어진다. 물론, 인간이 생태계와 생명공동체에서 완전히 소멸되면 달라지지만 말이다. 하지만 인간은 생태계구성원을 함축하고, 생태계는 인간을 포함한다. 이런 엄연한 상황에서는 생태계의 한 구성원으로서 인간이 할 수 있는 많은 주장들은 근본적인 해결책이라기보다는 차선책에 불과할 수 밖에 없다. 물론, 임시방편적인 차선책이라도 있어야 논거가 선다. 그래야 인간사회에서 '자연'이나 '자연스러움'이란 주장도 어설프지만 설득력을 지니게 된다.

한편, 소나무 숲이 참나무 숲으로 바뀌어 가는 것이 생태계를 위해 역기능적인 역할만 하는지도 곰곰이 생각해 볼 일이다. 소나무들이 차지하는 면적이 줄어들고, 참나무들이 그 영역을 점차 넓혀 가는 추세 속에서는 동식물들의 서식 조건이 더 풍부해지기도 하기 때문이다. 소나무 숲이나 잣나무 숲 아래는 햇볕이 들지 않아 그늘이 짙게 드린다. 잣나무 숲의 경우는 더욱 심하다. 그래서 소나무 숲에서는 다른 식물들이 자라기 힘들고 동물들도 드물다. 그늘이 짙고 송진 냄새가 매우 강하기 때문이다. 반면에 참나무 숲에는 햇볕이 스며들 수 있어 많은 식물들이 생활한다. 많은 식물들이 어우러져 살다 보니 너구리·오소리·산토끼·고라니·멧돼지 등 산짐승들도 소나무 숲에 비해 훨씬 많이 살게 된다. 그러니 소나무 숲이 참나무 숲으로 대체되는 것이 항상 나쁜 것만은 아니다. 그런 점에서 '생명공동체의 온전함·안정·아름다움'을 강조하는 레오폴드의 윤리적인 전체론은 다른 견해들에 비해 강점을 지니기도 한다. 산림동태가 긍정적으로 작용할 수 있는 길을 터놓는 그런 표현이기 때문이다.

그러나 문제시되는 것은 인간이 생태계에 가한 인위적인 간섭이 소나무 숲에서 참나무 숲으로 또는 참나무 숲에서 소나무 숲으로 변하는 그런 유형이나 수준이 아니라 훨씬 더 심각성을 드러내는 유형이나 수준들이 많다는 데 있다. 예를 들면, 공기를 오염시킴으로써 공기오염 이전에 비해 많은 생명체에 고통을 준다는 점에서, 숲의 교란이나 산림 동태가 나타난다는 점에서 그렇다. 인간에 의한 환경파괴는 '생명공동체의 온전함·안정·아름다움'을 훼손하는 역기능적인 역할을 한다. 이런 점에서 인간에 의한 그런 행위는 생태계와 생명공동체의 주류적인 변화에서 배제되어야 한다. 원칙상 힘들지만 편의상 그래야 한다. 비록 부분적으로는 기여를 하거나, 해인지 득인지 판단하기 힘들다 할지라도 말이다.

4.5 요약 및 결론

우리나라의 경우 소나무와 참나무는 산에 있는 대표적인 나무들이다. 이 두 나무의 세력판도를 보면, 삼국시대와 같은 먼 옛날에는 참나무가 우세했으나, 그 후 사람들이 소나무를 보호하는 데 힘써 소나무가 그 자리를 대신했다. 특히 야산에서는 그랬다. 그러나 현대에 가까워 오면서 소나무들이 차지하던 지면이 참나무들에 의해 침식당하는 추세로 변하게 되어, 지금은 참나무가 숲을 구성하는 주류가 되었다.

이런 현상이 나타나는 주된 원인으로는 생태계에 대한 인간의 인위적·직접적인 간섭, 환경오염으로 인한 기온의 상승, 돌림병의 창궐 등을 내세우는 경우가 많다. 기온이 상승하는 원인 가운데 하나는 공기오염과 탄산가스 배출로 인한 지구의 온실효과 때문이다. 우리나라의 경우를 보더라도 과거 수십 년 동안 기온이 꾸준히 상승되어 갔다. 경우에 따라서는 소나무는 솔잎혹파리나 재선충, 참나무는 참나무 시들음병에 의해 생태계의 변화가 나타나기도 한다. 현실에서는 전체적으로 보아 소나무가 줄어들고, 참나무가 증가하는 경향을 띠고 있다.

이런 숲의 교란은 여러 가지 생태담론을 자아낸다. 그런데 생태담론에서 예컨대, '생명공동체의 온전함·안정·아름다움'을 바람직한 모습으로 옹호하는 주장은 생태계나 생명공동체의 지배자나 정복자로 군림하는 인간이 있는 한 역설을 자아내는 표현으로 이어진다. 인간을 배제함이 없이도 후자와 같은 그런 이상적인 세계가 과연 가능할까? '사람의 힘을 더하지 않은 천연 그대로의 상태[자연]', '꾸밈이 없어 무리한 데가 없음[자연스러움]' 등이 바람직한 모습으로 강조되기도 하는데, 이 또한 생태계나 생명공동체라는 집합에서 그 요소로서 엄연히 존재하는 인간을 배제할 수 없다는 측면에서 한계가 있다.

이런 주장들은 인간이 존재함으로써 나타나는 문제점을 제외하고자 내세우는 편의적인 발상이다. 문제점이 없으려면 인간이 없어야 한다. 하지만 인간도 생태계와 생명공동체라는 집합의 엄연한 요소들이기 때문에 역설에 직면한다. '생명공동체의 온전함·안정·아름다움'을 옹호하는 주장이나 '자연스러움'을 강조하는 주장이 인간이 배제된 상태인지 포함된 상태인지에 따라 그 귀결이 대비된다.

사고 활동이나 언어 생활에서 역설에 빠졌을 경우에는 차선책으로 러셀이나 타르스키의 해결법을 묵시적으로 채택하기도 한다. 최선책이 없으면 차선책이라도 사용해야 하기 때문이다. 역설적인 논의에서 벗어나기 위해 인간의 직접적인 간섭이나 대기오염과 같은 간접적인 간섭에 의한 생태계 변화는 생태계 변화라는 집합에서 제외시키거나, 언어에 계층을 두어 고차언어 수준에서 대상언어가 지닌 문제성을 지적하는 경우이다. 이런 차선책이 강구되기도 하지만 인간도 생태계나 생명공동체의 구성원으로 그런 집합의 한 요소인 이상 근본적인 해결 방법은 되지 못한다. 임시방편적인 차선책이지만 근본적인 해결방안이 없는 한—인간이 모두 사라지면 몰라도—편의적인 방법이라도 채택할 수밖에 없다.

　최근 들어 한반도와 그 인근 지역을 중심으로 나타나고 있는 소나무와 참나무의 치열한 힘겨루기 현상은 사람들이 산업화하는 과정에서 배출한 오염에서 그 원인을 찾는 경우가 많다. 이런 상황 속에서 물론, 우리는 생명공동체의 '안정·온전함·아름다움', 생태계의 '자연스러움'에 도움이 되는 일을 해야 한다. 현재 인간의 처지에서는 생태계와 생명공동체에서 인간이 사라지기를 원하지 않는다. 그런 집합의 요소로서 남기를 갈구한다. 이런 상황에서 인간이 바람직한 구성원이 되기 위해서는 그런 집합을 구성하는 요소들이 함께 지니는 속성들을 찾아, 가능한 그것에 근접해 나가는 일에 힘써야 한다. 논리적·근본적인 해결은 어렵더라도 생명공동체의 구성원으로서 사실과 가치, 현실과 이상의 틈새를 좁히는 데 힘써야 한다.

5

풍수와 환경 문화[*]
– 형기론을 중심으로

5.1 문제제기

우리는 길을 걷다가 잠시 쉬고 싶을 때도 아무데서나 쉬지 않는 경향이 있다. 이리저리 생각하면서 쉴 자리를 택한다. 주어진 시간에 어떤 자리에서 쉬는 것이 가장 좋은지 따져 보면서 자리를 잡는다. 우리가 비교적 오랫동안 편히 쉬는 곳으로는 집과 묘가 있다. 우리가 사는 집은 우리가 사는 동안 삶의 중심을 이루는 곳 가운데 하나이다. 일할 때나 일하고 난 뒤에 비교적 오랫동안 쉬는 곳이다. 우리는 집에서 식구들과 생활을 하면서 함께 이야기를 나누고 식사를 하고 잠을 잔다. 이렇듯 우리가 오랜 시간을 보내는 곳이기에 주거공간의 배치나 실내장식도 중요하다.

  하지만 우리의 삶은 길어야 백년 안팎이다. 옛날 사람들에 비해 오래

---

* 이글은 필자(2011b)가 『환경철학』 제12집(한국환경철학회)에 게재했던 논문임을 밝힌다.

사는 편이지만 현대의학에 의존한다하더라도 그 정도이다. 그런 다음에는 흙으로 다시 돌아가게 된다. 보다 학술적으로 말하면 그동안 몸을 구성하던 분자나 원자는 다시 흐트러지게 된다. 그래서 몸을 흐트러지게 하는 방법에 관해서도 사람들은 생각을 하곤 한다. 매장을 선호하는 사람도 있고, 화장을 더 선호하는 사람도 있다. 물론, 그 이외에 또 다른 방법들도 있다. 살게 될 집터를 생각하듯이 말이다. 이 글에서는 집터와 더불어 매장에 그 초점을 두겠다.

   그렇다면 사는 집이나 묻히는 묘에도 '좋은 곳'이 있을까? 소위 좋은 곳이라는 것을 일반화 시킬 수 있을까? 물론, 좋은 곳이란 것을 일반화시키는 데는 어려움이 있다. 무엇이 더 좋은지, 그 기준이 있는지는 예로부터 담론의 중심을 이루어 왔고 학문적인 논점을 야기시켜 왔다. 그렇다면 그런 기준 설정은 상대적인 개념인가? 아니면, 어떤 통계적인 경향성을 지닌 그런 수준의 것인가? 경향성으로 파악한다면 그런 경향성은 어느 정도 설득력이 있는 것일까?

5.2 풍수와 명당 찾기

풍수[1]란 장풍득수(藏風得水)의 준말로, 이는 바람을 간직하거나 감추고, 물을 얻는 것을 뜻한다. 풍수는 "바람을 피하고 물이 모이는 환경에서 만물이 왕성하게 성장한다.", "생기를 얻을 수 있다." 등의 의미와 관련되어 있다(류지홍, 2009: 12). '바람을 피하고 물을 얻는 것' 가운데서도 "풍수의 수법은 물을 얻는 것[得水]이 으뜸이고, 바람을 감추는 것[藏風]이 그다음이다"[2](12)라고 말하기도 한다. 그런데 좋은 바람은

---

1 풍수지리라고도 하는데, 이 글에서는 풍수로 표기하기로 한다.
2 風水之法 得水爲上 藏風次之 (『금낭경(錦囊経)』「기감편(氣感篇)」; 류지홍, 2009: 12)

좌청룡·우백호를 바람막이로 하면서 그 안에서 돌아다니는 바람이다. 그래서 바람을 중요시하다 보니 산수지리라기보다는 풍수지리라고 일컫게 되었다. 그런데 바람과 물은 양과 질에 있어 그 변화가 크다. 그래서 바람과 물을 잘 관찰하고 다스리는 것을 중요시하여, 풍수지리 또는 간단히 풍수라고 일컫게 되었다(이익중, 2003: 125-9).

풍수에서 가장 중요한 것은 명당을 찾는 일이다. 양택이나 음택이나 마찬가지다. 이 가운데서도 음택 선정이 양택 선정보다 풍수에서 많이 언급되어 왔는데, 그 까닭은 음택의 경우는 선정 후 변경하기가 힘들어서 보다 더 세심한 배려를 필요로 하기 때문이다. 아울러 오랫동안 자손들에게 영향을 미친다고 보았으므로 풍수에서는 양택에 관해 언급하는 경우보다 음택에 관해 언급하는 경우가 더 많다. 한번 음택에 시신을 묻으면 특별한 경우가 아니면 이장하지 않는다. 물론, 최근에 와서는 양택이나 풍수 인테리어[3]에 관한 관심도 높아지고 있다.

풍수에서는 명당은— 음택이든 양택이든— 쾌적(comfort)하여 생기(生氣. vitality)가 있는 곳으로 발복(發福: 운이 틔어 복을 받음)하는 곳이다. 이런 견해는 동기감응론(同氣感応論)[4]을 그 가설로 하여 이루어진다. 이는 풍수지리의 가장 기초적인 부분을 이룬다. 쾌적하면서 파동성이 있어 생기가 있는 곳은 좋은 상태임을 가리킨다. 그런 상태는 습도·온도·바람이 적절하게 균형을 갖춘 그런 곳이기도 하다. 그래서

---

3 주거공간의 실내장식을 바꾸어 운을 바꾸는 풍수방법으로, 집의 각 방위마다 알맞은 색이나 물건을 사용하여 기의 흐름을 좋게 바꿈으로써 운세를 바꾸려는 시도에서 나왔다(류지홍: 246).

4 동기감응론은 1,700년 전 곽박(郭璞)이 지은 『금낭경(錦囊経)』에 서술되어 있는 "사람이 죽으면 흙으로 돌아가는데, 시신이 묻힌 땅이 좋으면 생기(生氣)를 받아 이 기(氣)가 자손 등과 감응을 일으킨다[葬者乘生氣也]."는 것에 근거한다(28). 조상과 후손의 교감을 나타낸 표현이라 하겠다.

풍수지리의 기본개념 가운데 하나인 생기라는 표현도 생기게 되었다. 생기는 "연중 일정한 온도가 유지되며 상대습도의 큰 변동 없이 통풍이 잘되고 일조량이 상당한 조건을 갖춘 곳의 쾌적성"(옥한석, 2003: 258)에서 나타난다. 이런 균형을 갖춘 곳이 바람직한 곳으로 여겨졌으니, 이런 풍수는 소위 윤리학의 담론 가운데 하나인 사실-가치 이분법(fact/value dichotomy)에 대해서는 소극적인 견해로 이어지게 마련이다.

그렇다면 그런 명당을 얻으면 (1)누가 발복하며, (2)언제 발복하며, (3)언제까지 발복하는가? 세속적인 표현을 빌리면, 그런 발복은 재물이나 권력의 형태로 나타나기도 한다. 물론, 발복이란 사람에 따라, 상황에 따라 다를 수 있다. 발복은 흔히 3대(三代) 내에 있다고 하지만 이것은 통계적으로 보아 그렇다는 점이다. 앞에서 제기한 (1), (2), (3)의 물음에 대해, 풍수에서 전래되는 탐구 방법으로는 크게 형기론(形氣論)과 이기론(理氣論)이 있다. 그래서 풍수사상은 형기과 이기로 나누어 논의되기도 한다. 이 글에서는 논제의 부제에서 이미 밝혔듯이 형기론에 그 초점을 두면서 풍수와 환경문화를 살핀다.

형기론은 산과 물의 지세를 분석하여 명당자리를 찾는 일에 힘쓰므로 형세론(形勢論)이라고도 한다. 이는 산천의 형세를 보고 기(氣)의 혈(穴)을 찾기 때문이다. 그래서 형기론에서는 무엇보다도 용(龍: 산 능선)·혈(穴: 집터나 묏자리)·사(砂: 주변의 산)·수(水: 물의 흐름) 등의 외적인 변화를 중요시한다(류지홍: 21). 이런 형기론에 의하면, 발복을 받는 대상은 매우 포괄적이다. 거의 누구나 발복의 대상이 될 수 있다. 발복이 되는 시기는 보각에 의해 알 수 있다. 구체적인 산세의 모양이나 물의 흐름을 중시하는데, 예컨대 혈처의 경우는 혈처(穴處)와 안산(案山)의 거리, 혈처와 조산(祖山)의 거리, 주산(主山)이나 소조(小祖)의 위치, 내청용이나 외청용의 형세 등이 중요시된다. 그래서 관련된 지형을 알기 위해서 지도가 매우 중요시되기도 한다. 좌향을 중시하는 나경(羅經), 다시 말해 패철(佩鐵)에 의한 판단은 형기론에서 부차적이다. 형기론은 물체의 형태적인 특징을 특히 강조하는 물형론(物形論)⁵과도 다르다.

그래서 형기론에 의한 풍수를 위해서는 지도를 정확히 살피는 능력이 갖춰져 있어야 한다. 다행히 최근에는 항공 사진에 의해 산이나 물의 흐름과 방향을 정확하게 파악할 수 있게 되어 다행이다. 지도에 의해 용맥(龍脈: 산의 흐름)이 간룡(幹龍: 주능선)인지, 지룡(支龍: 가지 능선)인지, 생룡(生龍)인지를 살피고 나서, 눈으로 산봉우리의 모양에 따라 격식을 정하고 나서, 혈산(穴山: 부모산, 主山)이 제대로 갖춰져 있는지, 굴처(屈處)를 살피면서 이런 것을 종합하여 귀천과 길흉을 알아낸다. 이어서 소조산(小祖山)·좌청룡·외청룡·우백호·외백호·안산(案山)·조산(朝山: 안산 뒤에 멀리 있는 산)·입수·파구 등을 고려하면서 집터나 묘터의 상태를 살핀다. 그렇기 때문에 형기론에 의한 풍수는 우리가 자연과 접하면서 형성해 온 경험에 근거한 하나의 삶의 지혜이면서 문화다. 아울러 자연의 모습을 가능한 있는 그 상태로 파악하면서 그것에 의미를 부여하는 친환경적인 인간 문화의 일종이다.

우리나라 역사에서 보면 고려시대에는 형기론에 의해 자연을 있는 그대로 이해하는 데 힘썼다. 그래서 풍수사들이나 풍수에 관심이 있는 사람들은 명당을 찾기 위해 전국의 산천을 돌아다녔다. 신라시대에도 그랬다. 예컨대, 755년(신라 경덕왕 14년)에 사망한 정선 전씨(全氏) 중시조인 선(愃)은 세상을 떠나기 전에 정선군 남면 낙동리(樂洞里) 서

5 형국론은 물형론(物形論)이라고도 하는데, 형국론에서는 산천의 모양을 사람이나 짐승 및 사물들이 지닌 형태적인 특징들과 관련시키면서, 길흉을 판단하며 명당을 찾는 데 힘쓴다.

운산(瑞雲山)에 묏자리를 정해 놓고 자손에게 명하여 근처 마을인 양지촌에 살게 하면서 돌보게 하였다(103). 지금도 정선 전씨의 묘역이 명당이라는 데는 세간에 이견이 별로 없다. 그 시기는 신라 말기 풍수사 도선(道詵)[6]이 풍수지리설을 전파하기 백 오십여 년 전의 일이다. 고려 태조 왕건도 풍수지리설(지리도참설)을 매우 중요시했던 왕이다. 그는 국운(國運)과 가운(家運)이 지덕(地德)에 의해 좌우된다고 생각하면서 수도를 개경으로 정했다.

양택의 경우를 보면, 양택에서는 집을 구성하는 3대 요소— 양택삼요(陽宅三要)— 로서, 문(門: 기가 들어오는 곳), 주(主: 건물 속에서 높[高]거나 넓은[大] 곳. 기를 마시는 곳), 주조(廚灶: 부엌이나 부뚜막. 기를 간접적으로 먹는 곳)를 내세운다. 아울러 양택풍수에서는 길상지(吉相地) 선정기준으로 배산임수(背山臨水: 뒤쪽에 산이 있고 앞쪽에 물이 있는 곳), 전저후고(前低後高: 앞이 낮고 뒤가 높은 곳), 전착후관(前窄後寬: 대문과 같은 입구는 좁으나 대문 안쪽 내부는 넓고 안정감이 있는 곳)을 지적한다. 이런 3대 요소나 길상지 선정 기준은 현대인의 상식적인 처지에서 보더라도 상당히 설득력이 있는 것이다.

양택풍수에서는 집터에 나무가 어느 정도 있어야 함을 중시한다. 예컨대, 울타리 나무나, 앞뜰이나 뒤뜰에 있는 나무들은 집안의 생기를 보호해 주는 역할을 하기 때문이다. 이는 현대적인 관점에서 보더라도 설득력이 있다. 뜰의 나무들이 집 주변의 먼지나 소음을 막아 주고 광합성 작용을 통해 우리에게 필요한 산소를 공급해 준다는 점에서 그렇

---

6 도선의 호는 옥룡자(玉龍子)로 신라 말에서 고려 초에 걸쳐 활동했으며, 전남 광양 옥룡사의 어떤 선승(禪僧)으로부터 풍수설을 익히기도 했다. 당나라의 일행선사(一行禪師)로부터 천문지리를 배우고 귀국하여, 왕건의 탄생과 고려의 건국을 예언했다. 왕건을 도와 고려가 성립하는 데 크게 기여한 승려로 전해진다.

다. 물론, 나무가 있음으로 해서 새들도 날아오고, 나무와 집이 어우러
져 집이 더욱 돋보이게 되는 심미적인 효과도 있다. 그러나 나무가 너
무 많이 있는 것은 양택풍수에서는 집터의 지기(地氣)를 빼앗는 것이라
주의를 요한다. 현대적인 관점에서 보더라도 나무가 뜰에 너무 많으면
집이 습하게 된다는 점에서 문제시된다.

　풍수와 관련된 언급은 우리나라 건국신화인 단군신화에서도 엿볼 수
있지만 그 후 잘 알려진 것은 신라말기의 도선(道詵)과 조선 초기의 자
초(自超. 無學)를 들 수 있다. 도선은 지리(地理)에는 쇠왕(衰旺)과 순역
(順逆)이 있어 왕처(旺處)나 순처(順處)에 살면 사람들이 행복을 누리게
되지만, 쇠처(衰處)나 역처(逆處)에 살면 불행을 만나게 된다고 하면서,
그런 곳에는 불사(仏寺)를 세워 인위적으로 비보(裨補)해야 한다고 주
장했다. 그래서 풍수지리설은 고려시대에 들어서서 특히 지배자나 지
방 호족(豪族)들에게 채택되는 경우가 많았다(한우근, 1970: 111).

　도선이 풍수지리설을 크게 선양하는 데 힘쓴 사람이라면, 자초는 전
래하는 풍수지리설에 근거해서 국가경영을 위해 조선의 서울[國都, 首
都]을 한양으로 정하는 데 크게 기여한 사람이다. 자초는 나옹(懶翁)[7]의
제자로 나중에는 이성계가 그를 존경하면서 왕사(王師: 임금의 스승)
로 모셨다. 이성계는 새로운 왕조의 기틀이 잡혀 나가자 국도의 천이를
결행하여, 1394년 10월에는 풍수지리설에 의해 개경은 이제 지덕(地
德)이 쇠하여 졌다고 하면서 서울을 한양으로 옮겼다. 명분은 그랬지만
실질적으로는 그 자신의 세력 기반을 새로 마련하기 위해서였다. 이어

7　나옹(懶翁. 惠勤)은 고려시대 때 돈오점수(頓悟漸修)를 내세웠던 보조국사(普照國
師) 지눌(知訥)의 뒤를 이어 조계종의 선풍(禪風)을 반전시킨 사람이다. 그는 원(元)
나라에 가서 인도 승(僧)인 지공법사(指空法師)로부터 배우고 돌아왔다(한우근:
205-6).

서 궁전·종묘(宗廟)·사직(社稷)·관아(官衙) 등이 세워지고, 도성이
축조되어, 태조 5년에 이르러서는 그 공사가 마무리되었다(218-9).

여하튼 그 명분으로 보면, 이성계와 자초(무학)는 풍수지리설을 일
종의 국가경영의 차원에서 양기풍수(陽基風水)와 관련지었던 대표적인
인물들이다. 조선의 국도를 한양으로 옮긴 것은 그 당시 처한 상황의
국면전환을 위해서도 그랬을 뿐만 아니라 산의 흐름이나 물의 흐름을
보아서도 나름대로 합리적인 선택이었다. 지금의 처지에서 보더라도
국토의 거의 중심부에 서울처럼 아름다운 경치와 더불어 지정학적으로
의의를 지닌 곳은 찾아보기 힘들다. 한양천도 이후 궁궐이나 백성들의
집을 지을 때도 풍수지리에 들어맞는 곳을 택해 건축을 하는 경향이 짙
었음은 물론이다. 이런 경우들이 양기풍수나 양택풍수(陽宅風水)[8]에 속
한다.

풍수지리에 의해 발복한 음택(陰宅)[9]선정의 경우는 조선 21대 임금
인 영조(英祖. 1694~1776)의 모친 숙빈최씨(동이)의 묘 — 소령원(昭
寧園)[10] — 에서 찾아볼 수 있다. 영조는 숙종의 둘째 아들로 조선의 역

---

8 양택풍수와 양기풍수는 혼용되어 사용되기도 하지만, 전자가 개인의 가옥이나 택
지의 배치나 위치와 관련된 측면이 강하다면, 후자는 마을·도시·도읍의 풍수처럼
어떤 집단과 관련된 측면이 강하다. 최창조(1993)는 "잘 알려진 풍수서(風水書)에 의
하면, 도읍이나 군현(郡縣) 등 취락풍수에서는 양기(陽基)를, 개인의 주택에서는 양
택(陽宅)이란 용어를 사용했음"을 밝히면서, "논리적으로도 취락의 기지(基地)에는
양기를, 주택의 경우에는 양택을 쓰는 것이 타당하다."(252)고 했다. 그러나 그 기본
적인 조건들—방향·배산임수·전저후고(前低後高) 등—은 양택풍수나 양기풍수나
비슷하다.

9 일부 옛사람들이나 풍수에 관해 말하는 사람들은 집을 양택(陽宅), 묘를 음택(陰
宅)으로 부르기도 하는데, 이것은 집을 가리키는 한자어인 택(宅)에 살아 있는 사람을
양(陽), 죽은 사람을 음(陰)으로 나타내어 합성시킨 것이다. 산 사람의 생활터전, 죽
은 이의 묻힌 공간을 모두 집으로 나타내면서도 그 구분짓기는 음양으로 나타난 예라
하겠다.

10 숙빈최씨(淑嬪崔氏. 1670~1718)는 최효원(崔孝元)의 딸로 조선 19대왕인 숙종

대 왕 가운데 재위기간(1724~1776)이 가장 긴 분이다. 아울러 탕평책(蕩平策)—조선 영조 때 인재를 고르게 등용시킴으로써 노론·소론과 같은 당파의 당쟁으로 인한 폐단을 없애려 했던 정책—과 같은 정책을 실현하여 당쟁을 없애려 했으며, 백성의 어려움을 꿰뚫어 보려 했던 현군(賢君) 가운데 한 사람이다. 이런 영조의 친어머니인 숙빈 최씨의 무덤이 풍수지리로 보아 매우 찾기 힘든 명당 가운데 하나로 여겨진다는 점이다. 숙종이 세상을 떠난 후 그의 맏아들인 경종(景宗. 1688~1724)이 재위 4년(1720-1724)만에 세상을 떠나자 영조가 그 뒤를 이어 왕위에 오르게 된다. 경종의 생모는 희빈 장씨[禧嬪張氏] 곧 장희빈이다.

영조의 생모인 숙빈 최씨는 그 선조가 국법을 어겨 멸문지경에 이른 그런 가문에서 태어났다. 어려운 집안에 태어나 궁녀로 입궐하여 이러 저러한 고생도 많았으나, 대궐 내에서 인품이 있던 자로 추앙되던 분이 었다. 그런 숙빈 최씨가 세상을 떠나자 평소 그녀의 인품을 잘 알던 당시의 어떤 풍수사가 숙빈 최씨의 묘터를 간택했던 것으로 여겨진다. 그런 선택이 영조를 통해 크게 발복되었다는 풍수계의 믿음이다. 영조는 이런 생모의 영향으로 그 효성이 남달랐던 것으로 전해진다. 숙빈최씨의 인품, 최장 재위기간을 누린 영조와 그의 선정(善政) 등 이런 여러 가지 점들과 숙빈 최씨의 묘인 소령원과의 관계는 과학적으로 규명하기가 힘들다. 신비스런 측면이 강하지만 일상인들의 통속적인 믿음으로 보면 수긍이 가는 일이다.

풍수지리에 의해 양택이나 음택과 관련된 명당 찾기는 국가나 가문

(肅宗)의 후궁이다. 1694년(숙종30년)에 영조(英祖)를 낳았으며, 숙종 44년에 세상을 떠났다. 효심이 지극한 영조는 어머니의 죽음을 애통해 하여, 묘소 근처에 시묘막(侍墓幕: 부모 거상 중 무덤 옆에서 3년간 생활하기 위해 지은 장막)을 짓기도 하고 친필비(親筆碑)와 비각을 세우기도 했다. 1753(영조 29년)에는 묘(墓)를 소령원으로 승격시켰다. 현재 경기도 파주시 광탄면 영장리에 있다.

의 흥망에 관한 예견과 관련되어 있다. 1718년(숙종 44년)에 제작된 숙
빈 최씨의 묘인 소령원에 관한 「묘소도형여산론(墓所図形与山論)」의 그
림지도기록문[11] 중 능원도(陵園図)에는 산론(山論)과 산도(山図)가 있는
데, 그 산론을 보면, 명당형국이기 위한 중요한 조건인 용선(龍旋)과 좌
향(坐向), 득수(得水)와 파구(破口)에 관해 서술되어 있다. 용선은 우선
(右旋)이라 기록하였다. 혈성산에서 낙맥(落脈)하여 신(辛)으로 입수
(入首)하다가 태(兌)로 변환하여 혈처에 이르는데 그 향은 유좌묘향(酉
坐卯向)이라 하였다. 이것은 용의 흐름과 안산 및 조산의 방위와 일치
하는 방위로 묘의 좌향(坐向) 곧 자리매김을 했음을 가리킨다. 파구는
간(艮)에서 시작하여 손(巽)에 이르는 물의 흐름을 밝히고 있다. 종합
하면, 산 다시 말해 용(龍)의 흐름[12]은 우선(右旋: 오른 쪽으로 돎)으로
음(陰), 물의 흐름은 좌선(左旋: 왼쪽으로 돎)으로 양(陽)을 각각 나타
내는 것으로 음양이 이상적으로 조합된 풍수명당임을 드러낸다(옥한
석, 2011: 12).

그림지도기록문에 의하면 그 당시 풍수사는 이런 풍수명당에 음택을
정하면, "후손이 일어남이 왕성하고, 오래 살며, 재산이 풍요하고, 영
화를 누린다.[旺丁頤壽饒財榮華]"고 했다. 그는 이런 것을 산도(山図)에
의해 서술했다. 이어서 도참적 성향과 풍수지리 이기론(理氣論)이 결합
하여, 좌향(坐向)에 따른 발복을 예견하였다. 풍수사의 예견에 의하면,

11 "右旋辛兌龍酉坐卯向艮得巽破. 課曰, 旺丁頤壽饒財榮華, 議曰, 巳酉丑生人受陰
丙辛之年發福"
12 풍수지리에서 산을 용(龍)이라 하는 것은 크고 작고, 높고 낮고, 순행을 하다가
역행도 하면서 구불구불하여, 그 변화가 변화무궁한 용의 움직이는 모습을 닮았다는
데서 유래한다. 맥(脈)은 용을 몸체로 하여 산의 에너지가 흐르는 통로이다. 맥은 용
의 능선을 따라 흐르며, 용의 강약미추(強弱美醜)로 맥의 강약미추를 판단하며, 용맥
에너지의 선악을 판단한다. 용과 맥은 사람의 몸과 그 몸속의 맥과 같이 서로 불가분
의 관계이다(이익중, 2003: 139).

"사유축년에 태어난 후손이 음덕을 받고, 연간(年干)이 병(丙)과 신(辛)에 해당되는 년에 발복을 한다.(讖曰, 巳酉丑生入受陰丙辛之年)"는 것이었다(12). 이 시기에 왕위에 오른 사람이 바로 영조다. 그의 산론과 산도는 형기론을 근간으로 하면서 이기론·패철론(佩鐵論)으로 보완한 흔적이 엿보인다.

풍수지리설에 근거하면 무학대사 자초가 신흥국 조선의 서울로, 지덕(地德)이 고갈된 개경대신에 한양을 정하고, 경희궁(慶熙宮)을 정궁(正宮)으로 추천한 것[13]도 그곳이 장풍득수(藏風得水)에 각각 적합한 곳이었기 때문이었다. 그는 동쪽 멀리 있는 중량천이나 왕숙천까지도 고려하면서 정궁의 위치를 생각한 듯하다. 겹겹이 흐르는 냇물이나 외청룡·외백호들을 고려한다면 경희궁이 정궁이라고 여긴 것이다. 그러나 자초가 그 당시의 실권자인 정도전의 견해— 경복궁을 정궁으로 주장함—에 동의한 것은 시대적·정치적인 흐름을 잘 읽었기 때문이기도 하지만, 비록 경복궁을 정궁으로 택한다고 하더라도 신흥국가 조선이 500년 정도는 버틸 수 있는 그런 터였기 때문이라는 설도 있다.

건물을 배치하는 방법은 방위와 지세에 따라 차이가 있지만, 방위와 관련해서는 대체로 북반구의 경우 햇볕이 잘드는 남향을 선호한다. 지형과 관련해서는 풍수에서의 길상지(吉相地) 선정 기준으로 배산임수·전저후고를, 집과 관련해서는 전착후관을 든다. 물론, 도로·마당·주변건물·내룡과의 관계 등도 살핀다. 방위와 지형의 관계로 보면, 풍수에서는 지형이 더 우선시된다. 예컨대, 배산임수가 남향배치보다 더 우선적이라는 점이다[14](박시익, 1999: 183-4).

---

13 자초가 정궁으로 건의한 경희궁은 정도전(鄭道傳. 三峰)이 건의한 경복궁으로 대체되며, 훗날에는 다시 창덕궁으로 대체된다.
14 박시익(1999)은 한국의 명당주택들로 인촌 김성수 생가, 호암 이병철의 생가, 윤

　이런 측면에서 본다면, 최근 들어 우리나라에서 세워진 대표적인 공공 건축물들 가운데 문제점을 지닌 것도 엿보인다. 전통적인 풍수지리와는 거리를 둔 채 지어진 건축물로는 여의도 국회의사당을 들 수 있다. 국회의사당은 양택풍수지리에서 길상지 선정 기준으로 삼는 기준들 가운데, 특히 배산임수와 전저후고라는 기준과 부합하지 않는다.

　풍수사는 산도에 의해, 세상의 이치, 관련된 사람의 인품 등을 고려하여 명당의 위치를 택하게 된다. 그렇다면 이런 명당은 어떻게 찾을 수 있으며, 국회의사당처럼 명당으로 보기 힘든 곳은 어떻게 그곳을 명당처럼 만들 수 있을까? 다시 말해, 좋은 묘터나 집터가 되기 위해서는 어떻게 경영해야 할 것인가?

5.3 명당의 경영

많은 사람들은 양택에서든 음택에서든 발복을 예견할 수 있는 명당을 발견하기를 바라지만 찾기가 그리 쉽진 않다. 음택의 경우를 보더라도 중조산 · 소조산 · 주산(主山) · 안산(案山) · 좌청룡 · 우백호 · 외청룡 · 외백호 · 장풍득수 · 파구 등이 잘 갖춰진 곳이 얼마나 되겠는가? 물론, 명당이란 개념은 인간중심적인 사고방식과 상당히 관련되어 있다. 자연의 모습을 인간중심적인 관점에서 파악할 때 그렇다. 인간이 겪어 온 경험이나 바라는 경향성으로 보아 그렇다는 점이다.

　이런 음택이나 양택에서의 명당은 발견되기도 하지만 만들어지기도 한다. 그래서 후자도 풍수의 중요한 한 부분을 이룬다. 우리 조상들은 묘터나 집터의 기에 문제가 있다면 풍수적으로 부족한 부분을 채워 살

───────

보선 전 대통령의 집, 강릉의 선교장(船橋莊), 서울의 이화장(梨花莊) 등을 들면서 그 이유들을 밝히고 있다(305-18).

기 좋은 터로 만들기도 했다. 명당으로 만드는 풍수 가운데 대표적인 예가 비보풍수(裨補風水)와 압승풍수(壓勝風水)다.

여기서 비보풍수란 땅의 기가 허하거나 부족한 부분, 다시 말해 바람 직하지 않은 땅이나 환경을 고쳐 좋은 곳으로 만드는 방법이다. 부족한 것을 보충하는 비보에는 소나무 숲을 가꿔 홍수와 바람을 막는 동수비보(洞藪裨補), 국가왕업의 중흥을 위해 절이나 불상이나 탑을 세우는 산천비보(山川裨補), 지명을 산의 형태나 생산되는 특산물에 맞게 이름을 지어 좋은 기운을 붙잡아두는 지명비보(地名裨補) 등이 그것이다(류지홍: 25-26). 이런 비보설(裨補說)은 다른 곳에서는 찾아보기 힘든 한국풍수의 특징이기도 하다(최창조: 255). 이런 비보들은 개인이 사는 터만 생각한 것이 아니라 사회나 나라까지도 염두에 두었다는 데 또한 그 큰 의의가 있다.

이 가운데 현대에 와서도 그 역할을 과소평가할 수 없는 것이 동수비보다. 과거 우리나라처럼 1차산업이 주류를 이루었던 시절에는 이런 비보가 매우 중요했다. 동구 밖이나 해안가 또는 강가에 숲을 조성하여 바람을 막았던 지혜는 지금도 본받아야 할 모습들이다. 지금도 농촌·어촌·산촌에 가면 그런 자취를 찾아볼 수 있는 곳이 가끔 눈에 띈다. 우리나라 국회의사당의 경우도 세찬 강바람을 차단하기 위해서도, 차분한 분위기를 자아내기 위해서도 어느 정도의 비보는 필요할 듯하다. 의사당에서 활동하는 사람들에게 주는 주변 환경의 잠재적인 영향도 무시할 수 없기 때문이다. 이는 잠재적인 교육과정이 교육현장에서 무시할 수 없는 것과 비슷하다.

글자로써 부족한 부분을 보충하는 경우도 있다. 예컨대, 서울의 4대문 가운데 하나인 홍인지문(興仁之門. 동대문)이 있는 곳은 궁궐의 좌청룡인 낙산의 끝부분에 해당된다. 그런데 우백호인 인왕산에 비해 그 지세인 산세가 약하므로 지(之)자를 넣어 보충했다. 그래서 흥인문이라 하지 않고 흥인지문이라 한다(류지홍: 27). 풍수에서 찾아볼 수 있는 이런 측면은 좀 엉뚱하지만 기발한 착상이기도 하다. 과학적인 앎(knowledge)이라기보다는 소원이 가득 담긴 믿음(belief)에 더 가깝다고 하겠다. 사찰에서 행해지는 산천비보의 경우도 개인이나 사회나 나라의 안녕을 기원하는 종교적인 마음가짐으로 보면 이해가 가능하다.

압승풍수의 경우는 땅의 강한 기운을 눌러 준다는 데서 나타난 것으로 예컨대, 관악산의 화기(火氣)를 누르기 위해 광화문 앞에 해태상을 설치한 것이나, 숭례문(崇礼門, 남대문)의 현판을 세로로 세운 것이나(禮는 오행에서는 火를 뜻하므로 가로가 아닌 세로로 현판을 세운 것은 화기를 누르기 위한 것임), 충북 월악산 산봉우리들이 거대한 여인의 형상이므로 이런 기운을 누르기 위해 남근석을 설치했다거나, 김해 임호산 흥부암의 경우 그 대웅전의 기둥이 임호산 호랑이 모습의 주춧돌을 누르는 형상을 하고 있는 것 등이 각각 그것이다(27). 일부 비보나 압승풍수는 비과학적인 측면이 엿보이나 나라나 백성들의 염원이 담긴 하나의 정성으로, 또는 민속적인 측면에서 수긍이 가기도 한다.

이런 비보는 기존의 자연을 훼손하지 않고 부족한 부분을 단지 보충하려 했다는 데 그 큰 의의가 있다. 우리 조상들은 산의 흐름을 끊는 것을 매우 경계했다. 기의 흐름을 차단하는 행위를 두려워했다. 가능하면 자연 본래의 모습을 훼손시킴이 없이 부족한 부분을 보완하는 데 힘썼다. 우리의 선조들은 최근처럼 사람들이 중장비를 동원하여 산허리나 자락을 잘라내는, 그런 자연을 훼손하는 일은 감히 생각지도 못했을 것이다. 자연의 일원으로 살아가기를 원했던 우리의 선조들로서는 당연한 일이었다.

환경 문제나 자연에 관한 문제를 풀어나가기 위한 담론에서 종종 대두되는 두 가지 접근방법들로 보호관리(conservation)와 보전(preser-vation)이 있다. 주로 산림지역과 관련된 논쟁에서 대두된 것이지만 자연이나 환경 문제에 관한 접근 방법으로도 그 시사하는 바가 매우 크다. 둘 다 자연의 소중함을 깨달으면서 펼치는 주장이지만, 보호관리론자들은 자연자원이 주는 혜택이 가능한 많은 사람들에게 돌아가는 방식으로 이용되어야 함을 강조하면서 예컨대, 산림정책의 목표도 사람들의 행복한 삶을 위해 이바지하는 데 있다고 본다. 자연환경을 인간의 보다 나은 편익을 위한 도구적인 가치로 여긴다는 데 그 무게의 중심이 있다. 반면에 보전론자들은 야생을 타락하지 않은 자연의 마지막 보루로 여기면서 야생이 지닌 내재적인 가치를 중시한다(안건훈, 2011a : 66-8). 이런 점에서 전자가 암암리에 인간중심주의에 기초한 자연관이라면 후자는 탈인간중심주의적이라 하겠다. 이런 두 가지 측면에서 본다면, 동수비보는 인간의 뜻이 가해진 보호관리 차원에 약간 기울어져 있다.

형기론의 경우를 보면, 그 큰 흐름은 자연중심주의에 기초하지만 주어진 자연환경이 인간이 바라는 바람직한 삶에 미흡한 점들이 있을 경우는 동수비보처럼 고쳐 나가는 것도 인정한다는 점에서 인간적인 면이 가미되어 있다. 풍수지리에서 음택이나 양택선정 시 필요에 따라 채택되는 비보나 압승도 그런 차원에서 이해 가능하다. 이런 점에서 형기풍수는 자연중심주의에 인간적인 면이 가미되었다고 할 수 있다. 이런 측면은 이중환(李重煥)의 『택리지(擇里志)』에서도 찾아볼 수 있다. 그는 인간과 자연의 관련성을 기반으로 취락의 최적 장소를 발견하고자 한 조선 실학파의 지리학자였다(최창조: 255).

자연과 문화는 흔히 대비되는 개념들로 여겨지기도 한다. 문화는 인간이 그동안 일궈낸 것들로 이루어진다. 문화는 사람이 본래 가지고 있는 이상을 실현하려는 인간 활동의 과정 또는 성과다(한글학회, 1997: 1507). 그렇기 때문에 환경 문화라는 개념도 순수하게 자연 그 자체에만 의존하는 그런 것일 수는 없다. 풍수지리는 자연스러움을 중시하는 가운데서도 인간의 이상이 가미된 그런 풍토 위에서 싹텄다. 이런 점에서 풍수는 환경 문화의 특성을 찾아볼 수 있는 하나의 실마리를 제공하기도 한다. 자연과 문화를 연속선상에서 파악해 볼 수 있는 좋은 예가 될 수도 있다는 점에서 그렇다.

5.4 명당의 경영과 환경 문화

풍수는 자연환경을 인간의 생명이나 생활과 관련시키면서 전개되어 왔다. 전통풍수는 대체로 자연의 모습을 거스르지 않는, 자연에 순응하면서 발복(發福)의 터를 찾는 경향이 있다. 이런 점에서 크게 보면 자연중심적이라 할 수 있다. 풍수는 생활하면서 터득해 온 상식에 근거한 삶의 지혜이기도하다. 집터가 살아 있는 사람들의 쾌적한 삶과 불가분의 관련을 맺고 있다면, 묘터는 이 세상을 떠난 사람들의 영원한 안식처이다. 집터는 온도, 습도, 바람이 적절하게 배합되어 쾌적 지수가 높고, 생명의 근원인 물의 흐름이 멀리 가로 질러 보이고, 앞이 확 트여 있어야 제격이다. 마찬가지로 세상을 떠난 사람들의 경우도 그런 곳을 찾아 안식처를 마련해 주는 것이 바람직하다는 것이다. 산 사람이든 죽은 사람이든 같은 맥락에서 좋은 터를 마련해 주어 당사자는 물론, 후손들에게도 뜻깊은 일이 되어 발복의 계기를 마련해 보자는 사람들의 소박한 믿음이다. 이런 점에서 그 본질은 과학적이라기보다는 종교적인 것에 가깝다. 이런 과정 속에서 환경 문화가 형성되었다.

 풍수에서 말하는 미래의 발복은 과학적인 예측(expectation)에 근거한다기보다는 경험과 상식에 따른 예견(prescience)에 근거한다. 과학이 지향하는 것은 언제 어디서나 성립하는 보편타당성에 있지만, 풍수는 일정한 곳에서만 전개되어 온 경향이 있으므로 상식에 가깝다. 과학이 몰이해적(沒理解的)이며 설명(explanation)에 근거한 접근방법이라면 풍수는 쾌적성을 따지며 발복을 기원한다는 점에서 이해(understanding)에 근거하며 실제적이다. 풍수는 자연발생적인 측면이 강하며, 주로 풍습에 의해 지켜진다는 점에서도 상식에 가깝다. 그러면서도 나름대로의 합리성과 신비성이 가미되어 있다. 풍수는 과학성을 필반(必伴. entailment)하지 않는다. 그러나 풍수가 과학성을 충족시키고 있지 않다 하여 전적으로 배제할 수는 없다. 풍수는 나름대로 상식성과 합리성을 지닌다. 그렇다면 풍수는 환경 문화를 어떻게 구체적으로 싹 틔웠는가?

풍수에서는 자연을 생기가 흐르는 하나의 거대한 유기적인 그런 것으로 파악하는 경향이 있다. 예컨대, 조선 후기에 신경준(申景濬)이 펴낸『산경표(山經表)』라는 저서는 우리나라의 산맥체계에 관한 문헌으로 유명한데, 그는 이 책에서 우리나라의 산줄기와 산의 갈래, 산의 위치를 족보형식으로 정리했다. 그는 한반도의 산줄기를 1개의 대간(大幹), 1개의 정간(正幹), 그리고 13개의 정맥(正脈)으로 분류 · 정리했다[15] (류지홍, 75-80). 나아가서 정맥의 이름을 하천의 이름과 연관시켰다는 점에서, 이 책은 우리나라의 지세전반을 체계적으로 정리한 문헌이기도 하다. 풍수에서 주요시되는 태조산 · 중조산처럼 조산뿐만 아니라,

---

15 『산경표(山經表)』에 있는 15개의 산줄기는 백두대간(백두산-태백산-지리산줄기), 장백정간(두류산-녹둔도로 이어지는 산줄기), 낙남(洛南)정맥(낙동강 남쪽), 낙동정맥, 청북정맥(청천강 북쪽), 청남정맥, 해서정맥(황해도 지역), 임진북 예성남정맥, 한북(漢北)정맥(한강북쪽), 한남정맥, 한남금북정맥, 금북(錦北)정맥(금강 북쪽), 금남정맥, 금남호남정맥, 호남정맥이다.

파구와 득수를 알 수 있는 귀한 책이다.

　전통풍수는 혈연을 중시하는 사상과도 깊게 관련되어 있다. 풍수에서는 산을 용(龍)이라 일컬으면서 생기(生氣)가 모여 있는 곳을 혈장(穴場)이라 하여 중요시한다. 묘터 주변에 있는 자연석을 혈증(穴証)[16]이라 하여 그 증거로 삼는다. 명당이나 혈까지 근간을 이루는 산의 흐름을 조종산(祖宗山)이라 일컬으면서, 가까운 거리에 있는 것부터 주산(主山) 또는 부모산·소조산·중조산·태조산으로 부른다. 류지홍(2009)은 그가 펴낸 『현대풍수지리교과서』에서 "태조산은 혈의 발원이 되는 가장 크고 높이 솟은 산이며, 중조산은 산줄기가 태조산에서 혈 쪽으로 뻗어 내려오다 다시 큰 기운이 모아진 태조산 다음으로 웅장한 산이고, 소조산은 입수가 있기 직전의 생기가 모인 산이다."(55)라고 서술하고 있다. 예컨대, 백두산이 태조산이라면, 오대산은 중조산에 해당한다. 부모산인 주산은 혈 바로 뒤에 자리 잡은 혈을 낳은 산으로 여기서 나온 맥은 다시 태(胎)-식(息)-잉(孕)-육(育)으로 이어진다. 여기서 태와 식은 탯줄에 비유되며, 잉은 아이를 밴 것처럼 불룩한 모양을, 육은 혈을 가리킨다. 부모인 주산은 자식을 키우는 곳이다. 그래서 풍수에서는 용맥의 흐름을 중시한다. 용맥을 혈맥(血脈)과 관련시키면서 집터나 묘터에 관한 담론을 펼친다. 용맥과 혈맥, 집터와 묘터, 삶과 죽음을 일맥선상에서, 연장선에서 파악하는 그런 경향을 지닌다.

　이런 경향은 인류의 근본이 되는 덕목인 효(孝)와도 연관이 있다. 집터나 묘터를 조심성 있게 선정하는 것이 조상이나 자손들에게 중요하다고 보기 때문이다. 삼국시대부터 오랫동안 효는 행실의 근원이라 하

16　혈증의 경우는 필자가 2011년 5월 29일 삼척시 미로면(未老面) 활기리(活耆里)에 있는 태조 이성계의 5대조모[玄祖] 묘인 영경묘(永慶墓)로 답사를 갔었을 때도 묘의 윗부분에서 찾아볼 수 있었다.

여 학교교육에서는 『효경』을 중요 교과목으로 지정하여 가르쳐 오기도
했다. 대표적인 역사서이면서 불교설화가 많이 들어 있는 『삼국유사』
의 경우도 곳곳에 효행에 관한 내용이 들어 있다. 고려시대는 구체적인
산이나 물의 흐름을 중요시하면서 묘터나 집터를 정하던 형세론이 이
기론에 앞서 주류를 이루던 시대였으므로, 그런 형세론에 효행사상이
더욱 가미되었으리라 여겨진다. 용맥의 흐름을 가계도처럼 간주하면서
말이다.

  바람직한 부모와 자식의 관계를 일컫는 것으로 부자자효(父慈子孝)
라는 말이 있다. 이는 부모는 자녀에게 인자하고, 자녀는 부모를 섬겨
야 한다는 것으로, 우선 부모가 자연적인 본능에 따라 자녀를 키우는
일을 중요시한다. 이어서 부모의 자애에 대해 자연적으로 우러나오는
섬김의 마음가짐이 효이다. 이처럼 효는 부모의 자녀에 대한 내리사상
에서 유래한다. 이런 점에서 바람직한 음택이나 양택을 마련하는 일도
이런 문화적인 맥락에서 생각해 볼 수 있다. 안식처 마련도 부모나 조
상을 받드는 효사상과 관련되어 있다. 나아가서 죽은 사람도 산 사람의
연속선상에서 대하려는 그런 사상이 깃들어 있다. 그래서 옛사람들은
묘를 돌보는 일에 소홀히 하지 않았다. 매장해 놓고 돌보지도 않는 현
세태와는 사뭇 달랐다.

  한국의 문화재를 보다 정확하게 이해하기 위해서도, 풍수를 이해할
필요가 있다. 한국의 문화재, 그 가운데서도 건축물들은 상당수 풍수지
리와 관련되어 있다. 궁궐·서원·사찰·정자 등이 그렇다. 이런 건축
물뿐만 아니라, 왕릉이나 묘·탑·비석·동상 등도 그렇다. 그래서 한
국의 이런 문화재들을 제대로 이해하기 위해서는 전통풍수에 관해 어
느 정도 이해할 필요가 있다. 이런 시설물들은 대체로 산의 흐름이나
물의 흐름, 주변 경관 등을 고려하면서 자연과의 조화를 중시하는 가운

데 이루어졌기 때문이다. 고려나 조선의 수도를 정하는 데 풍수가 중요한 몫을 했음은 이미 밝혔다.

위와 같은 것들은 우리 선조들의 생활방식을 이해하는 중요한 증거가 된다. 곳곳에서 발견되는 그런 시설물들 하나하나에 풍수와 관련된 이야기들이 서려 있다. 사찰의 경우를 보더라도 그렇다. 예컨대, 태백산맥을 한 마리의 큰 봉황으로 간주하고 봉황새가 일어선 곳에 건봉사(建鳳寺)를, 봉황의 정수리에 봉정암(鳳頂庵)을, 봉황의 배에 해당하는 곳에 봉복사(鳳腹寺)를, 봉황의 꼬리 부분에 봉미사(鳳尾寺)를 세워, 태백산맥의 기를 돋우려 했다. 이런 일은 과학적인 근거보다는 종교적인 믿음에 더 근거했지만 자연환경에 인간의 소망을 담은 애틋한 표현이라 여겨진다.

이처럼 한국의 전통문화에는 곳곳에 풍수가 자리 잡고 있다. 우리의 환경 문화는 이런 효사상이나 문화재와 불가분의 관련을 맺고 있다. 그래서 효사상이나 문화재를 보다 정확하게 접근하고 이해하기 위해서도 풍수지리를 바르게 파악할 필요가 있다. 풍수지리는 환경파괴와는 거리가 멀다. 환경파괴를 하게 되는 주요한 원인은 인간의 빗나간 욕심 때문이다. 인간위주의 치우친 욕심 때문에 환경파괴가 이루어지고, 그런 욕심이나 환경파괴와 더불어 효사상도 문화재도 그 가치가 엷어져 간다.

한국의 풍수사상은 산을 살아 있는 용의 흐름으로 간주한다. 아울러 득수(得水)와 파구(破口)를 중시한다. 산의 맥을 자르는 일은 우리의 혈맥을 끊는 일에 비교될 수 있다. 물의 자연스런 흐름을 인위적으로 멈추게 하거나 바꾸는 일도 조심해야 한다. 인간의 잘못된 욕심, 사려 깊지 못한 판단은 환경파괴로 이어지고, 환경파괴는 재앙과 더불어 우리의 전통문화도 훼손시킨다. 자연 속에 서식하던 수많은 생명체들이 멸종으로 이어짐은 물론이다. 이런 점에서 자연보전이나, 보호관리나 생명운동을 하는 사람들은 전통풍수에 관해 관심을 지닐 필요가 있다. 바람직한 환경 문화를 정초시키기 위해서도 그렇다.

5.5 요약 및 결론

풍수지리에서는 여러 요소들 가운데서도 산과 물이 주로 언급된다. 산이 건강한지 다시 말해 용(龍)이 활기 있게 살아 있는지, 물이 감싸면서 흐르는지가 중요하다. 특히 물의 흐름이 중요시된다. 물의 경우는 감싸듯 들어오는 모습이 길게 보이고 나가는 모습이 보이지 않거나 작게 보이는 그런 곳이 좋다. 바람을 감추고 물을 얻는 것[藏風得水]이 풍수의 수법으로 여겨지기도 한다. 풍수는 나라나 집을 경영하는 데 필요한 국가경영의 학이기도 했다. 고려시대는 조선시대와 달리 승려들에 의한 형기론이 주류를 이루면서 산세나 물의 흐름을 중시하는 경향이 짙었다.

형기론은 과학성을 함축하는 경우도 있지만 필반(必伴)하지는 않는다. 형기풍수에는 과학적이라기보다는 상식이나 믿음에 보다 가까운 것이 많다. 일반적으로 선호하는 경향성과 일치하는 경우도 있고, 그것에 근거하여 통계적으로 더 선호하는 명당도 있다. 명당은 생기가 있고 쾌적한 곳이다. 그런 명당은 주어진 것일 뿐만 아니라 만들어 가는 것이라고 할 수 있다. 비보풍수(裨補風水)에서 볼 수 있듯이 말이다. 이상적인 명당은 많지 않을 수도 있다. 그래서 자연스럽게 형성된 명당이 우선적이지만 그렇지 못한 경우는 만들어 나갈 수밖에 없다. 이는 묘터[陰宅], 집터[陽宅] 모두에 해당된다. 산 사람이나 죽은 사람이나 연속선상에서 이해하기 때문이다.

　환경 문화는 자연 그 자체의 순수성이나 내재적인 가치만 중시하는 그런 것이 아니다. 자연과 문화를 대비시키는 그런 개념도 아니다. 형기론은 자연스러움을 중시하면서도 인간의 이상이 가미된 그런 풍토위에서 싹텄다. 나라의 국도(國都)를 정하거나 살 집을 계획하고 건축하는 과정에서, 영원한 안식처를 마련하는 과정에서 사람들은 보다 바람직한 터를 찾게 되었고, 그런 과정 속에서 많은 사상도 싹텄고 문화재도 남게 되었다. 효사상도 그런 경우가 많다. 이런 점에서 형기론은 자연환경을 중시하면서도 친인간적이어서, 환경 문화의 특성을 규정하는 데 도움을 줄 수 있는 하나의 실마리가 된다. 자연과 문화를 연결시킬 수 있는 연결고리를 할 수 있다는 점에서다.

　풍수지리의 5대 요소 가운데 물질적인 것과 관련된 것은 방위를 제외한 물[水]·산[흙, 地]·불[火]·바람[風]이다. 이 4가지를 중요시하는 것은 고대 아테네 전기철학 가운데 밀레토스(Miletos)학파의 엠페도클레스(Empedokles)의 견해에서도 찾아볼 수 있다. 자연철학자인 그는 만물의 원질(原質. archē)로 이 4가지를 들고, 이 원질들이 사랑과 미움에 의해 모이고 흩어지는 과정에서 세계가 형성된다고 했다. 그는 이런 자연현상에서 인간의 역사까지도 유추하여, 유추에 의한 순환사관을 주장했다.

　이처럼 예로부터 세계 곳곳에서 흙·물·불·바람은 일상인들에게 영향을 주는 중요한 요인들이었다. 그의 견해는 오관에 의해 지각되는 물질들을 중심으로 이 세계의 현상을 설명한 소박한 자연관에 근거한다. 풍수의 경우도 그렇다. 세계 어디서나 인간의 삶은 자연과 밀접하게 관련을 맺으면서 전개되어 왔다. 경우에 따라서는 자연을 정복하려 한 경우들도 있지만 주류는 자연과의 조화로운 삶이나 자연의 이치에 순응하려는 것이었다. 현대에 와서도 대부분의 선진국가들은 집을 지을 때도 언덕이나 야산의 모습을 함부로 변형시킴이 없이 그 지형에 어울리게 짓는다. 우리도 앞으로는 택지를 조성할 때 주어진 지형을 함부로 바꾸지 않고 자연의 모습과 조화를 이루도록 해야 할 것이다. 자연의 이치를 중하게 여긴다는 우리의 전통을 생각해서라도 그렇다.

풍수의 경우도 물, 바람, 그리고 흙을 나타내는 산이 중요시된다. 풍수에서는 양택이든, 음택이든 명당을 찾는 일이 중요하다. 동기감응론에 의하면, 쾌적하면서 생기가 있는 곳이면 발복을 한다. 이런 명당을 얻는 방법은 형기론에 의해서도 이기론에 의해서도 언급된다. 형기론에서는 누가 언제 발복하는지에 관해 산이나 물의 흐름에 의해 그때를 알 수 있다고 한 반면, 이기론에서는 누가 언제 발복하게 되는지를 태어난 해와 오행에 의해 알 수 있다고 하면서 패철에 의한 방향 잡기를 중요시한다. 형기론에서의 명당은 상당히는 일상인들의 상식적인 믿음에 근거한 경향성이나 계량화되지는 않았지만 통계에 근거한다.

한국의 토착풍수사상은 자연을 있는 그대로 이해하고 해석하는 데 그 뿌리를 둔다. 그러나 경우에 따라서는 쾌적성과 생기를 높이기 위해 비보를 하기도 한다. 이 점은 특히 한국의 풍수전통에서 찾아볼 수 있는 특성이기도 하다. 패철(나경)을 사용하는 것은 인위적인 요소가 가미된 행위다. 패철로 보완하는 것은 경우에 따라 도움이 되나 지나쳐서는 곤란하다. 풍수는 우리의 효사상이나 문화재와도 밀접하게 관련되어 있다. 효사상은 자연의 이치를 거스르지 않는 자세에서 찾아볼 수 있다. 조상의 뜻을 중요시하듯이 양택에서든 음택에서든 자연을 거스르는 일은 피해야 한다. 우리문화재의 상당수도 이런 풍수와 관련되어 있다. 궁궐·서원·사찰·묘·능 등 문화재들을 보다 정확하게 이해하기 위해서라도 풍수에 관한 이해가 필요하다.

풍수를 버려야 할 미신과 같은 것으로 여겨서는 곤란하다. 특히 형기풍수는 그것이 양택에 관한 것이든, 음택에 관한 것이든 자연과의 조화, 자연의 순리를 중요시한다. 아울러 일상인들이 일반적으로 좋아하는 믿음이나 경향성을 드러낸다. 경우에 따라서는 경험에 의해서도 인간에게 유용한 것으로 입증될 수 있는 것이 있다. 특히 동수비보는 현대 환경윤리의 담론에서 부각되곤 하는 보호관리와 보전논쟁에서 전자와 많이 관련되어 있다. 풍수는 자연의 순리를 중요시하면서도 인간의 상식이나 경향성과 관련된 그리고 민속적인 것이 가미된 하나의 전통이다. 이런 점들로 인해 형기론에 근거한 풍수도 환경 문화의 한 부분을 이룰 수 있다. 필자의 경우, 환경 문화라는 개념을 자연과 문화를 연결시키려는 의도에서 채택하였다는 점에서 더욱 그렇다.

II
멸종 위기 동물 복원의 필요성

우리나라는 현재 경제적으로 선진국에 진입하여 물질 면에서 비교적 풍족한 삶을 누리고 있다. 민둥산으로 묘사되던 우리의 국토도 이젠 성공적인 산림녹화국으로 여겨지고 있다. 아름다운 산과 바다. 적절한 4계절의 운행 속에서 갖가지 동식물들이 살던 그런 땅이었다. 그런데 우리와 함께 이 땅에 살면서 많은 이야기꽃을 피웠던 그 많은 동물들이 더 이상 발견되지 않고 있다. 늑대·표범·호랑이 등은 사라진지 오래고, 곰·산양·궁노루의 경우는 겨우겨우 그 명맥을 이어 오고 있는 실정이다. 황새·수리·따오기 등도 거의 사라졌고, 강이나 냇물에 살던 수달, 바다에 살던 바다사자·물범·귀신고래 등도 비슷한 처지에 있다. 왜 그렇게 되었을까? 그들이 다시 와서 우리와 더불어 머무르게 할 수는 없을까? 우리가 사는 이 땅은 그들의 나라이기도 하지 않은가?

6

여우와 늑대의 삶[*]

6.1 문제제기

지구상의 생물종은 1천 4백만 종으로 추정되기도 하고, 그 범위를 크게 잡아 5백만~3천만 종에 이를 것으로 추정되기도 한다. 이 가운데 지금까지 알려진 것은 1백75만 종 정도이다. 그러나 생태계의 파괴와 오염으로 해마다 2만5천~5만 종이 사라지고 있다. 이런 속도라면 앞으로 20~30년 안에 전체의 25%가 멸종할 것으로 과학자들은 전망한다. 한국에서, '국내 멸종 위기의 야생동물 1급'으로 지정된 것[1]은 젖먹이동

---

[*] 이글은 필자(2011b)가『환경철학』제12집(한국환경철학회)에 게재했던 내용을 부분적으로 수정 · 보완한 것이다.

[1] 국내 멸종 위기 야생동식물 1급(2015년)

구분	대상종
포유류(11종)	붉은 박쥐, 늑대, 여우, 표범, 호랑이, 수달, 반달가슴곰, 사향노루, 산양, 대륙사슴, 스라소니

물[哺乳類]의 경우 늑대·여우·붉은 박쥐·표범·호랑이·수달·반달가슴곰·사향노루·산양·대륙사슴·스라소니 이렇게 11종류이고, 포유류 2급의 경우는 담비·무산쇠족제비·물개·물범·삵·작은관코박쥐·큰바다사자·토끼박쥐·하늘다람쥐 이렇게 9종류이다. 이처럼 모두 20종류의 포유류가 1급이나 2급으로 지정되어 있다.

국내 멸종 위기의 야생동물에 늑대와 여우가 포함되어 있는 것은 다음과 같은 몇 가지 이유로 인해 필자의 마음을 쓸쓸하게 한다. 우선, 6·25전쟁 전후까지만 해도 마을 이곳저곳에 나타나던 여우나 늑대가 그렇게 갑작스럽게 사라져 버렸다는 사실이다. 다음은 여우나 늑대는 다른 짐승들에 비해 인류와 밀접한 관계를 유지해 왔다는 사실이다. 비록 야생의 상태이긴 하지만, 어떻게 보면 인간과는 좋든 싫든 이웃처럼 지내 왔는데 말이다. 물론, 인간을 만물의 영장으로 간주하는 인간중심의 문화에서 여우나 늑대가 많이 언급되기는 하지만 그 이미지는 부정적으로 묘사되곤 했다. 그러나 이것은 인간이 그들에게 일방적으로 가한 부적절한 처사에 기인한다. 여우나 늑대는 갯과 동물이다. 개는 여러 짐승들 가운데 가축화된 그러면서도 인간의 의중을 가장 잘 헤아리

구분	대상종
조류(12종)	노랑부리백로, 황새, 저어새, 흑고니, 흰꼬리수리, 참수리, 검독수리, 매, 두루미, 넓적부리도요, 청다리도요사촌, 크낙새
양서·파충류(2종)	비바리뱀, 수원청개구리
어류(9종)	감돌고기, 흰수마자, 미호종개, 꼬치동자개, 퉁사리, 남방동사리, 얼룩새코미꾸리, 여울마자, 임실납자루
곤충류(4종)	장수하늘소, 수염풍뎅이, 상제나비, 산굴뚝나비
무척추동물(4종)	나팔고둥, 귀이빨대칭이, 두드럭조개, 남방방게
육상식물(9종)	한란, 나도풍란, 광릉요강꽃, 섬개야광나무, 만년콩, 암매, 죽백란, 털복주머니란, 풍란

면서 생활해 온 동물이다. 이런 개의 조상이 다름 아닌 야생 늑대이다. 비록 여우의 경우는 가축화되진 못했지만 늑대이야기가 등장하는 곳에 여우이야기도 동행하는 것처럼, 두 짐승은 밀접한 관계를 유지하면서 인간의 삶의 역사에 등장한다.

생태민주주의(eco-democracy)라는 측면에서 보면 이처럼 여우나 늑대는 비교적 오랫동안 인간과 여러 가지 면에서 삶의 관계를 유지해 왔다. 물론, 늑대 가운데 일부는 개로 진화하여 우리와 더불어 살고 있다. 그렇다면 이런 여우나 늑대의 종류, 특징 및 분포 상황은 어떤가? 인간의 이야기나 작품 속에서 여우나 늑대의 역할은 어떠했는가? 여우나 늑대를 복원할 수 있는 방법들로는 어떤 것들이 있을까? 아울러 그들을 대할 인간의 자세는 어떠해야 하는가?

6.2 여우의 종류, 특징 및 분포 상황

6.2-1 종류 및 특징

여우(fox)는 포유류 식육목 개과에 속한다. 여우는 개와 비슷한 체형을 한 작은 동물로 9종류가 있다. 여우는 Vulpes속(屬)에 속하는데, 여우 가운데 붉은 여우라는 종류(red fox; common fox/V. vulpes)가 가장 그 분포가 넓어, 아시아·유럽·북아프리카·북아메리카에 걸쳐 서식한다(동아출판사 백과사전부, 〈20〉, 1988:549).

붉은 여우의 체형은 사지(四肢)가 가늘고 짧으며, 입 끝은 가늘고 뾰족하며, 몸에 비해 꼬리는 길고, 길쭉한 삼각형의 큰 귀를 지니고 있다. 이빨의 수는 개와 같으며, 송곳니는 가늘고 길어서 입을 다물어도 아래턱 밑까지 닿는다. 몸길이 60~90cm, 꼬리길이 34~60cm, 몸길이 6~10kg이며, 북방계는 남방계보다 몸집이 크다. 털의 빛깔은 적갈색

이며, 입의 둘레는 희
고 귀의 뒤쪽은 검은
색이다. 사지는 몸보
다 검은 빛을 띠고, 특
히 앞면이 검은색이
다. 이런 붉은 여우 이
외에도 검은 여우, 검
은 바탕에 은백색의
긴 털이 희끗희끗한

붉은 여우(서울대공원)

모양을 하고 있는 은여우가 있다(549-550). 여우는 평지로부터
1,800m정도로 낮은 산에서 단독생활을 하며, 주로 밤에 활동을 하면서
들쥐 · 토끼 · 꿩 · 오리 · 개구리 · 곤충 · 과실 등을 먹는다. 여우는 산림
지대에 사는 경우가 많지만 인가(人家) 가까운 숲이나 초원, 때로는 사
막 등 여러 가지 환경에 적응하면서 살고 있다.

　여우들은 주로 야생 상태로 살고 있으나 경우에 따라 먹이를 쉽게 구
할 수 있는 곳에서는 사람의 주거지역에서 벗어나지 않으려하기도 한
다. 예컨대, 캘리포니아주 베이커스필드(Bakersfield)시에 사는 4백여
마리의 키티(kitty) 여우[2]처럼 인간이 버린 쓰레기 더미를 뒤지거나 인

---

2 키티여우는 전 세계적으로 7천여 마리 정도 살고 있으며 영리한 동물이다. 다람쥐
나 오소리가 버린 굴을 사용하면서 산다. 천적은 코요테(coyote: 북미 서부 대초원의
이리)이며, 방울뱀이나 검은 독거미에 의해 희생되기도 한다. 교통사고로 치어 죽는
경우도 많아, 평균수명은 3~4년에 불과하다. 미국에서는 보호동물로 지정되어 있으
며, 키티여우를 임의로 죽일 경우, 1년형 이내의 징역이나 10만 달러 이내의 벌금을
물게 되어있다. 코요테는 늑대가 없는 곳에서는 먹이사슬의 최상부를 형성한다. 코요
테는 사냥가능동물로 지정되어 현재 매년 약 40만 마리가 사냥꾼들에 의해 희생되고
있다(National Geographic Channel 2007년 4월 20일자 6시 방영 프로그램: 헐리우
드의 여우남매). 인간의 잔학상을 보여 주는 한 예라 하겠다.

간이 조성한 골프장, 잔디 야구장 등 잔디에 사는 것에 익숙해진 여우
도 있다. 키티여우는 그런 잔디에 많이 사는 다람쥐나 캥거루 쥐를 잡
아먹는다. 새끼 시절에는 저녁 전등불빛에 날아드는 나방들을 잡아먹
으면서 단백질을 섭취하기도 한다.

6.2-2 우리나라의 분포 상황

우리나라 여우(V. v. peculiosa)는 붉은 여우에 속하며 몸길이 65cm,
꼬리길이 40cm로 일본여우보다 다소 작다. 여우는 일 년에 한 번, 3~5
월에 한배에 2~9마리, 평균 5마리의 새끼를 낳는다. 터널은 자기가 파
지 않고 너구리의 터널을 약탈하여 사용한다(549-550). 여우는 태어난
지 10개월이면 새끼를 낳을 수 있을 정도가 되며, 여우의 활동영역은
계절이나 먹이분포에 따라 차이가 있지만 대체로 평균 16km² 이내이
다. 수컷의 경우는 암컷에 비해 이동거리가 길다.

여우는 1950년대만 하더라도 우리나라 곳곳의 산촌에서 눈에 띄던
야생동물이었다. 그러나 여우의 먹이사슬인 들쥐들이 쥐약 투약으로
죽어 가고, 그런 쥐를 먹은 여우들도 죽어 감에 따라 지금은 거의 자취
를 감추게 되었다. 여우의 주거환경과 관련을 맺고 있는 너구리의 개체
수가 줄어들게 된 것도 개체 수 감소의 원인 가운데 하나로 여겨진다.
2004년에는 오랜만에 여우가 그 모습을 다시 드러내어 반가웠는데 죽
은 모습으로 발견되어 가슴 아팠던 적이 있었다. 강원도 양구군 동면
덕곡리 야산에서 독극물을 먹고 죽은 것으로 보인 수컷여우가 그 경우
이다. 현재 남한의 경우, 1백여 마리 정도의 여우가 살고 있는 것으로
추정하는 사람들도 있으나, 실제 살아 있는 여우의 모습은 아직 발견되
지 않고 있다.

6.3 늑대의 종류, 특징 및 분포 상황

6.3-1. 종류와 특징

늑대(Asiatic or Chinese wolf/Canis lupus chanco)도 포유류로서 식육목(食肉目) 개과(科)에 속하는 종(種)이다. 늑대는 몸길이 110~120cm, 꼬리길이 34.5~44cm. 다리는 길고 굵으며 몸은 셰퍼드처럼 날씬하지 않고 조금 둔해 보이며 꼬리를 위쪽으로 구부리지 않고 항상 밑으로 늘어뜨리고 있는 모습은 개와 늑대의 다른 점이기도 하다. 꼬리는 긴 털로 덮여 있으며 발뒤꿈치까지 늘어졌고, 코는 넓은 머리에 비해 길고 뾰족하며, 이마는 넓고 다소 경사졌다. 눈은 비스듬히 붙어 있고 귀는 항상 빳빳이 일어서 있으며, 밑으로 늘어지지 않는다. 이런 점에서는 셰퍼드의 모습과 비슷하다. 몸빛깔은 서식하고 있는 지방의 기후 · 풍토와 관련되어 있어 털의 밀도 · 색채에도 크 차이가 나타난다(동아출판사 백과사전부, 〈8〉, 1988 : 61).

늑대의 식욕은 대단하여 송아지 · 염소와 같은 것은 1마리를 단숨에 앉은 자리에서 다 먹을 수 있다. 그리고 5~6일 간 굶어도 살 수는 있지만 물을 먹지 않고는 얼마 살지 못한다. 늑대는 죽은 동물체의 고기도 잘 먹지만 나무의 열매도 즐겨 먹으며, 들꿩 · 멧닭과 같은 야생조류도 잘 잡아먹는다(61). 늑대는 무리지어 사는 경우가 많으며, 우두머리가 있다. 달밤에 우는 특징도 지니고 있다. 늑대는 시베리아 · 사할린 · 중국 · 인도 · 말레이 제도 · 수마트라 · 자바 · 미국 · 캐나다 등지에 분포한다.

6.3-2 우리나라의 분포 상황

우리나라의 늑대는 만주산(産) 승냥이와 비슷하지만 전체적으로 털의 길이가 짧다. 배 쪽과 옆구리의 털은 더욱 짧고, 목과 몸의 양쪽은 털이 밀생하여 부풀었다. 털빛깔은 모래색을 포함한 회황색으로부터 희미한 오백색(汚白色)까지 변이가 심하다. 번식기는 1~2월이며, 임신 기간은 60~62일이고, 4~6월에 5~10마리의 새끼를 낳는다. 임신된 늑대는 새끼를 위하여 서식지 부근의 조건과 밀접한 관계를 고려해서 매우 복잡한 여러 가지 모양의 보금자리를 만들게 되는데, 큰 바위와 바위 사이, 절벽의 큰 바위 밑, 자연의 동굴 같은 곳에 보금자리를 선정 하고, 마른 풀·짐승의 날가죽·짐승의 털 같은 것을 넣어 둔다(61).

  늑대는 1960년대 이전에 경상북도·강원도·충청북도 지역에서 종 종 발견되곤 했다. 1960년대에는 충청도에서 늑대의 새끼들이 발견되 어 동물원에서 사육된 적이 있었고, 1967년에는 경북 영주에서 늑대가 발견되어 동물원에서 생활하면서 새끼를 낳은 적도 있었다. 이 늑대가 현재 한국의 마지막 야생늑대로 서울대공원 입구에 부조(浮彫)되어 있 다. 야생늑대는 1980년 경북 문경시에서도 발견되었다는 보도가 있었 지만, 그 후 아직까지 야생의 상태에서는 발견되지 않고 있다. 한국 늑 대는 야생에서 그 흔적도 발견되지 않아, 환경부에서는 1급, 국제기구 에서는 2급 멸종 위기종으로 지정되어 있다.[3] 시골에 사는 사람들이나, 약초나 산나물을 채취하는 사람들에 의해 간혹 관찰되는 경우가 있다 고는 하나,[4] 그 증거를 객관적으로 제시할 만한 사진이나 흔적들 —

---

[3] 늑대는 호랑이, 스라소니와 함께 현재 남한에서 살고 있다는 증거가 없다. 하지만 1998년 멸종 위기종에 포함시킨 후 계속해서 멸종된 동물에 포함시키지 않고 멸종위 기종의 지위를 유지하고 있는 것은, 이들이 지닌 상징성이 크기 때문이다. 특히 호랑 이의 경우는 그동안 한국을 대표하는 동물로 여겨져 왔다. 특히 북한의 경우는 이들 동물들이 일부 있기 때문에 한국 전체로 보아 멸종된 동물로 단정짓는 것은 무리다.
[4] 예컨대, 2007년 1월 31일, 필자의 초등학교 동창생 모임에서, 필자의 동창생 가운 데 한 사람은 10수년 전에 몇몇 사람들과 제천 근처에 있는 두위봉에 산나물을 뜯으러 갔다가, 어떤 산마루 근처에서 풀숲에 웅크리고 있는 누린빛의 늑대를 보았다고 했다.

털·배설물 등 ―은 없는 상태이다. 같은 증거에 관해서도 전문가들 사이에 늑대와 관련이 있는지의 여부를 놓고 견해가 다른 경우도 종종 있었다.

6.4 이야기나 작품 속에서의 역할

6.4-1 우리나라의 경우

동물과 관련된 노래나 놀이나 이야기는 그 대상이 주로 유아나 어린이다. 어리면 어릴수록 동물들과 일체감을 느끼는 경우가 더욱 짙기 때문이다. 유아나 어린이는 개미나 귀뚜라미를 보고서 깔깔대며 함께 어울릴 줄 안다. 여우나 늑대와 관련된 노래, 놀이, 이야기의 경우도 그런 경우가 많다. 예컨대, 여우와 관련된 놀이로는 '여우놀이'라는 것이 있는데 그 내용은 아래와 같다.

여우놀이는 주로 마당이나 동네의 골목 같은 곳에서 하는 놀이이다. 참가하는 어린이들의 수는 7~8명 정도이며, 가위 바위 보를 하여 맨 끝에 진 사람이 술래 곧, 여우가 된다. 나머지 아이들은 손에 손을 잡고 일정한 선을 그어 그 선을 출발점으로 하여 2m쯤 떨어진 원 안에 있는 여우에게 깡충깡충 뛰어가 다가서면서 묻기도 하고 대답도 하면서 놀이를 한다. 아이들과 여우가 주고 받는 말은 리듬과 음조가 있는 형식으로 다음과 같다.

여우야, 여우야 뭐하니?
잠잔다.

그녀는 그 당시 너무 무서워 산을 급히 내려 왔다. 그녀가 본 것이 실제로 늑대라면, 1990년대에도 우리나라에 늑대가 있었다는 것이 된다.

잠꾸러기.

세수한다.

멋쟁이.

밥먹는다.

무슨 반찬?

개구리반찬.

죽었니? 살았니?

이때 여우가 '살았다'고 대답하면 어린이들은 여우에게 잡히지 않도록 선 밖으로 빨리 도망을 가야 한다. 여우에게 잡히게 되면 그 어린이가 술래인 여우가 된다. 한편, 여우가 '죽었다'고 대답하면 여우가 아닌 다른 어린이들은 가만히 제자리에 서 있어야 한다. 움직이게 되면 움직인 그 사람이 술래가 된다.

여우는 그 모습이 보잘 것 없고 몸놀림이 경박하게 보여, 옛날부터 사람들로부터 업신여김을 받아 왔으나, 우리에게 없어서는 안될 이야기나 놀이의 소재가 되는 등 친근한 그런 야생동물이기도 했다. 그래서 '곰하고는 못살아도 여우하고는 살 수 있다.'는 말로 인간생활의 묘미를 안기는 소재로 여우의 재치를 인정하기도 했다.

여우에 비해 늑대는 좀 거친 모습으로 표현되는 경우가 많다. 어린 시절에 말썽을 부리면, 할머니나 어머니께서 "너, 계속 보채면 늑대가 물어 간다."고 늑대를 들어 겁을 주면서 달래심을 기억하는 사람들이 많이 있다. 경우에 따라서는 성격이 거칠고 사나운 남성을 가리켜 '늑대 같은 놈'이라고 늑대에 비유하여, 그의 언행을 탓하기도 한다. 이처럼 여우와 늑대는 우리 겨레의 삶에서, 나아가서는 인류의 삶에서 사람들과 깊은 연관을 맺으면서 생존해 왔다.

6.4-2 외국의 경우

외국의 경우는 우화와 소설을 중심으로 살펴보기로 한다. 우선, 우화로서는 기원전 5세기 경부터 이미 널리 알려지기 시작한 『이솝우화』를 들 수 있다. 『이솝우화』는 사람들이 일상생활에서 겪는 다양하고 미묘한 일들을 동물이나 식물에 비유하여 쓴 이야기 책이다. 이 책은 사람들이 삶의 과정에서 어려움에 처했을 때 지혜를 주는 역할을 톡톡히 해왔다. 이 책 속에는 여우나 늑대와 관련된 이야기들이 많이 등장하는데, 예컨대 「꾀 많은 여우」, 「어린양과 늑대」, 「꼬리 잘린 여우」, 「여우와 고슴도치」, 「피리부는 늑대와 춤추는 어린 양」, 「목걸이를 한 개와 배고픈 늑대」, 「여우와 두루미」, 「배고픈 늑대와 염소」, 「목마른 늑대와 배고픈 고양이」, 「여우, 염소, 그리고 우물」, 「여우, 나귀, 그리고 사자」, 「늑대와 어린 양」, 「여우와 어리석은 까마귀」, 「늑대와 두루미」, 「여우와 점잖은 곰」, 「여우와 신포도」, 「독수리와 여우」 등이 있다.

여우나 늑대와 관련된 소설도 매우 많다. 그런 소설들 가운데, 『여우가 된 부인(*Lady into fox*)』은 영국의 작가인 E. 가네트(1868~1937)의 소설로 1922년에 발표되었는데, 그 줄거리는 다음과 같다. 어느 날 부부가 숲속을 산책하고 있을 때, 아내의 모습이 느닷없이 여우로 바뀐다. 집으로 돌아와 남편은 아내를 정성들여 간호하면서 원래의 모습으로 되돌려 놓으려 하지만, 아내는 점점 더 여우의 모습으로 변해간다. 그러던 어느 날 아내가 집 밖에 나갔다가, 사냥개들에게 쫓기게 되고, 결국에는 남편의 가슴에 안겨 죽는다는 슬픈 이야기이다. 초현실적인 등장인물을 통하여 인간애의 불변성을 추구하며, 우의적(寓意的)·상징적인 작품이다. 호손덴 문학상, 제임즈 테이트 블랙 기념상을 받았다 (동아출판사 백과사전부, 〈20〉, 1988: 550).

『여우의 재판(*Reineke Fuchs*)』은 동물설화에 속한다. 중세 유럽에 널리 유포된 『여우 이야기』를 제재(題材)로 하여, 13세기 네델란드의 시인이 『레이네르트』라는 서사시를 썼다. 이 시를 여러 사람이 수정·가필하여 영어나 독일어로 번역하여 보급하였다. 그 가운데 독일어 번역본을 바탕으로 괴테(1793가 쓴 것이 『라이네케 여우』이다. 따라서 이 작품은 괴테의 순수한 창작이 아니라 그 자신의 말대로 '번역과 개작의 중간에 위치한' 작품이다(551).

　『여우 이야기(Roman de Renard)』는 12세기 후반에서 13세기에 걸쳐 고대 프랑스어로 쓰인 운문으로, 동물 설화집이다. 무훈시(武勳詩)를 흉내 내어 동물의 활약상을 나타낸 익살스런 설화시(說話詩)의 대표작이다. 주된 등장 동물들은 여우(Renard)·늑대(Isengrin)·곰(Blanc)·사자(Noble)이며, 그들 간의 모험·싸움·소송 따위가 인간사회를 그대로 묘사한다. 특히 모두를 조롱하고 항상 나쁜 계략을 준비하는 교활하고 유쾌한 주인공 르나르는 그 후 여우라는 명사(名詞)로 굳어졌다.

　『여우이야기』는 유명한 「여우의 재판」을 비롯한 몇몇 에피소드를 이야기하는 「지편」(枝篇) 27편으로 되어 있으나, 그 가운데 중요한 것은 1175～1205년에 걸쳐 쓰인 15편인데, 대성공으로 말미암아 그 후 여러 가지 파생작품이 생겨났다. 풍자의 경향과 우의교화(寓意敎化)의 의도가 점차 강하게 나타나며 초기의 「지편」에서는 당시의 정치·종교제도, 봉건사회의 풍속·습관을 예리하게 관찰하여 능숙한 화술(話術)과 더불어 흥미진진하게 이야기를 이끌어 나간다. 특히 여우의 재판 대목이 유명한데, 여기서도 여우는 계략을 써서 전비(前非)를 뉘우치는 듯, 그 속죄를 위해 성지(聖地)순례를 하겠다고 하고는, 감쪽같이 달아나 또다시 나쁜 짓을 저지른다. 이 여우 재판의 대목은 봉건사회에서의 재판을 실감 있게 그대로 묘사한 것으로 유명하다(551).

『늑대왕 로보(*The King of Currumpaw Lobo*)』는 미국의 화가이며 작가인 E. T. 시튼(1898)의 동물기『내가 알고 있는 야생동물』가운데 한 편으로, 뉴멕시코주의 목장에 출몰하는 교활하고 영리한, 실재있었던 거대한 늑대를 몇 차례의 실패 끝에 잡고 만다는 작가 자신의 체험을 소재로 하여 쓴 작품이다. 야생동물의 생태에 관한 흥미 있는 묘사는 물론, 준엄한 자연과 인간에 대적(對敵)해 오는 늑대의 용감성은 독자를 감동시킨다. 동물문학 가운데서도 박진감이 넘치는 명작이다(동아출판사 백과사전부, 〈8〉, 1988 : 61).

6.5 복원 방법과 생명공동체에서의 위치

6.5-1 야생 상태에서의 복원과 그 문제점

여우나 늑대를 야생 상태에서 복원하기 위해서는 무엇보다도 사냥 행위가 대폭 축소되거나 사냥 금지가 이루어져야 한다. 현재처럼 전국에 걸쳐 순환적으로 사냥이 허용되는 상황에서는 그런 동물들을 복원시키기 힘들다. 사냥이 허용되는 한 수렵 현장에서 여우나 고라니를 선별하면서 사냥을 한다는 것은 무리다. 특별한 경우를 제외하고는 사냥을 할 수 없도록 적극적으로 추진해야 한다. 그러기 위해서는 엽총을 없애 버리거나 그 수효를 대폭 줄여야 한다. 야생동물들이 우리들의 생명에 위협이 되지 않는 한, 그들의 생명을 빼앗는 행위는 생명공동체의 일원으로서 떳떳하지 못하다. 더욱이 먹이사슬에서 식량을 해결하기 위한 것도 아닌 스포츠의 일환으로 사냥이 이루어지고 있음은 부끄러운 일이다. 다른 동물들의 생명을 빼앗는 일이 어떻게 정정당당하단 말인가? 심신을 연마하는 운동정신에 어긋나는 행위다. 총에 맞아 죽어가는 어미 동물의 피눈물과 어쩔 줄 모르는 어린 새끼들의 모습을 조금이라도 생각한다면 야생동물들에게 총부리를 겨누지는 못할 것이다.

　전국산하에 널려 있는 야생동물들을 포획하기 위한 올무·덫·독극물·구덩이 등 모든 시설물들도 철저히 단속해야 한다. 아울러 그런 시설물들을 발견하면 없애 버리거나 신고하는 풍토도 조성해야 한다. 올무나 덫·독극물·구덩이 등을 설치하거나 만들어 야생동물들을 포획하는 행위는 그들을 속여서 생명을 빼앗는다는 점에서 2중으로 윤리적이지 못하다. 생명을 빼앗는다는 점에서도 그렇고, 속인다는 점에서도 그렇다. 잘못된 보신풍토에 편승하여 야생동물들을 매매하는 행위도 금지시켜야 한다. 인간에게 어떠한 도움도 받지 못한 야생동물들을 죽여서 그것으로 몸을 보신하는 행위는 아주 이기적인 행위임에 틀림없다. 한쪽에서는 생명이 없어져 가는데, 다른 한쪽에서는 보신 차원에서 즐거워한다면 이는 생명공동체의 일원으로서 비윤리적인 행위이다. 이런 일들을 방지하기 위해서는 생명경외사상에 근거한 야생동물 보전운동과 더불어 애호운동을 펼칠 필요가 있다. 모든 윤리의 근본은 생명존중사상에서 비롯된다. 생명이 있고 난 다음에 생활도 있기 때문이다. 그들도 우리 세대에 우리와 더불어 이 나라에 살 수 있는 권리가 있는 주체임을 인식시켜야 한다.

　늑대나 여우에 관한 잘못된 편견을 부식시키는 일도 중요하다. 늑대와 여우는 우리의 옛이야기들에서 많이 나오는 짐승들이지만 부정적인 모습으로 묘사되어 있는 경우들이 많다. 늑대는 포악한 짐승으로 여우는 교활한 짐승으로 말이다. 물론, 늑대는 의리 있고 단결력이 있는 동물로, 여우는 유연하고 재주 있는 동물로 묘사되기도 하지만 말이다. 둘 다 영리한 동물이라는 공통점도 지닌다. '늑대 같은 놈', '여우같은 여자하고는 살 수 있어도 곰 같은 여자하고는 함께 살지 못한다.'는 표현들은 늑대나 여우가 지닌 부정적인 측면과 더불어 긍정적인 여운도 남겨 놓는다. 물론, 개의 경우에서 알 수 있듯이 다른 짐승들에 비해 인간과 가장 친밀한 관계를 유지하여 오고 있는 것도 이런 갯과에 속하는 동물들이다. 여우의 경우는 사실상 나약하고 작은 동물로 사람들에게는 해를 끼치지 않는다. 그런데도 인간들에 의해 잘못 묘사되어 그 피해를 가장 많이 본 비운의 동물이기도 하다.

현재 우리나라는 다른 어떤 나라들에도 뒤지지 않는 산림녹화국으로 알려져 있다. 그러나 산림 속에 살고 있는 동물들의 숫자는 의외로 적은 것으로 또한 알려져 있다. 이를 위해서는 야생의 상태에서 먹이사슬이 제대로 이루어질 수 있도록 환경을 조성해 줄 필요가 있다. 늑대는 죽은 동물체의 고기도 잘 먹지만 나무의 열매도 즐겨 먹으며, 들꿩·멧닭과 같은 야생조류도 잘 잡아먹으므로, 늑대가 좋아하는 열매들이 열리는 나무도 심어놓고 야생조류나 짐승도 증식시켜 먹이사슬이 형성될 수 있도록 해야 한다. 우리나라의 경우 멧돼지·고라니의 숫자가 증가하고 있고, 들꿩의 경우는 사람들이 마음만 먹으면 대량 증식도 가능하므로, 늑대를 위한 먹이사슬은 어느 정도 이루어져 있다. 미국 옐로스톤 국립공원(Yellowstone National Park)의 경우를 보더라도, 사람들이 한동안 늑대를 남획하여 그 자취를 감췄으나 1996년에 다시 늑대를 들여와 지금은 그 개체 수가 불어나 곳곳에서 관찰할 수 있게 되었다. 이런 늑대가 무리를 지어 생활하는 것에 비해, 여우는 단독생활을 하며, 밤에 나와서 들쥐·토끼·꿩·오리·개구리·곤충·과실 등을 먹는다. 우리나라의 경우, 먹이사슬이라는 측면에서 보면 늑대나 여우에게 그렇게 환경이 나쁜 것은 아니라고 여겨진다.

늑대에 비해 먹이사슬이 비교적 잘 형성되어 있는 여우의 경우도 이미 언급했듯이 거의 멸종 상태에 있는 것이 남한의 현실이다. 이를 위해서는 우선 여우부터 복원시킬 필요가 있다. 특히 여우의 경우는 늑대처럼 사납지도 않고, 무리를 지어 활동도 하지 않는 연약한 동물이다. 여우를 복원한 후에 그 결과나 성과를 보고 늑대도 복원할 필요가 있다. 복원하는 가장 손쉬운 방법은 북한의 도움을 받는 일이다. 북한에는 아직도 남한에서 멸종된 여러 종류의 야생동물들이 살고 있기 때문이다. 이는 같은 혈통의 늑대나 여우의 종족 보존이라는 측면에서도 필요하다. 여우의 경우, 수년 전에 강원도 양구군에서 독극물에 의해 희생된 2년생 수컷여우가 발견된 적이 있었다. 비록 죽은 상태에서 발견되긴 했지만, 그 근처에는 여우들이 서식하고 있음을 알려 주는 흔적이라는 점에서 큰 의의가 있다. 북한과 비교적 가까운 지역이기도 해서 북한의 도움으로 들여온 여우들을 우선 이곳부터 풀어 놓는 방법도 생각해 볼 수 있다. 자기 스스로 집을 짓지 못하는 여우의 처지를 고려하여, 너구리의 개체 수를 증가시키는 방법도 고려해 볼 만하다.

다행스런 일은 2009년 여우 생태 복원이 결정되었다는 사실이다. 이어서 그동안 소백산 여우 자연 적응 및 훈련장[5] — 대략 1만 ㎡ 규모임 — 에서 약 6개월간 야생복귀 준비를 해 오던 한 쌍의 여우가 2012년 10월 31일 소백산에서 방사되었다(동아일보, 2012년 10월 26일). 이 여우들은 2012년 4월에 서울동물원에서 태어난 것들로 8월에 훈련장으로 이동해서 적응훈련을 거쳐 출생 6개월 만에 그곳에 방사되었다. 아쉽게도 한 쌍의 여우 가운데 암컷(관리번호 KF–05)은 11월 6일 방사된 지 며칠 지나지 않아 숨진 채 민가(경북 영주시 부석면 임곡리 임곡마을) 뒤편 아궁이 안에서 발견되었다. 늦가을에 방사되어 추위와

---

[5] 경북 영주시 국립공원관리공단 종복원기술원 중부복원센터에는 2012년 4월에 태어난 여우 한 쌍과 민간에서 기증받은 5~6년생 여우 3마리가 살고 있다. 이 가운데 2012년 태어난 한 쌍이 31일 멸종 위기 동물 생태 복원을 위해 방사된다(동아일보, 2012년 10월 26일: A27 과학면).

때 마침 계속된 궂은 날씨에 적응하지 못한 것으로 추정하고 있다. 수 컷은 11월 21일 오전 6시 충북 단양군 가곡면에서 대형동물 밀렵용 덫 에 걸려 있는 모습이 발견되었다. 덫에서 빠져나오려고 발버둥치다가 발허리뼈에 금이 가는 등 골절상을 입은 채 말이다. 이 여우는 앞다리 의 피부가 찢어져 인대가 손상되어 다시 방사되기 힘든 상태다. 이렇게 해서 많은 사람들의 기대 속에서 소백산에 방사되었던 한 쌍의 여우는 암컷은 죽고, 수컷은 심하게 다쳐, 자연 상태에서 그들의 삶을 마음껏 누리지 못하고 비극적으로 끝났다.

　비록 이번의 방사는 시험방사에 가깝지만 생태 복원을 위한 첫걸음 이라는 데 큰 의의가 있다. 이번 방사는 실패로 끝났다. 그러나 이를 통 해 과거에는 관심 밖이었던 여우들이 많은 사람들의 관심을 얻는 계기 가 되었을 뿐만 아니라, 여우들을 살게 하기 위한 방법에 관해서도 더 곰곰이 생각하게 되었다. 이 여우들은 어미로부터 야생에서 살아가는 방법을 터득하지 못한, 그것도 좀 덜 성숙된 상태에서 방사되었다. 더 욱이 먹잇감을 찾기가 점점 어려워져 가는 늦가을에 말이다. 봄이나 초 가을에 방사되었으면 더 좋았으리라는 지적이 많은 것도 그런 아쉬움 을 더한다.

　그 후 소백산에서의 방사 활동은 계속 이어져 예컨대, 2016년 1, 2월 보도자료에 따르면 6마리(1월 30일 보도), 3마리(2월 8일 보도)를 각 각 소백산에 또 풀어 놓았다. 이렇게 해서 2012년 10월 이후 모두 32마 리를 방사하게 되었는데, 이 가운데 죽거나 이곳저곳에 설치된 불법사 냥도구에 의해 부상을 당한 것이 절반 이상에 달한다. 이런 씁쓸함 속 에서도 2016년 3월 말 경에 방사된 암컷여우가 3마리의 새끼를 출산했 다는 것은 반가운 소식이다. 복원 사업이 펼쳐진 후 처음 맞는 경사였 다. 종복원기술원에서는 2020년까지 여우가 50여 마리에 이를 수 있도록 계속 풀어 놓을 계획이다. 소백산 이외에도 과거 여우가 자주 목격되던 곳들에는 다시 여우들이 생활할 수 있도록 풀어 놓는 장소를 확대해 나갔으면 한다.

이번 방사된 수컷여우가 당했듯이 야생동물들에게 가해지는 인간의 야만적인 행위도 근절되어야 한다. 이것은 인간이 야생동물들에게 가하는, 그것도 속임수를 통해 가하는 폭력행위이다. 올무·덫·함정 등에 의한 밀렵은 인간이 야생동물들에게 가하는 폭력이며 속임수이다. 떳떳한 행위일 수 없다. 우리나라의 크고 작은 산에 널려 있는 수많은 밀렵도구의 수거와 더불어 야생동물들을 포획하기 위해 혈안이 되어 있는 불법사냥꾼들에 대한 단속이 대폭 강화되어야 하며, 환경 문화에 관한 올바른 인식이 뿌리를 내려야 한다. 이를 위해서는 환경 교육이 뒤따라야 한다.

다른 많은 나라에서는 흔히 볼 수 있는 여우, 우리나라에서도 수십 년 전에는 산촌이나 농촌에서 종종 눈에 띄던 여우가 다시 우리와 더불어 살았으면 하는 마음뿐이다. 여우들이 다시 산과들에 있어 생명공동체의 일원으로 살면서 더욱 안정된, 온전한 그런 곳으로 야생이 되어 갔으면 한다. 인간에게 많은 이야깃거리를 제공해 온 여우들의 삶과 모습이 다시 이어졌으면 한다. 아울러 이야기도 계속 이어졌으면 한다.

6.5-2 복제기술에 의한 복원과 그 문제점

현재 인간의 복제기술에 의한 여우 복제에 관한 자료는 없다. 그런데 다행스럽게도 늑대 복제에 관한 자료는 있다. 특히 복제기술에 관한 한 우리나라는 세계 여러 나라들에 비해 선진대열에 서 있다. 물론, 2006년에 있었던 것처럼 복제기술의 진실성 문제로 한 차례 큰 홍역을 치루기는 했지만, 우리나라가 이 분야에 관한 한 상당한 수준에 이르렀음은 부인하기 힘들다. 여기에 늑대 복원에 관한 기사를 중심으로 그 방법을 알아보기로 한다.

서울대 수의대 이병천 교수 팀은 세계 최초로 늑대 2마리를 복제하는 데 성공했다.

복제 늑대(서울대공원)

이 교수팀은 2007년 3월 26일 서울대에서 기자회견을 갖고 "멸종 위기 동물인 회색늑대 암컷 2마리[6]를 복제하는 데 성공했으며, 두 마리 모두 1년 5개월 째 아무 탈 없이 성장하고 있다."고 발표했다. 복제실험은 서울대공원에서 사육 중인 회색늑대의 귀에서 채취한 체세포를 핵이 제거된 일반 개의 난자에 이식한 뒤, 수정된 난자를 대리모 역할을 하는 개의 자궁에 착상시키는 방법으로 이루어졌다. 이 교수는 "멸종 위기 동물은 인공수정 등 다른 인위적인 방식으로는 번식이 대단히 어려웠다."면서, "이번에 성공한 체세포 핵이식 방법으로 소량의 피부세포로도 개체를 복제해 낼 수 있는 가능성이 열린 것이다."고 설명했다(동아일보: 2007년 3월 27일: 1면).

늑대와 개 등 갯과 동물을 복제하는 이유는 크게 보면 멸종 위기종의

---

6 2005년 10월 18일과 26일 각각 출생한 복제 늑대의 이름은 서울대의 영문 약자(SNU)와 늑대를 뜻하는 영어 단어(wolf)를 합쳐 '스눌프'(snuwolf)와 '스눌피'(snuwolffy)라고 붙여졌다. 이 교수 연구팀은 개(스너피, 보나, 피스, 호프)에 이어 늑대 복제에도 성공함으로써 희귀성 멸종 위기 동물복원의 가능성을 앞당겼다. 서울대는 스눌프와 스눌피를 서울대공원 특별전시관으로 옮겨 일반에게 공개하며, 수컷과 교배해 번식능력도 검증할 예정이다(동아일보, 2007년 3월 27일: 1면).

복원과 인간 질병 연구모델개발을 위해서이다. 이 연구팀은 늑대 이외에 백두산 호랑이와 한국 산양 등 다른 포유류의 복제도 시도하고 있는 중이다. 이런 포유류는 모두 국내 멸종 위기의 야생동물들로 지정된 것들이다. 이병천 교수는 "한국 산양의 복제수정란을 만들어 시험관 안에서 배반포 단계까지 키우는 데 성공했다."고 말했다. 백두산 호랑이의 체세포를 돼지나 소의 난자에 넣어 정상적으로 자라는지도 확인했다고 한다. 이 교수는 "개와 늑대 복제기술은 큰 흐름은 같지만 세포의 배양조건이나 융합조건 등에서 차이가 있다."며, "앞으로 갯과 동물 복제효율을 15~25%로 계속 유지할 수 있을 것"이라고 자신감을 드러내기도 했다(A3면).

그러나 실험의 결과는 좀 더 지켜봐야 한다. 복제된 것들이 생식능력이 있는지도 지켜봐야 하며, 질병에 대한 저항력도 눈여겨 봐야 한다. 자연번식에 의한 것과 복제에 의해 태어난 늑대들 사이에서 드러나는 유사점과 차이점들을 발견해 내는 데 힘써야 한다. 더욱이 유사점보다는 차이점을 찾아내는 데 좀 더 유의해야 한다. 번식방법의 차이에 따른 출생된 개체의 형질의 차이를 면밀히 검토해야 한다. 물론, 최첨단의 기술을 지니고 있다 할지라도 2006년에 있었던 일련의 매끄럽지 못한 사태들을 생각해서, 창의성과 정확성을 입증하는 데 조금도 소홀히 해서는 안 된다.

6.5-3 갯과동물이 생명공동체에 시사하는 점

사람들이 야생토끼나 다람쥐 등을 해치지 않으면 그들도 사람을 피하지 않는다. 늑대나 여우의 경우도 유사하다. 캘리포니아주에 있는 요세미티(Yosemite) 국립공원 — 1870년에 설치된 미국 최초의 국립공원 — 에 가면 개와 유사하게 생긴 늑대들이 사람이 다니는 주변에서 자연스럽게 생활한다. 사람이나 늑대나 모두가 서로 자연스럽다. 필자의 경우, 1993년 봄에 미주리주 캔사스시티(Kansas City) 주변에 있는 롱비유 호수(Longview lake)에 갔다가, 그곳에서 나를 보고 찾아오는 수십 마리의 야생 펠리칸(pelican) 무리에 둘러싸여 겁이 난 적이 있다. 인적이 드문 한적한 호수 공원에 사람이 나타나자, 황새 모양의 펠리칸들이 찾아와서 신기한 듯 나의 주변을 맴도는 것이었다. 그곳에서 놀란 것은 나였지 펠리칸들이 아니었다. 우리가 그들에게 해를 끼치지 않으면, 그들도 우리를 피하지 않는다. 오히려 우리에게 호기심을 지닌 채 접근하기도 한다. 우리나라의 경우, 제비들이 옛부터 사람들이 사는 집의 처마 밑에 집을 짓고 사람들과 더불어 자연스럽게 살아왔듯이 말이다. 최근에는 우리나라의 참새들도 사람들을 그리 피하지 않는다. 과거처럼 참새를 보면 돌을 던지거나, 겨울이 되면 잡아서 참새구이를 하지 않으니, 이제는 참새들도 사람들을 믿게 된 것이다. 봄·여름·가을 우리나라 곳곳에서 생활하는 왜가리나 우리나라에 와서 겨울을 보내는 청둥오리도 이제는 사람을 덜 두려워한다. 사람들로부터 두려움을 느끼지 않고 평화롭게 살고 있는 그들의 모습을 볼 때, 우리에게도 희망이 있음을 알게 된다. 도시에 사는 비둘기들이 더 이상 사람들을 두려워하지 않으면서 생활하듯이 야생동물들과 화해하는 일이 필요하다.

　사람들은 여우나 늑대와도 충분히 공존할 수 있다고 여겨진다. 늑대의 경우를 보면, 약 1만 4천년 이전에 개의 조상은, 늑대나 말타 견(Maltese dog: Malta섬 원산의 소형 개)의 조상과 갈라섰다. 사람들은 야생 갯과동물들을 길들여 사람들의 가정에서 함께 살게 했다. 야생 갯과에 속하는 동물들은 길들일 수 있고, 훈련시킬 수 있고, 변형시킬 수 있는 개로 바뀌었다. 이스라엘에서는 인간의 손으로 흔드는 요람(hand cradling)과 더불어 개인지 늑대인지 구별되지 않는 약 1만 2천년 전의 동물화석이 발견되었다. 그 화석은 개가 길들여지는 모습을 보여주는 첫 번째 화석이다. 이에 근거하여 과학자들은 약 1만 4천년 전에 그런 과정이 이루어졌다고 보았다. 어떤 과학자들은 사람들이 늑대 새끼들을 데려다가, 그 가운데 보다 덜 공격적이면서 사람들이 주는 음식을 좋아하는 새끼들을 선택하게 되었다고 주장하기도 하고, 또 어떤 과학자들은 개들 스스로가 인간이 버리는 음식쓰레기 더미에 적응함에 의해 길들여졌다고 말하기도 한다. 사람들로부터 멀리 도망가지 않으면서, 먹을 것을 찾아다니는 갯과 동물들은 이런 버려진 음식쓰레기 더미에 의존하여 살아가게 되고, 새끼들도 낳으면서 그 종족을 이어가면서 점점 길들여지게 되었다. 생물학자인 커핀저(Raymond Coppinger) (2002)에 의하면, "인간에 의해 선택된 짐승들은 인간에 가까운 식성을 지닌다는 하나의 특징이 있다". 그러나 분자수준에서는 변하지 않았다. 늑대와 개의 DNA구조는 거의 동일하다(Lange, January 2002 : 4). 늑대가 길들여지기 위해서는 출생 후 2주일 이내가 적합하다고 한다. 그래서 초기에 늑대새끼를 길들이기 위해 여성의 젖을 먹였을 가능성을 말하는 학자들도 있다.

교육학이나 심리학과 관련된 책에서는 학습과 관련된 항목을 다룰 때 한 예로, 늑대어린이 이야기를 하는 경우가 있다. 20세기 전반기에 있었던 일인데, 카밀라와 아밀라라고 하는 어린이들이 늑대의 굴에서 발견되었다. 이 어린이들은 유아 시절부터 늑대의 굴속에서 늑대의 젖을 먹으면서 늑대새끼들과 더불어 살아 왔다. 그래서 그들은 늑대처럼 걸었다, 두 손을 앞다리처럼 사용하면서 말이다. 늑대와 비슷한 소리를 냈으며, 여러 면에서 늑대가 하는 모습들을 보였다. 유아 시절에 늑대들에 의해 늑대 굴로 옮겨져, 늑대들과 더불어 살아오면서 이런 모습들을 학습한 것이다. 늑대들은 무리생활을 하면서 사는 특징을 지니고 있

다. 그럼에도 어느 늑대 하나도 이 어린이들을 해치지 않았다. 이런 늑
대어린이에 관한 이야기 이외에도, 야생동물들과 함께 살다가 구조된
인간의 이야기는 다양하고 많다. 그 중에서도 이처럼 늑대와 생활하다
가 구조된 경우들이 많다. 이런 이야기들을 통해 우리가 알 수 있는 것
은, 야생동물들이 사람들이 흔히 생각하는 것처럼 그렇게 포악하지는
않다는 점이다. 이는 사람들이 여우나 늑대와도 잘 화해하면서 조화를
이루면서 살 수 있음을 보여 주는 좋은 증거가 된다. 우리가 그들에게
삶의 권리를 인정하면서 돌보면 그들도 우리에게 비슷한 모습을 보여
준다.

　이제까지 필자는 늑대가 어떻게 길들여져 개가 되었으며, 현재에 와
서도 야생 상태의 늑대가 사람들을 어떻게 대했는지를 늑대 어린이 이
야기를 통해 살펴보았다. 필자가 보기에는 사람과 야생짐승들과의 관
계도 황금률(the golden rule)— 우리는 다른 사람들이 우리에게 해 주
기를 기대하는 것처럼 우리도 다른 사람들에게 그렇게 해 줄 의무를 지
닌다.— 이 적용되어야 한다는 점이다. 다시 말해 "우리는 다른 짐승들
이 우리에게 해 주기를 기대하는 것처럼 우리도 다른 짐승들에게 그렇
게 해 줄 의무를 지녀야 한다". 필자는 이런 기본적인 도덕률을 '제2의
황금률'이라 일컫고 싶다. 멸종 위기에 있는 여우나 늑대를 복원시켜,
여우나 늑대에 대한 부정적인 선입견을 버리고 그들에게 위와 같은 제2
의 황금률을 적용시킨다면, 우리와 더불어 공동체를 이루면서 살 수 있
는 평화로운 생태민주주의에 좀 더 가까워질 것이라 생각한다.

6.6 결론 및 시사점

지금까지 필자는 여우나 늑대의 종류, 특징 및 분포 상황에 관해, 이야

기나 작품 속에 나타난 여우나 늑대의 역할에 관해, 멸종 위기에 처한 여우나 늑대의 복원 방법에 관해 서술했다. 야생동물과 관련된 이야기나 작품들 가운데 여우나 늑대의 역할처럼 많이 대두되는 것도 드물다. 대개는 부정적인 측면에서 다루어지기도 하나 그렇지 않은 경우도 있다. 그러나 애석하게도 남한의 경우, 여우는 거의 멸종 직전까지 이른 것으로 여겨지고, 늑대는 1980년 경북 문경시에서 발견된 후 아직까지 야생의 상태에서는 발견되지 않는 상태이다. 이는 생명공동체나 생태민주주의를 위해서도, 풍부한 이야기나 작품의 소재를 위해서도 아쉬운 일이다. 여우나 늑대는 세계 이곳저곳에서 이야기나 작품 속에서 많이 등장해 왔다. 특히 어린 시절에는 할머니와 할아버지를 비롯한 어른들로부터 여우나 늑대와 관련된 옛날이야기들을 들으면서 성장해 온 경우들이 많다. 여우는 교활한 것으로, 늑대는 포악한 것으로 묘사되곤 하지만, 그들은 우리들의 생활이나 이야기 속에서 이야기를 재미있게 해 주면서, 인간의 선행을 유도하기 위한 악역의 역할을 나름대로 톡톡히 해 왔다.

　이야기나 작품 속에서 묘사되는 교활하거나 포악한 이미지로 인하여, 여우나 늑대는 아쉽게도 부당한 수난을 당하여 오기도 했다. 그러나 그런 수난은 우리 인간의 편견에 기인한 것이다. 이야기나 작품의 자료로 여겨지는 것 그 이상이 아니다. 여우는 우리 인간에게 위협을 줄 만한 그런 힘을 지니지 못한 연약한 동물이다. 늑대의 경우도 특별한 경우를 제외하고는 인간에게 해를 주지 않는다. 오히려 개의 경우에서 알 수 있듯이 인간과 친해질 수 있는 가능성이 높은 동물이다. 경우에 따라서는 늑대어린이의 경우에서 알 수 있듯이, 사경에 처한 유아들을 데려다가 젖을 먹여 가며 기르는 영리하면서도 정겨운 동물이기도 하다. 여우나 늑대 등 야생동물을 포획하는 것을 무용담처럼 여겨 왔던 우리나라의 경우, 여우나 늑대에게는 살기에 너무나 살벌한 그런 곳이다. 우리는 이제까지 그들에게 가졌던 편견에서 벗어나고 잘못을 깨우치기 위해서도 그들이 이 땅에서 생존할 수 있는 권리를 인정해야 한다.

이에 필자는 그 복원 방법에 관해 야생 상태에서의 복원과 그 문제점에 관해, 복제기술에 의한 복원과 그 문제점에 관해 각각 살폈다. 야생 상태에서의 복원을 위해서는 전국적으로 사냥 금지가 이루어지거나 사냥이 대폭 축소되어야 한다는 것, 먹이사슬을 형성하기 위한 노력이 필요하다는 것 등을 지적했다. 이를 위해서는 우선 총기류에 의한 야생동물 수렵금지와 같은 철저한 법집행이 요청된다. 멸종 위기종만을 제외한 야생동물수렵은 비현실적인 것으로 멸종 위기종을 결코 보호하지 못한다. 사냥현장에서는 그 대상을 즉각적으로 분별하는 일이 어렵기 때문이다. 전국산하에 비밀리에 설치되어 있는 올무와 덫과 같은 야생동물 포획시설물들도 제거되어야 한다. 이는 야생동물들을 속여서 죽이는 2중적으로 비윤리적인 행위이다.

복원 순서는 인간에게 거의 위협이 되지 않으면서도, 먹이사슬도 어느 정도 형성되어 있는 여우부터 하는 것이 효과적임을 필자는 지적했다. 야생 상태에서 복원시키는 가장 손쉬운 방법은 북한의 도움을 받는 일이다. 북한에는 아직도 남한에서 멸종된 여러 종류의 야생동물들이 살고 있으며, 같은 혈통의 여우나 늑대의 종족 보존이라는 측면에서도 이런 일은 필요하다. 복제에 의한 복원도 생각해 볼 수 있다. 복제기술에 관한 한 우리나라가 매우 앞선 복제기술을 지니고 있기 때문이다. 최선의 것은 전자와 같은 방법이지만 차선책으로 후자와 같은 대책도 요청된다.

약 1만 4천년 전부터 사람들은 야생갯과 동물인 늑대를 길들여 사람들의 가정에서 함께 살게 되었다. 늑대들은 사람들에 의해 길들일 수 있고, 훈련시킬 수 있고, 변형시킬 수 있는 개로 바뀌었다. 그러나 분자 수준에서는 아직도 늑대와 개의 DNA구조가 거의 동일하다. 인간에 의해 선택된 짐승들은 인간에 가까운 식성을 지닌다는 하나의 특징이 있다. 생태계에서 보면 다른 동식물들에 비해 그래도 인간과 가까이 있으면서 인간의 입에 오르내리는 야생동물은 여우와 늑대다. 그들은 식성에 있어서도 제일 비슷하다. 이런 여러 가지 이유로 그들은 생태계에서는 우리인간의 이웃사촌에 해당된다. 그러나 이런 가까운 이웃이 인간의 일방적인 편견에 의해 멸종 상태에 이르게 되었음은 실로 안타까운 일이다. 늑대나 여우에 대한 부정적인 이미지를 시정해야 한다. 인간의 편견에 의한 증오의 대상이 아니라 정다운 이웃사촌이 되어야 한다.

우리가 사는 나라는 여우나 늑대와 같은 야생동물들의 나라이기도 하다. 그들과 공존하면서 평화롭게 살아야 한다. 이를 위해 생태민주주의에 뿌리를 둔 생명공동체 사상을 확산시킬 필요가 있다. 이에 부응하는 바람직한 생명윤리나 환경윤리의 정립을 시도하면서 말이다. 민주주의를 외치는 우리나라에서 그들이 멸종되는 현실을 더 이상 묵과해서는 안 된다. 우선 갯과동물인 여우나 늑대부터 이 땅에서 살 수 있도록 해야 한다. 민주주의는 생태민주주의로 진화될 때, 윤리는 환경윤리로 진화될 때, 더 고양되고 완성된다. 그들의 권리가 보장되지 않는 곳에서 인간의 권리가 보장되기를 기대하는 것은 편협된 인간쇼비니즘에 기인한다. 그들이 없는 나라, 그들이 없는 세계가 과연 아름다운 세계일까? 인간 이외의 다른 생명체의 삶을 부정하거나 업신여기는 그런 풍토 속에서 참된 민주주의나 생태민주주의를 기대할 수 있을까?

7
호랑이와 표범의 삶[*]
– 호랑이를 중심으로

7.1 문제제기

남획, 생태계의 파괴, 오염 등으로 사라져가는 생물종 가운데, 그 이름이 우리에게 친숙한 경우들도 상당히 포함되어 있어 안타깝다. 우리나라의 경우 이런 동물들은 서식환경의 변화에 의한 것도 있지만 특히 인간의 사냥에 의해 그런 상태에 이르렀다는 점에서 더욱 안타깝다. 그가운데 호랑이의 경우를 들어 보자.

호랑이는 범이라고도 하며, 주로 지구의 북반구 아시아지역에 살고있다. 호랑이는 현재 전 세계적으로 야생 상태에서 대략 4천~6천여 마리기 생활하고 있는 것으로 추산된다[1]. 3천 2백 마리밖에 남지 않았다

---

[*] 이글은 필자(2010a)가 『환경철학』 제9집에 게재했던 논문인 「희귀성 멸종 위기동물 복원의 필요성과 그 대책(II)–호랑이를 중심으로–」을 부분적으로 수정 · 보완한 것임을 밝힌다.

[1] 2013년 1월 4일 방영된 내셔널 지오그래픽(National Geographic Channel)의 「멸종 위기의 호랑이」 프로에 의하면 현재 지구상에는 7,000마리 정도 살고 있으며, 그

는 주장도 있다. 60여 년 전에는 약 10만 마리가 아시아 지역에 분포되어 있었으며, 인도에 제일 많이 살고 있었다. 그런 인도의 경우도 무분별한 사냥으로 지금은 그 개체 수가 수천 마리에 불과한 것으로 알려져 있다. 한국 호랑이와 가까운 시베리아 호랑이의 경우는 소련이 붕괴되기 이전까지는 강력한 국가통제로 인하여 그런대로 개체 수가 유지되었으나 지금은 이완된 통제와 극성스런 밀렵으로 그 수가 급격하게 줄어들고 있다. 1마리에 1만 불 정도에 거래된다고 하니 밀렵꾼들에게는 군침이 도는 일이다.

호랑이는 곰과 더불어 우리나라의 단군신화에도 등장하는 짐승으로, 우리 민족과 불가분의 관계를 지니면서 살아왔다. 우리나라에서는 예로부터 호랑이를 '산중의 왕'이라 여기면서 신성하게 여겨, 산신령(山神靈)·산군(山君)·노야(老爺: 老翁) 등으로도 일컬었다. 늑대나 여우처럼 우리의 옛이야기나 문학작품 속에서 종종 등장하면서 우리의 삶을 풍부하게 해 주어 왔던 동물이기도 하다. 호랑이는 생태계의 정점에 서서 인간에게 여러 가지 교훈적인 것을 많이 주기도 하면서 살아온 그런 동물이다. 곰과 호랑이는 그 특징이 서로 대비되어 이야기 내용을 풍부하게 해 주기도 한다. 그렇다면 이런 호랑이의 종류, 특징 및 분포 상황은 어떤가? 우리의 옛날이야기나 작품 속에서 호랑이의 역할은 어떠했는가? 호랑이를 복원할 수 있는 방법에는 어떤 것이 있을까? 아울러 그들을 대할 우리의 자세는 어떠해야 할 것인가?

서식지는 90%가 사라졌다고 한다. 주로 인간에 의한 무분별한 산림파괴에 기인한다. 이 숫자가 동물원에 있는 호랑이들까지 포함한 것인지는 확실치 않다.

7.2 표범 · 호랑이의 특징, 종류 및 분포 상황

7.2-1 특징 및 종류

호랑이는 고양이과(科) 표범 속(屬)에 속하며, 범이라고도 한다. 우선, 표범은 수컷의 경우 몸길이 140~160cm. 꼬리길이 95~110cm 이고, 암컷은 몸길이 120cm내외, 꼬리길이 83cm내외이다. 표범의 몸무게는 보통 30~40kg이다. 임신 기간은 90~100일이며, 500g 정도 되는 2~3마리의 새끼를 낳는데, 2.5~3년이 되면 성숙하며, 수명은 20~25년 정도다. 표범은 아프리카 · 중앙아시아 · 시베리아 · 인도 · 말레이시아 · 자바 · 중국 · 한국 · 신대륙 등에 살며, 호랑이에 비해 그 분포 지역이 넓다. 표범의 네다리[四肢]는 비교적 짧고 몸통은 길다. 털의 빛깔은 담황갈색으로부터 다소 희끗희끗한 바탕에 검은 반점이 있다. 몸은 매우 유연하고 민첩하며 빠르다(동아출판사 백과사전부, 〈29〉, 1988 : 54).

표범은 높은 지대에 있는 굴속에 그 거처를 마련하는 경향이 있다. 주변을 감시하거나 먹잇감을 발견하기 좋기 때문이다. 표범은 호랑이나 사자가 그렇듯 자기의 영역을 확보하면서 생활한다. 어린 새끼의 경우는 어미와 함께 생활하지만 어느 정도 자라게 되면 어미의 곁을 떠나 새로운 영역을 개척해야 한다. 경우에 따라서는 어미가 관할하는 영역의 일부를 이어 받기도 한다. 먹잇감은 사슴과 같은 초식동물이 그 대상이 되며, 한 마리가 한 달에 평균 2마리정도의 그런 동물들을 필요로 한다.

표범은 호랑이와 달리 나무타기를 잘하며, 포획한 먹이 감을 나무 가지 위에 끌어올려 놓고 먹는다. 우리나라의 경우 조선왕조실록에는 세조 11년인 1465년 9월 14일에는 창덕궁 후원에서 범이 발견되기도 했다.[2] 조선시대에는 백성들에게 위협적인 짐승은 없애 버리는 해수구제 정책에 의해 포획되었으며, 일제강점 기간에도 유사한 이유로 그 나마 남아 있던 표범들마저 대부분 제거되었다. 현재 남한에서는 표범이 더 이상 발견되지 않고 있다.

표범 속(屬)에 속하는 호랑이는 그 화석이 비교적 북극과 가까운 지방에서만 발견되므로, 그곳에서 발생하여 다음과 같은 두 가지 길을 통해 장소를 이동해 간 것으로 알려져 있다. 특히 시베리아의 우수리강 (The Ussuri) 유역이 그 발생지로 유력시된다.[3] 우수리강은 러시아의 연해주 지역과 중국의 동북지역의 국경을 따라 북동쪽으로 흐르는 아무르강(The Amur)의 지류이다. 호랑이 가운데 한 무리는 우수리에서 중국의 동북지방으로 들어갔으며, 그 일부는 말레이반도·인도·스마트라·자바·발리섬까지 이르렀다. 또 다른 무리는 우수리에서 서쪽으로 진출하여, 중앙아시아·이란 등으로 퍼졌다.[4] 열대지방에 사는 호랑이는 더울 때는 못이나 하천에 들어가 몸을 식히는 일이 많으므로, 호랑이의 기원은 추운지방임을 알 수 있다(동아출판사 백과사전부 〈3〉, 1988 : 255). 먹이가 비교적 풍부한 곳을 찾아 남하하다 보니 열대지방까지 분포하게 된 것으로 여겨진다.

반면에, 호랑이의 기원을 지구 북반구에서도 인도차이나 북부와 중국남부지역에서 찾는 경우도 있다. 김동진(2009)에 의하면, 이 지역에

---

2 그 후 북악산에 가서 표범을 잡았다는 기록을 보면 이 범은 표범일 가능성이 짙다.
3 우수리강 지역은 호랑이뿐만 아니라, 우수리너구리, 우수리땃쥐, 우수리멧밭쥐, 우수리박쥐, 우수리사슴 등 다양한 동물들의 생활지로 알려져 있다.
4 호랑이 가운데 자바 호랑이·발리 호랑이·카스피 호랑이는 멸종되었고, 그 외의 호랑이 종류들 — 시베리아 호랑이·아모이 호랑이·인도차이나 호랑이·벵골 호랑이·말레이 호랑이·수마트라 호랑이— 은 멸종위기에 처해 있다. 수마트라 호랑이의 경우, 2011년 현재 동물원에 있는 것을 포함해 약 300마리만 생존해 있다.

서 기원한 호랑이가 동서양을 연결하던 사막길(실크로드)인 좁은 생태
통로를 따라 중앙아시아에 이르렀고, 이어서 몽골의 북쪽에 있는 삼림
지역을 거쳐 러시아 아무르지역과 중국 동북부지역에 진출하게 되고,
한반도에는 빙하기가 물러가면서 신석기 시대로 접어들 무렵인 1만년
에서 9천년경 전에 정착하게 되었다는 것이다(29). 그러니 호랑이는
20세기에 이르러 한반도에서 거의 멸종하기까지 우리와 함께 이 나라
에서 살아온 이웃이었다. 나쁜 이웃인 우리 인간에 의해 멸종되는 비운
의 주인공이기도 하다.

　　호랑이의 생활권은 행동반경이 하루 40~100km에 달하여 그 범위
가 넓은 편이고, 암·수와 새끼들로 구성된 무리를 이루면서 사는 경우
가 많다. 호랑이는 단독생활을 하기도 하지만 가족 단위로 생활하는 경
우가 많다. 산림뿐만 아니라 물가생활이나 헤엄을 즐기기도 한다. 호랑
이의 발정은 11월부터 2월까지에 이루어지는 경우가 많으며, 임신 기
간은 대개 100~110일이며, 평균 2~4마리를 낳는다. 보금자리는 바위
그늘이나 나무구멍 같은 곳에 만들며, 태어날 때의 몸무게는 1kg내외
이다. 그러나 호랑이는 동물원처럼 우리에 갇힌 경우는 스트레스를 받
아 교미를 하지 않는 습성이 있다. 새끼들은 1~2주 사이에 눈을 뜨고,
4~5주 후에 걷기 시
작하며, 약 3개월 후에
젖을 뗀다. 1~2년이
면 독립하며, 암컷은
3~4살에 성적으로 성
숙한다. 먹이는 사슴·
산양·멧돼지·곰·스
라소니·파충류·토끼

호랑이(서울대공원)

등이며, 수명은 야생으로 15년 정도이다. 호랑이의 검은 줄무늬는 생후부터 성장 후에도 남아 있다. 강대한 턱과 긴 송곳니를 지닌 것이 특징이다. 그러나 싸울 때나 먹이사냥을 할 때, 강한 무기는 입보다도 오히려 앞발이다. 발톱의 발달되어 있고, 그 가운데서도 엄지발톱이 강력하며, 보통 때는 발톱집속에 집어넣어 둔다(동아출판사 백과사전부, 〈3〉: 255).

호랑이는 서식 지역에 따라 8~9개종으로 분류된다. 이 가운데 덩치가 가장 큰 시베리아 호랑이는 현재 북한·중국·러시아 동북지역에 5백여 마리가 서식하는 것으로 알려져 있다(동아일보, 2009년 12월 17일: A2면).[5] 우리나라 북쪽에 사는 호랑이는 시베리아 호랑이와 같은 종이다. 시베리아 호랑이를 아무르 호랑이라고도 한다. 아무르 호랑이 이외에도 아모이 호랑이(양쯔강 이남), 인도차이나 호랑이(태국·미얀마·말레이 반도 등 동남아시아 지역), 벵골 호랑이(네팔·인도·방글라데시 등 남아시아 지역), 말레이 호랑이(말레이시아·태국 등), 카스피호랑이(이란·이라크·터키·우즈베키스탄·카자흐스탄·타지키스탄 등),

---

5 이 개체 수는 시베리아 호랑이 밀렵이 심하던 1990년대 초·중반에 비해 약간 증가한 숫자다. 1995년에 발행된 타임지 보도를 인용한 같은 해 9월 11일자 동아일보 8면기사를 보면, 과거 카스피해~태평양연안~중소국경~북극에 걸쳐 광범위하게 서식하던 시베리아 호랑이는 이제 아무르강 유역의 프리모르스키 지역 등 일부 지역에서만 발견된다. 러시아의 환경단체 '타이거의 함성' 대표인 바실리 솔킨에 따르면, 지난 90년 3백 50마리이던 이 호랑이가 93년에 70~80마리, 94년에 25~30마리가 밀렵돼 현재는 180마리~2백마리 이하로 줄어들었다. 솔킨은 시베리아 호랑이 밀렵이 약용 호랑이 뼈를 구하려는 동아시아 지역 일부 약재상들에 의해 이루어지고 있다고 말했다. 타임지는 구소련연방이 붕괴되면서 재정적인 이유로 산림감시단 등을 해체한 것이 이같은 밀렵을 가능하게 했다고 밝혔다. 프리모르스키 지방정부당국은 최근 호랑이 뼈의 국제적인 거래가 금지되고 미국의 환경단체들이 기금을 조성해, 1994년부터 호랑이 감시단을 운영하고 있어, 밀렵되는 호랑이의 숫자가 줄어들 것으로 보인다(동아일보, 1995년 9월 11일: 8면).

인도네시아의 수마트라 호랑이·자바 호랑이·발리 호랑이가 있는데 시베리아 호랑이에 비해 몸집이 작다.

이처럼 백두산 호랑이 또는 한국 호랑이로 불리는 호랑이는 시베리아 호랑이이다. 그 까닭은 이 호랑이들이 한국·중국·시베리아를 오가면서 살기 때문이다. 시베리아 호랑이의 평균 몸길이(주둥이부터 꼬리 끝까지)는 3~4m에 두골길이는 40cm나 된다. 평균길이가 220cm가량인 인도 호랑이(벵갈 호랑이)나 수마트라 호랑이에 비해 몸집이 크다. 그 몸무게는 300kg까지 나간다.[6] 여름털은 짧고 겨울털은 길며 솜과 같이 밀생하였고, 체색은 담색이고 검은 줄무늬는 폭이 좁다. 앞다리보다 뒷다리가 길어 점프하기 쉽게 되어 있으며, 시베리아 툰드라 지역에 사는 호랑이는 시속 80km로 달릴 수 있다. 시속 110km로 달리는 치타나 나무를 잘 기어오르는 표범에 비해서는 달리기나 오르기에 쳐지지만 전반적으로 동물의 왕임에 틀림없다. 싸울 때의 주무기는 곰과 마찬가지로 입보다도 앞발이다(255; 동아일보, 2010년 1월 13일: A29면).

시베리아 호랑이의 가장 큰 특징은 사자처럼 무리생활을 하지 않고 단독생활이나 가족생활을 한다는 점이다. 부부간의 정은 두터운 편이라 붙어 다니는 경우도 많다. 평균 수명이 20년 정도인 시베리아 호랑이는 보통 다섯 살이면 성숙하며, 주로 겨울에 짝짓기를 한다. 암컷호랑이는 110일간의 임신 기간을 거쳐 한 번에 새끼 2,3마리를 낳는다[7].

[6] 인도 호랑이는 털이 짧고 줄무늬가 적은 호랑이로서, 줄무늬는 검은 색이고 몸의 아래쪽은 희다. 봄길이는 수컷 2.5~3.2m, 두골길이는 수컷이 33~38cm이다. 수마트라호랑이는 몸이 작고 체색은 황갈색이나 적갈색으로 줄무늬의 폭은 좁고 줄무늬의 수는 많다. 줄무늬의 색깔은 검고, 뺨의 털은 상당히 길다. 몸길이는 수컷 2.49m, 두골길이는 수컷 30~33cm이다(동아세계대백과사전, 〈3〉: 255).
[7] 2013년 1월 4일 National Geographic Channel에서 방영한「멸종 위기의 호랑이」프로에 의하면 현재 극동지방 약 1000km 해안가에는 350마리 정도의 호랑이가 살고 있다.

서울동물원은 육식동물인 호랑이에게 닭고기·쇠고기·토끼고기를 주식으로 준다. 호랑이는 소화력이 워낙 강해 고기를 씹지 않고 뼈까지 그대로 삼킨다. 토끼 한 마리를 주면 남는 것은 맛이 써서 뱉어 내는 쓸개와 털뿐이라고 한다(A29면).

우리나라에 사는 호랑이 가운데 북한에 사는 호랑이는 길이가 260~330cm, 체중은 100~306kg, 교미시기는 12월에서 다음 해 1월 사이이며, 93~111일의 임신 기간을 거쳐 바위굴이나 관목 숲 등에서 3, 4마리의 새끼를 낳는다. 번식기이거나 새끼를 데리고 있는 암컷을 제외하고는 단독생활을 하는 경우가 많다(동아일보, 2005년 3월 11일: 08포커스). 한편, 한반도 중부나 남부에 사는 호랑이는 몸길이가 1.86m, 꼬리길이는 87cm이다. 등면은 암적황색이며, 발가락에 이르러 약간 담색이 된다. 등면에는 불규칙한 검은 가로무늬가 많이 있으나 앞다리의 앞면에는 적다(255-256) 이처럼 남한에 사는 호랑이의 경우, 북한에 사는 호랑이나 시베리아 종보다 크기가 작고, 털 색깔도 시베리아 종에 비해 갈색이나 붉은 빛이 더 많다. 한상훈에 의하면, "러시아 등 북쪽 지방에 비해 험한 산이 없고, 활엽수가 많고, 눈이 적게 오는 한국 지형에 적응했기 때문"이라고 밝히고 있다(동아일보, 2009년 12월 17일: A2면).

7.2-2 우리나라에서의 분포 상황

인간과 호랑이는 우리나라에서 아주 옛적부터 함께 살아왔다. 빙하기가 지나면서, 신석기시대로 접어들 무렵부터인 것으로 여겨진다. 특히 우리나라는 국토의 2/3이상이 산으로 되어 있어 야생동물이 많았으며, 그로 인해 호랑이도 많았다. 우리나라의 지형도 호랑이가 앞발을 들고 서 있는 모습과 비슷하여, 영일만에 있는 반도도 호미곶(虎尾串)

이라 했다. 태몽(胎夢) 가운데 호랑이 꿈을 아주 귀한 길몽으로 여긴다 거나[8], 각종 그림이나 벽화에도 호랑이가 들어가는 경우가 많았다. 이런 여러 가지 이유로 우리나라는 호랑이를 영물(靈物)로 여겼으며, '호랑이의 나라'라고 일컬어지기도 했다.

아주 옛날에는 호랑이를 보면 대부분의 사람들이 그 위력에 눌려 허겁지겁 피하는 데 힘썼을 것이다. 그런데 호랑이는 두려움의 대상이면서 또한 섬김의 대상이 되기도 했다. 옛이야기에 따르면 효(孝)를 중시하던 우리나라에서는 호랑이가 효자를 보호하거나 효자에게 도움을 주는 영물이기도 했다.[9] 그래서 호랑이는 효나 권선징악(勸善懲惡)을 수호하는 영물이 되어 이야깃거리를 형성하기도 했다. 이런 상황 속에서 인간과 호랑이는 상당히 오랫동안 우리나라에서 큰 충돌 없이 지내 왔다. 사람들이 많이 모여 살게 되고 호랑이를 제압할 수 있는 무기가 발견된 후에는 사정이 달라지기도 했지만 말이다. 더욱이 우리나라의 경우 삼국시대나 고려시대는 불교를 중시하던 시대였으므로, 야생동물에 대한 적극적인 포획이나 살상은 억제되었다. 이처럼 고려시대까지는 호랑이가 우리나라에서 그런대로 살 수 있는 환경이 조성되었다.

그러던 것이 조선시대에 와서 인본주의, 민본주의, 농본주의와 숭유억불정책(崇儒抑仏政策)에 의해 사람들의 야생동물들에 대한 관점이 달라지게 되었다. 그래서 김동진(2009)는 그의 발표문인 「백성을 위해

---

8 1910년 박해명이란 꿈주인[夢主]이 경북 경주근처에 있는 옥산의 이언적 집안 사람에게 그의 꿈을 팔면서 작성한 계약서에 의하면, 그가 받은 꿈값은 당시 돈으로 1천 냥으로, 논으로 치면 3마지기 값이었다. 이것은 좋은 꿈에 관한 옛사람들의 높은 관심을 나타내는 전형적인 예이다(동아일보, 2011년 10월 13일).

9 예컨대, 호랑이는 3년 동안 시묘살이를 무사히 마칠 수 있도록 매일 태워 주거나, 한겨울에 효자를 위해 홍시를 구해 준다. 효자가 직접 호랑이로 변신하여 효를 실행하는 이이야기도 있다(천진기, 2009: 25).

호랑이를 잡은 조선」에서, "한반도에서 유지되던 호랑이와 인간의 생태적 균형이 무너진 것은 14세기 무렵이었다."(30)고 했다. 조선의 건국을 주도한 성리학자들은 철저히 인본주의적 시각에서 민본주의를 천명하였다. 민본주의에 따른 농본주의 경제정책은 농지개간으로 이어졌다.[10] 백성의 생명을 보호하고, 굶주림을 막기 위해 호랑이를 잡고, 호랑이의 서식지를 농경지로 개간하는 포호정책(捕虎政策)을 시행하였다. 특히 조선 초기에 수전(水田)으로 널리 개발된 저습지가 원래 호랑이 서식의 중심지였다는 점에서, 농지개간에 따른 호랑이와의 충돌이 심했다.

당국은 연이어 나타나는 호환(虎患: 범에 의한 사람이나 가축들에 끼치는 피해)을 제거하기 위해, 또한 그로 인한 민심의 동요를 잠재우기 위해 고려시대와는 달리 야생짐승과 더불어 사는 삶을 택하기보다는 박해를 가했다. 삶의 터전이 점점 좁아들게 된 호랑이들은 겨울철에는 먹이를 구하기 힘들어 사람이 사는 마을로 내려와 가축을 잡아 갔을 수도 있으며, 이를 말리는 백성들에게 해를 끼치기도 했을 것이다. 살쾡이가 마을에 내려와 닭을 잡아가듯이, 호랑이도 허기지면 마을에 내려와 송아지나 개를 물고 갔을 것이다.

김동진에 의하면, 조선시대에 국시로 내세웠던 민본주의는 백성들의 삶을 우선시하면서 백성들에게 위협적인 것은 없애 버리는 소위 '위민제해(爲民除害: 백성을 위해 해로운 것을 없앰)를 내세워 호랑이를 제거해 버리는 포획정책을 폈다. 임금은 호랑이 포획을 전문으로 하는 군사조직을 운영하였는데, '착호갑사' (捉虎甲士)가 그것이다.[11] 정부는 호

---

10 그 결과 1389년에는 농경지가 80여만 결이었는데, 1406년에는 126만여 결, 16세기 후반에는 150~170여만 결로 확대되었다(김동진, 2009: 31).

11 1416년(태종 16년)의 경우를 보면, 440명의 정원을 5번으로 나누어 운용하는 것

랑이를 잡는 사람을 포상했고, 이로 인해 백성들은 호랑이 포획을 경제적인 이득뿐만 아니라 출세의 길로도 여기게 되었다.[12]

임진왜란과 병자호란은 우리 겨레 뿐만 아니라 우리나라에 살던 호랑이들에게도 큰 재앙이었다. 임진왜란 때 토요토미 히데요시(豊臣秀吉)는 한국에 호랑이와 표범이 많이 서식하고 있음을 알고, 호랑이를 사냥하여 그 고기와 내장을 소금에 절여 일본으로 보내 오게 하여, 먹었다고 한다(엔도 키미오, 2009 : 55). 전쟁이 장기화되자 군인들에 의한 호랑이의 피해도 그만큼 더 커져 갔다. 그럼에도 호랑이의 개체 수는 많아 1633년에는 각 군현이 해마다 호랑이 가죽 3장을 나라에 바쳤다는 기록이 있다.[13] 무엇보다도 우리나라에서 호랑이의 개체 수가 줄어들게 된 결정적인 계기는 1636년(인조 14년) 청나라 심양에서 발생한 소의 전염병인 우역(牛疫) 때문이라는 주장을 펴는 학자도 있다.[14] 우역은 바이러스에 의해 급속하게 퍼지는 전염병인데 그런 병이 호랑

으로 되어 있으며, 세조 때의 편제를 보면 착호대장·착호위장·착호장과 같은 장수들이 있었다. 이들은 제2품에서 정3품에 이르는 당상관이 임명되는 그런 자리였다(김동진, 2009 : 38).

12 포호포상제는 1390년에 반포된 경오수교(庚午受敎)에서 찾아볼 수 있다. 이어서 1471년(성종 2년)에는 군사포호자급사절목(軍士捕虎者給仕節目)을 마련하여 『경국대전』 포호조(捕虎條)로 실리며, 1486년(성종 17년)에는 포호절목(捕虎節目)을 마련하였다(39).

13 1633년은 병자호란이 발발하기 3년 전인데, 무안 현감이던 신집(1580~1639)이 올린 보고서에 이런 내용이 나온다. 그때, 전국에 330여개의 군현이 있었으므로 1년에 약 1천 마리의 호랑이들이 포획되었다는 계산이 나온다(김동진, 2013).

14 구제역(口蹄疫)은 구젯병이라고도 하는데, ㅁ자형 발굽을 지닌 동물에서 나타나는 치사율이 높으며, 급속히 번져 나가는 전염병이다. 현재 국제사회에서 요주의(要注意)대상으로 되어 있다. 소, 양, 돼지 등의 입의 점막이나 굽의 위쪽에 바이러스성 물집이 생기는 전염병으로 아직 치료약이 없다. 비록 구젯병에서 회복되었다 해도 성장 속도가 현저히 떨어져 가축동물의 경제성이 떨어진다. 2011년 4월 25일자 같은 신문 보도에 의하면, 2010년 말부터 2011년 초까지 우리나라를 휩쓴 구제역으로 도살처분된 소와 돼지는 350여만 마리, 피해액은 3조원 정도이다.

이의 주된 먹잇감인 사슴에게도 전염되었다는 주장이다. 우역은 그해 8월 우리나라 평안도에서 처음 발견된 이래, 그해 벌어진 병자호란과 더불어 전국적으로 빠르게 퍼져 나갔으며, 소에게 큰 피해를 주었다. "소가 멸종할 처지에 놓였다."는 그 당시의 다급한 기록들도 있다(동아일보, 2013년 4월 24일).

이런 우역은 발굽이 소와 비슷하며 소처럼 초식동물인 사슴들에게도 큰 타격을 가했다. 사슴 개체 수 격감으로 인한 먹잇감 부족현상은 호랑이들을 굶어 죽게 하였다. 굶주린 호랑이들이 민가를 침입해 피해주게 되고 이에 나라에서는 호랑이 사냥에 더욱 박차를 가했다. 게다가 경신대기근(庚辛大饑饉)으로 백성들도 먹을 양식이 없어 굶주리게 되자 그들은 산으로 들어가 화전을 일궜고, 호랑이의 서식지는 크게 훼손되었다. 이런 현상들 때문에 호랑이의 개체 수가 격감되었다는 견해다(같은 면).

일제강점기에도 호랑이 가죽은 일본에서 귀히 여겨져, 순사들은 호랑이를 잡아 그 가죽을 벗겨 고국의 고관들에게 선물로 주는 일을 자랑스럽게 여겼다.[15] 이 나라 저 나라에서 고관들은 호랑이나 표범의 가죽을 자기의 권력을 과시하는 상징적인 징표로 사용했다. 이처럼 그런 가죽들을 권위주의 징표로 사용하는 일은 지구 이곳저곳에서 나타나곤 했던 풍습이다. 예컨대, 조선시대에 명성왕후의 접견실에도 수십 마리의 표범가죽으로 만든 카펫이 깔려 있었다.

임진왜란이 끝난 후에도 우리나라에서는 정부의 지원이나 묵인아래 호랑이 사냥이 지속되었다. 호랑이를 잡게 되면 경제적인 이득뿐만 아

---

15 예컨대, 1922년에 주재소에 근무하던 일본인 미야케(三宅)순사는, 경주의 대덕산에서 김유근 할아버지를 물은 호랑이를 몰이꾼들의 도움으로 사살한 후, 그 가죽을 그 무렵 경주를 방문한 일본 황족에게 헌상했다(엔도 키미오, 2009: 56).

니라, 그에 따른 포상과 더불어 무용담도 곁들어지게 마련이니 더할 나
위가 없었다. 이런 전통은 그 후 오랫동안 이어져, 시골에서 남의 집에
머슴으로 사는 일꾼들이 한해에 받는 세경에 버금가는 양의 곡식이 포
상으로 주어져, 당시 사람들에게는 호랑이를 잡아 보는 것이 평생동안
선망의 대상이 되기도 했다. 그래서 전국의 포수들이나 몰이꾼들은 호
랑이 잡기에 혈안이 되어 있었다.

　이런 과정을 거쳐 우리나라에 사는 호랑이들은 그 개체 수가 급격하
게 줄어들어 갔다. 그래도 구한말까지는 우리나라 이곳저곳에서 호랑
이와 관련된 일들이 있어 왔다. 불과 1백년 전까지만 해도 서울에도 호
랑이가 출몰하여 사람들을 긴장케 한 적이 있었다. 전남 목포시 유달동
유달초등학교 교무실 앞 복도에 전시돼 있는 남한호랑이 박제에 얽힌
이야기도 이와 무관하지 않다. 이 호랑이는 1907년 2월경 전남 영광군
불갑면 불갑사 인근에서 잡혔다. 그 호랑이는 농부가 파 놓은 깊은 함
정에 빠져, 먹이를 먹지 못해 죽은 것으로 전해지고 있다.[16]

　남한에서 호랑이가 완전히 사라진 것은 일제강점기였다. 엔도 키미
오(遠藤公男)(2009)는 그의 발표문인 「한반도의 호랑이는 왜 사라졌을
까?」에서, "한일강제병합 후 10년 동안 조선사람이 수렵을 허가 받은
건수는 일본인의 10분의 1에도 미치지 못했다고 하면서, 한반도의 호
랑이를 멸종시킨 것은 일제의 남획"이라고 그는 지적했다. 우리나라에
서 일제강점기에 남획된 호랑이는 기록된 해의 것만 하더라도 호랑이

16　포획된 이 호랑이는 암컷으로 열 살 안팎이고, 몸통길이 160cm, 신장 95cm, 몸무
게 180kg이었던 것으로 추정된다. 당시 한국에 있었던 타타미 상인이었던 일본인 하
라구치 쇼지로(原口庄次郞)씨가 이 호랑이를 사들여 박제로 만든 뒤, 유달초등학교에
기증했다(55~56). 이 박제 호랑이는 현재 한국 호랑이의 유전자 정보를 확인하는 중
요한 자료로 활용되고 있으며, 그 보존 가치가 매우 높다. 학교적인 보존보다는 국가
적인 보존이 요청된다.

97마리, 표범 624마리에 달한다. 엔도 키미오가 제시한 조선총독부 통
계연보에 기재된 호랑이와 표범의 구제(驅除) 수는 각각 다음과 같다
(63-64).

1915-1916년. 호랑이 24마리 표범 136마리
1919-1924년. 호랑이 65마리 표범 385마리
1933-1942년. 호랑이 8마리 표범 103마리
14년간 총합계 호랑이 97마리 표범 624마리

일제강점기의 해수구제(害獸驅除)정책과 그 후 6·25전쟁을 겪으면
서 환경은 더욱 악화되어, 호랑이의 경우, 현재 북한에는 10여 마리 생
존하고 있는 것으로 추정되기도 하나, 87년 이후에는 발견되지 않는다
는 안타까운 보고다.

이런 과정에 남한에서는 1922년 가을에 경북 경주 대덕산에서 한 마
리의 호랑이가 지게를 지고 나무를 하러 가던 김유근(당시 26세)씨를
덮친 사건이 발생했다. 호랑이는 김씨의 등을 물어 매우 큰 상처를 냈
다. 천만다행으로 지게덕분에 목숨을 건져 마을 사람들에 들쳐 업혀 마
을로 돌아 왔다. 그 후 마을주재소의 일본인 미야케(三宅)순사는 수백
명의 몰이꾼을 동원해 호랑이를 몰게 하고 그 호랑이를 발견하여 사살
했다(56). 호랑이가 잡혔다는 그런 사진기록을 마지막으로 호랑이는 남
한의 경우, 그 흔적을 감췄다. 물론, 그 이후에도 시골에서 호랑이를 목
격했다는 이야기는 계속해서 이어졌다. 낮이나 밤에 산길에서 목격했다
는 이야기, 가축들을 물고 갔다는 이야기 등이 이어지고 있었으나 입증
자료가 없다. 야생의 호랑이가 박제된 것으로는 남한의 경우 1907년이
처음이자 마지막이고, 포획되어 사진으로 남긴 기록으로는 1922년이

그 마지막 해에 해당한다.

북한의 경우는 백두산을 중심으로 약간의 시베리아 호랑이가 생존하고 있으며, 그 이외의 지역에서도 간혹 발견되는 경우가 있으나,[17] 그 수는 북한 전체로 보아서도 거의 멸종 위기에 직면한 것으로 여겨지고 있다. 북한의 경우 1987년 자강도에서 잡힌 수컷호랑이가 마지막으로 포획된 호랑이로 보고되고 있다(이항, 2009: 69). 그러므로 이런 상태라면 머지않아 북한의 경우도 호랑이가 멸종될 것이다. 종족을 유지하려면 어느 정도의 개체가 필요하나 현재의 그런 상태에서는 번식이 이루어지기 힘들다. 러시아에 사는 시베리아 호랑이도 소련이 붕괴된 이후 사회의 통제가 느슨해지자, 밀렵꾼들이 늘어나면서 멸종 위기를 맞고 있다.

표범의 경우도 사정은 비슷하다. 매화무늬 또는 동그란 고리모양의 무늬가 있어 인기 있는 조선표범을 보더라도 그렇다. 1925년의 경우를 보면 한 마리 표범가죽 가격이 쌀 10가마 값이었다고 하니 표범 사냥에 관심이 많았을 것이다. 여기에 설상가상으로 일제강점기 때 소위 해수구제정책으로 호랑이도 표범도 이 땅에서 사라져 갔다. 현재 두만강 근처인 러시아 스파시니아만 일대에 몇 마리의 조선표범이 살고 있을 뿐인데, 머지않아 멸종될 것 같다. 종족 유지에 필요한 최소한의 집단도 형성되어 있지 않은 상태이기 때문이다. 몇 마리 되지 않아 근친교배 경향이 짙어, 후손들이 열등유전자를 지닐 확률이 높아, 몸이 허약하거

---

17 북한은 호랑이를 '조선범'이라 일컫는데, '백두산조선범'(천연기념물 제357호), '자강도 와갈봉조선범'(제123호), '강원도 추애산조선범'(제205호)으로 지정하여 3개 지역의 호랑이를 천연기념물로 보호하고 있다. 북한에서는 조선범의 경우 이처럼 서식지를 구분해 천연기념물로 지정하고 있다(2005년 3월 11일자 동아일보 08포커스면). 현재 서울동물원에 사는 암컷호랑이 '낭림이'는 북한 낭림산맥에서 잡은 것인데, 북한에 의해 기증되었다(2010년 1월 13일자 동아일보 A29면).

나 죽을 확률도 높다.[18]

현재 남한에서는 더 이상 야생의 상태에서 호랑이가 발견되지 않고 있다. 한국 호랑이들은 남한의 경우 야생에서 그 흔적이 발견되지 않아, 국내 멸종 위기의 포유류 11종류 가운데 하나로 지정되어 있다. 현재로서는 그 증거를 객관적으로 제시할 만한 사진이나 흔적들— 털, 배설물 등— 도 없는 상태다. 표범의 경우도 1962년 정월 초이튿날 경남 합천군 가야산과 인접한 오도산에서 1년생 수컷 한 마리가 포획된 것을 마지막으로 더 이상 발견되지 않고 있다.[19] 그 표범(이름 '한표')은 후손을 남기지 못한 채 1973년 동물원에서 비만증으로 사망했다. 현재

마지막 표범(한표)의 부조

---

18 2011년 10월 18일, National Geographic Channel에서 방영된 「두만강의 조선표범, 그 외로운 생존」 참조. 한편, 2012년 5월 12일 Channel 19(조선)에서 방영한 「살아 있는 지구, 9부: 숲의 4계」에 의하면, 아무르 표범의 경우도 이제 모두 합해 40여 마리 밖에는 남아 있지 않다.

19 환경부가 2002년 5월 강원 인제군 민통선 인근 지역에서 표범의 것으로 추정되는 대형 야생 고양잇과 동물의 발자국을 발견했다는 보고도 있어, 극히 일부지만 생존가능성도 점쳐지고 있다(2005년 3월 11일자 동아일보). 2013년 5월 7일 KBS1저녁 방송 「KBS 파노라마」에선 우리나라 표범현황에 관해 집중적으로 조명한 적이 있었다. 그때 경상남도 합천군 오도산 지역에 사는 몇몇 사람들은 2000년대 이후에도 표범인 듯한 동물들의 모습을 보거나 소리를 들었다고 증언했다. 오도산(吾道山)은 높이가 1134m이며, 경상남도 합천군 묘산면·봉산면, 거창군 가조면 일대에 걸쳐 있다. 오도산에서 포획된 표범이 서울의 동물원에 있을 때의 일인데, 그 당시 표범관리를 담당했던 사람의 증언에 의하면 그 표범은 우리 안에 날아 들어온 참새를 발로 낚아채 먹었을 정도로 날쌨다고 한다. 하지만 그러던 그 표범도 계속되는 스트레스와 비만으로 죽음에 이르게 되었다.

과천에 있는 서울대공원 입구에 그 표범의 부조(浮彫: 모양이나 형상을 도드라지게 새긴 조각)가 걸려 있다.

7.3 이야기나 작품 속에서의 역할

야생동물과 관련된 이야기나 작품들 가운데 호랑이처럼 많이 대두되는 것도 드물다. 부정적인 측면에서 뿐만 아니라 긍정적인 측면에서도 말이다. 그런 호랑이도 표범도 남한의 경우는 씁쓸하게도 더 이상 발견되지 않고 있다. 자연현상에 의해서가 아니라 인간에 의해 야기된 현상이다. 이런 현상은 건전한 생태계를 위해서 뿐만 아니라, 풍부한 이야기나 작품의 소재를 위해서도 아쉬운 일이다.

육당 최남선은 우리나라를 '호랑이 이야기의 나라[虎談國]'라고 부르기도 했고, 중국에는 "조선 사람들은 일생의 반을 호랑이에게 물려가지 않으려고 애쓰는 데 보내고 나머지 반은 호환(虎患)을 당한 사람 집에 조문을 가는 데 쓴다."는 우스갯소리가 있다고 한다(동아일보 B5, 2011년 11월 26-27일). 한편, 2009년 12월 15일, 국립민속박물관에서는 2010년 경인년(庚寅年) 호랑이해를 맞이하여 '호랑이의 삶, 인간의 삶'을 주제로 국제학술대회가 열려, 언제부터 우리나라에서 호랑이가 인간의 문화 속에 나타나게 되었는지, 언제부터 호랑이가 인간에 의해 박해를 받게 되었는지를 밝히고자 했다.

그곳에서 발표된 자료에 의하면, 우리나라에서 인간에 의해 호랑이가 묘사된 것은 우선, 울산 울주군 반구대 암각화에서 찾아볼 수 있는데, 이 암각화에는 줄무늬 호랑이와 점박이 표범 등 호랑이 14마리가 나타나 있다. 이런 암각화에서 뿐만 아니라 고구려의 고분벽화에서, 민화에서, 신라의 토우에서 그림으로나 조형으로 호랑이 모습들이 나타나 있다. 건국신화라 할 수 있는 단군신화나 갖가지 민담 속에서도 호랑이가 차지하는 위치는 크다. 그렇다면 호랑이가 우리의 문화 속에 투영된 모습은 어떤 것일까?

천진기(2009)는 그의 발표문인 「호랑이, 산신령을 태우고 산을 호령하다.」(9-25)에서 우리의 전통문화 속에 나타난 호랑이의 의미를 "효와 보은의 수호자, 용맹함과 날렵함을 지닌 벽사(辟邪: 요사스러운 귀신을 물리침),[20] 절대적인 권위와 힘, 포악·사나움·어리석음의 대명사[21]"로 분류했다. 그래서 예컨대, 호랑이와 관련된 그림도, 용맹스런 맹호도(猛虎図)도 있고, 인간에게 도움과 기쁜 소식을 전해 주는 호작도(虎鵲図)도 있고, 호랑이들의 장난기 어린 모습을 담은 여러 유형의 민화도 있다는 것이다.

단군신화에서 호랑이는 참을성이 없는 것으로 묘사된다. 곰은 동굴 속에서 쑥과 마늘만 먹고 21일 만에 사람이 되지만, 호랑이는 고통을 참지 못해 굴 밖으로 뛰쳐나가 우리의 조상이 되지는 못한다. 이처럼 단군신화에서 유추할 수 있듯이 사람들은 그 무렵에는 곰과 더불어 호랑이를 중히 여긴, 나아가서는 숭상의 대상으로까지 여겼다. 『삼국지』의 위지동이전(魏志東夷伝)에는 제호이위신(祭虎以爲神)이라는 말이 있는

---

20 예컨대, 민화인 작호도(鵲虎図)에는 까치·소나무·호랑이가 함께 등장하는데, 까치는 전통적으로 우리 민족에게 길조(吉鳥)로 인식되어 왔고, 소나무는 무병장수를 나타내는 상징성을 지니고 있음에 비추어 볼 때, 호랑이도 인간에게 도움을 주는 것으로 파악했음에 틀림없다. 이 민화는 백성들에게 있어, 집안의 잡귀를 쫓아내고 태평을 기원하는 백성들의 심정을 나타낸 그림이다.

21 예컨대, 마을 밖 고갯길에서 아기엄마를 잡아먹고 그것도 모자라 아기까지 해하려고 민가에 내려온 호랑이가 있었는데, 그 호랑이가 문틈으로 방을 들여다보니, 아기 옆에 있던 사람이 우는 아이에게 무서운 호랑이 이야기를 해도 아기가 울음을 그치지 않다가 곶감이야기를 듣고서 울음을 그치는 것을 목격하고는, 그 호랑이가 줄행랑을 쳤다는 이야기가 그것이다.

데, 이는 '호랑이를 신으로 섬긴다.'는 뜻으로, 이에 해당하는 말이다.

최인학(1996)은 『한국민속문화의 탐구』에 실린 그의 글 「설화 속의 호랑이」에서, 설화에 나타난 호랑이상(像)을 네 유형으로 분류했다 (20-23). 첫째는 '보은형'으로, 호랑이의 목구멍에 걸린 여인의 비녀를 꺼내 준 어떤 젊은이를 부자로 만들어 준다는 이야기가 대표적이다. 둘째는 '호식(虎食)형'으로, 호랑이 밥이 된 포수의 아들이 복수를 위해 사냥을 떠났다가 그 호랑이에게 다시 잡아 먹혔으나, 호피(虎皮)를 뚫고나와 크게 성공한다는 이야기라든가, 잡아 먹힐 위기에서 간신히 나무위로 도망쳐 신의 도움으로 '해와 달이 된 오누이' 이야기 등이 그것이다. 셋째는 '우둔형'으로, 작은 동물이 호랑이를 조롱하는 경우로 예컨대, 호랑이가 여우를 잡아먹으려 하자, 여우는 모든 동물들이 자기를 우러러 숭상하는데, 자기를 잡아먹는다는 것은 말이 되지 않는다고 하면서, 실제로 와서 그런 광경을 보라고 호랑이에게 말하는 데서 찾아볼 수 있다. 여우가 호랑이를 뒤세우고 동물들이 많은 곳을 통과할 때, 동물들이 모두 숨어 버리거나 도망치자, 호랑이는 여우가 정말로 무서운 존재로구나 깨닫고 자기도 여우를 포기하고 가 버린 경우에서 엿볼 수 있다. 넷째는 호랑이가 인간으로, 또는 인간이 호랑이로 변신하는 이야기인 '변신형'이다.

호랑이 가운데서도 백호(白虎)는 황호(黃虎)보다 성질이 온순하여 평화로움을 나타내기도 한다. 황호는 다른 맹수들과 싸움을 곧 잘하지만 백호는 그렇지 않다고 한다. 2010년은 경인년(庚寅年)이었다. 한자인 경(庚)은 보통의 호랑이와는 다른 호랑이 곧, 흰색을 뜻하므로, 경인년은 '백호의 해'라고 일컫기도 한다. 백호는 유전적으로 보면 흰 사슴·흰 꿩처럼 일종의 돌연변이로 밝혀졌다. 음양오행설을 나타내는 고구려 고분벽화인 사신도(四神圖)에서 청룡(靑龍)·주작(朱雀)·현무

(玄武)와 함께 등장하는 백호는 서쪽을 수호하는 영물(靈物)이다. 그런데 이 4가지 신성한 영물 가운데서도 실제로 이 세상에 있는 것은 백호뿐이다. 호랑이 가운데서도 백호는 그 특이한 흰 털빛 때문에 우리나라에서는 영물로 숭배되었다. 우리 민족은 옛날에는 흰색을 유난히 좋아했다. 흰색은 햇빛을 상징해 옛사람들은 백호가 나타나면 왕자는 순해지고, 부자는 욕심을 부리지 않게 된다고 믿기까지 했다.

민화에서의 호랑이는 다양한 모습으로 나타난다. 무서운 호랑이가 아니라 담배피우는 호랑이, 고양이 같은 귀여운 호랑이, 사팔뜨기 호랑이 등처럼 말이다. 민화에서는 까치호랑이가 특히 유명하다. 민화에 나타난 까치호랑이의 경우는 그 원류는 임진왜란 때 명나라에서 유래한 것이지만 그 후 계속 한국화가 이루어져, 19세기 민화에서는 한국을 대표하는 민화로까지 발전했다. 우리나라에서는 흔히 까치는 우리에게 기쁨을 전해 주는 길조(吉鳥)로 인식되어 왔다. 아침에 까치가 짖으면, 그날 손님이 온다거나 반가운 소식이 있다고 여기는 경우가 그것이다. 호랑이의 경우는 악한 귀신을 물리치는 그런 동물[辟邪]로 여겨지곤 했다. 그런데 까치호랑이에서는 그런 까치와 호랑이가 대립하기도 하고, 우호적인 관계를 유지하기도 하면서 그림을 보는 사람들로 하여금 웃음을 자아내게 한다.

대립하는 경우는 호랑이는 폭정을 일삼는 권력자로, 까치는 그에 시달리는 백성으로 각각 나타내지는 경우에서 찾아볼 수 있다. 그럼에도 민화에서 나타나는 흥미로운 것은 호랑이보다도 이런 까치의 당당함이다. 주인공은 호랑이가 아니라 까치인 듯하다. 무서운 눈과 날카로운 발톱을 지닌 채 노려보는 큰 호랑이에 대해서도 자그마한 까치는 부리를 벌리고 꼬리를 위로 꼿꼿이 세운 채 아주 당당한 모습으로 맞서고 있다. 반면에 호랑이와 까치가 우호적인 경우는 1930년대 신재현이 그린 까치호랑이에서 찾아볼 수 있다. 이 그림에서는 까치와 호랑이가 아주 우호적이다. 4마리의 까치들이 호랑이를 향해 날아들고 솜방망이 같은 발톱을 지닌 호랑이는 이에 즐거워하면서 크게 웃는 모습을 하고 있다. 무슨 좋은 일이라도 생길 것 같은 예감이 들어서인지 말이다. 이런 경우는 덕이 있는 지도자와 일반 백성들이 서로 어울리는 그런 모습 같기도 하다. 전자는 일본 민예관이 소장한 까치호랑이에서, 후자는 삼성미술관 리움이 소장한 까치호랑이에서 각각 그 모습들이 나타나 있다(정병모, 2011: 동아일보 B5면).

호랑이와 관련된 속담이나 이야기로는 아래와 같은 것들이 있다. 물론, 서로 상반된 내용을 담은 것들도 있다.

"호랑이도 제 말하면 온다."

"호랑이는 굶주려도 풀을 먹지 않는다."

"호랑이는 썩은 고기는 먹지 않는다."

"호랑이도 시장하면 나비를 잡아먹는다."

"호랑이 보고 창구멍 막기"(위험이 눈앞에 닥쳐서야 서둘러 미봉책을 씀)

"호랑이게 개를 꾸어 준다."(한번 그 손에 들어가면 도저히 되찾을 가망이 없는 경우)

"범가는 데 바람간다"(언제나 떨어지지 않고 같이 다님)

"호랑이굴에 들어가도 정신만 차리면 살 수 있다."

"옛날 옛적 호랑이 담배피우던 시절에 …"

"배부른 호랑이는 무섭지 않다."

"함정에 빠진 호랑이는 토끼의 놀림감이 된다."

7.4 복원 문제와 생명공동체에서의 위치

7.4-1 복원 방법과 문제점

한국 호랑이를 다시 복원시키는 방법은 자연 상태에서 복원시키는 방법과 유전공학에 의한 복원 방법이 있다. 우선, 전자와 같은 방법에 관해 살펴보자.

남한의 경우, 호랑이는 자연 상태에서 멸종 상태에 있다. 북한의 경우도 비슷한 처지에 있다. 그렇다면 호랑이를 다시 복원시켜야 하는가? 생명공동체라는 측면에서 보면 호랑이의 권리를 인정해 주고, 마땅히 복원시켜야 한다. 인간에 의해 사라졌으므로 인간은 그 복원에 대해 책임을 져야 한다. 그러나 사람들이 호랑이를 두려움의 대상으로 여기고 있으므로 현재와 같은 인간중심세계에서는 사람들의 합의가 필요하다. 호랑이에 관한 두려움이 여전한 이상, 호랑이를 복원해서 산에 풀어놓는다는 것이 현재로서는 국민정서상 합의를 이끌어 내기 힘들수도 있다. 그러나 인간중심주의나 인간쇼비니즘에서 좀 벗어나서 생각하면 자연스런 일로 여겨진다.

남한의 경우, 그동안 고라니·멧돼지와 같은 야생짐승들의 개체 수가 빠른 속도로 증가되어, 호랑이를 위한 먹이사슬은 어느 정도 형성되었다. 그렇다면 어떻게 사람과 야생의 호랑이가 우리나라에서 공존할 수 있을까? 입산이 아닌 등산이 국민의 스포츠로 자리매김해 가는 현재의 상황에서는 호랑이로 인한 피해를 두려워하는 국민정서상 그 예방대책이 요청된다. 호랑이를 복원시켰을 경우는, 산에 오르는 사람들이 지켜야 할 안전수칙에 관한 교육과 보호가 필요하다. 호랑이가 생활하거나 출몰하는 곳에는 사람들의 출입을 통제하는 방법도 있을 수 있다. 경우에 따라서는 몇 사람 이상이나 장비를 갖춘 사람만 그런 곳에

입산시키는 방법도 강구할 수 있다.

　호랑이와 같은 희귀성 멸종 위기 동물들을 야생 상태에서 복원하기 위해서는 무엇보다도 전국적인 차원에서 사냥 금지가 이루어져야 하거나 포획 행위가 대폭 축소되어야 한다. 뿐만 아니라 1989년 체결된 '멸종 위기 야생동·식물의 국제거래에 관한 협약(CITES)'을 철저히 적용시킬 필요가 있다. 멸종위기 야생동·식물의 국제거래를 단속하고 처벌규정을 지켜야 한다. 밀거래 사체조직에 남아 있는 방사성탄소 축적량조사를 위해 관련된 기술을 더욱 발전시켜 불법 포획 시점을 구체적으로 밝혀 내는 일도 매우 필요하다.

　사냥은 크게 상업적인 사냥, 오락이나 스포츠를 위한 사냥, 생계를 위한 사냥, 인간의 안전을 위한 사냥 등으로 구분될 수 있다. 우리나라의 경우, 현재처럼 전국에 걸쳐 순환적으로 사냥이 허용되는 경우는 이 가운데 주로 오락이나 스포츠를 위한 사냥이라 하겠다. 그런데 어떤 형태의 사냥이든 사냥이 허용되는 한 수렵현장에서 짐승들을 선별하면서 사냥을 하는 것은 힘든 일이다. 어떤 동물이 나타나면 무의식적으로 실탄을 발사하게 되는 경우가 많기 때문이다. 야생동물을 보호하기 위해서는 엽총을 아예 없애 버리거나 그 수효를 대폭 줄여야 한다.

　전국산하에 널려 있는 야생동물들을 포획하기 위한 올무·덫·독극물·함정 등 모든 시설물들도 철저히 단속해야 한다. 아울러 그런 시설물들을 발견하면 없애 버리거나 신고하는 풍토도 조성해야 한다. 올무나 덫·독극물·함정 등을 설치하거나 만들어 야생동물들을 포획하는 행위는 그들을 속여 생명을 빼앗는다는 점에서 윤리적이지 못하다. 생명을 빼앗는다는 점에서도 그렇고, 속인다는 점에서도 그렇다. 물론, 희귀성 멸종 위기 동물들의 경우는 실정법을 어겼다는 점에서 처벌의 대상도 된다.

그러므로 특별한 경우을 제외하고는 사냥을 할 수 없도록 적극적으로 추진해야 한다. 야생동물들이 우리들의 생명에 위협이 되지 않는 한, 그들의 생명을 빼앗는 행위는 생명공동체의 일원으로서 떳떳하지 못하다. 더욱이 먹이사슬에서 식량을 해결하기 위한 것도 아닌 오락이나 스포츠의 일환으로 사냥이 이루어지고 있음은 부끄러운 일이다. 우리에게 죽음과 같은 해를 끼치지도 않았는데, 야생동물들의 생명을 빼앗는 일은 떳떳하지 못하다. 속여서 빼앗은 경우는 더욱 그렇다. 이성과 도덕성을 지닌 사람이라면 더 이상 멸종 위기 동물들의 생명을 빼앗지는 못할 것이다. 생명을 빼앗는 일은 심신을 연마하는 운동정신에도 벗어나는 행위다. 총에 맞아 죽어 가는 어미 동물의 피눈물과 어쩔 줄 몰라하는 어린 새끼들의 모습을 조금이라도 상상해 본다면 야생동물들에게 총부리를 겨누지는 못할 것이다.

잘못된 보신풍토에 편승하여 야생동물들을 매매하는 행위도 금지시켜야 한다. 무엇보다도 우리 민족에 기생하는 일부 잘못된 보신 문화가 없어져야 한다. 이런 보신 문화는 전 세계에 있는 호랑이를 보호하기 위해서도 필요하다. 전 세계에 있는 호랑이들이 사라지는 주요한 원인 가운데 하나가 한국인들의 빗나간 보신문화에 기인하기 때문이다. 인간에게 어떠한 도움도 받지 못한 야생동물들을 죽여서 그것으로 몸을 보신하는 행위는 아주 이기적인 행위임에 틀림없다. 한쪽에서는 생명이 없어져 가는데, 다른 한쪽에서는 생존이 아닌 보신 차원에서 즐거워한다면 이는 지극히 비윤리적인 행위이다. 이런 일들을 방지하기 위해서는 생명경외사상에 근거한 야생동물 보전운동과 더불어 애호운동을 펼칠 필요가 있다. 모든 윤리의 근본은 생명존중사상에서 비롯된다. 생명이 있고 난 뒤에 생활도 있기 때문이다. 그들도 우리 세대에 우리와 더불어 이 나라에 살 수 있는 권리가 있는 주체임을 사람들에게 인식시켜야 한다. 희귀성 멸종 위기 동물의 경우는 더욱 그렇다.

호랑이에 관한 잘못된 편견을 부식시키는 일도 중요하다. 호랑이는 우리의 옛이야기들에서 많이 나오는 짐승이지만 부정적인 모습으로 그려져 있는 경우들도 많다. 곰은 우직한 짐승으로 호랑이는 무서운 짐승으로 각각 묘사되어 있는 경우가 많다. 그러나 부정적인 측면과 더불어 긍정적인 측면도 있음을 잊어서는 안 된다. 호랑이는 우리의 옛날이야기에 등장하는 단골손님이다. 때로는 용감하고 정의로운 동물로, 효자를 돕는 동물로, 마을이나 산을 수호하는 동물로, 인간과 더불어 살아왔다. 무엇보다도 호랑이는 인간 이외의 세계를 지배하는 동물들의 왕이다.

현재 우리나라는 다른 어떤 나라들에게도 뒤지지 않는 산림녹화국으로 알려져 있다. 야생동물들을 위한 서식처도 그런대로 괜찮은 편에 속한다. 그럼에도 산림 속에 살고 있는 동물들의 숫자는 의외로 적다. 이를 위해서는 야생의 상태에서 먹이사슬이 제대로 이루어질 수 있도록 환경을 조성해 줄 필요가 있다. 다행스럽게도 우리나라의 경우, 멧돼지·노루·고라니의 숫자가 증가하고 있으므로 포식자들을 위한 먹이사슬은 어느 정도 이루어지고 있다. 먹이사슬이라는 측면에서는 호랑이에게 그렇게 환경이 나쁜 것은 아닌 듯하다.

우리가 사는 국토가 우리 인간만을 위한 장소가 아님을 사람들이 알게 되고, 사람들 대부분이 호랑이의 권리를 인정해 주는 그런 날이 올 때까지, 호랑이의 권리를 대변해 줄 사람들이 필요하다. 인간중심주의 환경윤리와 탈인간중심주의 환경윤리 간에 타협이 이루어지거나 공통분모가 밝혀질 때까지는 말이다. 경우에 따라서는 우선은, 호랑이나 표범의 서식처를 입산통제지역으로 정하여 인간의 접근을 차단하는 방법도 있겠다.

이를 복원하기 위해서는 야생생태계에서의 복원과 복제기술에 의한
복원이 있을 수 있다. 우선 전자와 같은 복원 방법을 생각해 보자. 다행
히 북한이나 북한과 인접한 곳에는 아직도 몇 마리의 호랑이가 야생상
태에서 생활하는 것으로 보고되기도 한다. 그래서 복원시키는 가장 효
과적인 방법은 남북통일을 하여 북한이나 만주나 연해주에 서식하는
호랑이들이 자연스럽게 다시 남한에 내려와 살 수 있게끔 하는 일이다.
특히 러시아 연해주에는 아직도 수백 마리의 호랑이가 생활하고 있는
것으로 여겨지기 때문에 더욱 그렇다. 호랑이는 행동반경이 매우 넓다.
남한의 환경이 그들이 서식하기에 좋은 곳으로 여겨지면 점차 남한지
역으로 다가올 것이다. 남한의 경우는 호랑이가 좋아하는 먹잇감인 멧
돼지나 고라니 등이 많이 서식하고 있고 산림도 비교적 울창하여 호랑
이 복원도 자연스레 가능해진다.

통일 이전에는 북한의 도움을 받는 일이다. 북한에는 남한에서 멸종
된 표범을 비롯한 여러 종류의 야생동물들이 아직도 일부 살고 있기 때
문이다(호랑이의 경우는 북한에서도 1980년대 후반 이후는 발견되지
않는 실정임). 이는 같은 혈통의 종족 보존이라는 면에서도 더욱 필요
하다. 이를 위해 희귀성 멸종 위기 동물들을 보호하려는 북한의 관련
단체와 협력하는 일이 무엇보다 필요하다.[22]

중국이나 러시아로부터 도움을 받는 일도 필요하다[23]. 한국 호랑이

---

22 북한은 동물 100여 종과 식물 210여 종을 천연기념물로 지정해 보호하고 있다.
예컨대, 1989년 유네스코가 국제생물권 보전지역으로 선정한 백두산 일대는 호랑이·
붉은 사슴·불곰·사향노루 등 희귀동물 54종, 세가락딱따구리·메닭 등 조류 180종,
물고기 30종 등 1800여 종이 서식하고 있다(동아일보, 2005년 3월 11일).
23 서울대 수의과 대학 야생동물유전자원은행 이 항교수팀은 100여 년 전 외국으로
반출된 한국 호랑이(백두산 호랑이)의 뼛조각을 찾아 유전자를 분석한 결과 그 유전
자 염기서열이 아무르 호랑이(시베리아 호랑이)와 100%일치한다는 연구 결과를 발
표했다. 이 연구진은 5년 전부터 한국 호랑이의 정체성을 규명하기 위해 노력해 왔다.

와 유전적으로 동일한 러시아 아무르 호랑이(시베리아 호랑이)의 경우, 현재 4백마리정도 살고 있는 것으로 파악되고 있어(동아일보, 2012년 2월 8일) 러시아, 중국, 한국이 그 보전에 힘쓰기만 한다면 우리에게도 어느 정도 희망이 있다. 특히 백두산 권역을 중심으로 해서 말이다. 실제로 우리나라는 중국으로부터 1994년 한중 정상회담과 2005년 한중 산림협력회의 때 각각 1쌍의 백두산 호랑이들을 기증받은 적이 있었다. 아쉽게도 암컷들이 모두 폐사해 번식에는 성공하지 못했지만 말이다. 이에 2011년 4월 19일 중국 베이징에서 열린 '제8차 한중 산림협력회의'에선 중국이 백두산 호랑이의 번식을 돕기 위해 백두산 호랑이 한 쌍을 또 기증하기로 했다. 다행스런 일이다. 산림청은 중국정부와 '백두산 호랑이 종(種)보전협력 양해각서'도 체결했다(동아일보, 2011년 4월 21일). 10월경 우리나라에 오는 백두산 호랑이 암수 한 쌍은 대전오월드(동물원)에서 위탁 사육된다. 이 호랑이는 헤이룽장(黑龍江)성 하얼빈의 호랑이 전문사육기관인 호림원으로부터 들여 온다.

복원시키는 또 다른 방법은 유전공학에 의한 방법이다. 현재까지 인간의 복제기술에 의한 호랑이의 복제는 이루어지고 있지 않다. 그러나 복제기술에 관한 한 우리나라는 세계 여러 나라들에 비해 선진대열에서 있다. 물론, 2006년에 있었던 것처럼 복제기술의 진실성 문제로 한 차례 큰 홍역을 치루기는 했지만, 우리나라가 이 분야에 관한 한 상당

다행히 미국 스미스소니안 자연사박물관과 일본 도쿄 국립과학박물관에서 한국 호랑이의 뼈 표본을 찾는 데 성공했다. 세포의 핵 주변에 있는 미토콘드리아(mitochondria)는 진화과정에서 돌연변이가 많고 진화속도가 빨라 종을 구분하고 혈통을 추적할 때 많이 사용된다(동아일보, 2012년 2월 8일: A13면). 미토콘드리아는 어미로부터 그 새끼에게만 전해지므로 애비가 다를지라도 같은 에미에게서 출생한 새끼는 동일한 미토콘드리아를 지닌다. 참고로 인간의 경우 각각의 미토콘드리온 내부에 있는 염색체는 1만 6천 5백개의 뉴클리오타이드(nucleotide)를 지닌다.

한 수준에 이르렀음은 부인하기 힘들다. 호랑이 복원에 관한 필요성이 증대되면 이를 위한 연구활동도 활성화될 수 있을 것이다. 물론, 야생 생태계에서의 복원이든 복제기술에 의한 복원이든 복원 후에는 서식지 환경 조성과 더불어 수렵금지와 같은 철저한 법집행이 요청된다.

7.4-2 생명공동체에서 호랑이의 위치와 수난

호랑이는 아주 옛날부터 짐승들의 왕으로 군림하면서 생태계의 정상에서 살아왔다. 그러던 것이 특히 지난 20세기에 접어들어 인간들의 무분별한 남획에 의해 거의 멸종 상태에 이르게 되었다. 더욱이 우리나라의 경우는 남한과 북한이 분단됨에 따라 호랑이의 통행도 이루어질 수 없다. 인간들의 분단이 호랑이와 같은 야생동물의 분단으로까지 이어지게 되었다.

생명공동체에서 인간이 다른 생명체에게 가한 핍박은 상상을 초월한다. 야생동물들은 인간을 보면 무서워한다. 인간이 그들에게 가해 왔던 핍박을 그들은 알고 있기 때문이다. 사람들이 야생토끼나 다람쥐 등을 해치지 않으면 그들도 사람을 피하지 않는다. 늑대나 여우의 경우도 유사하다. 캘리포니아주에 있는 요세미티(Yosemite) 국립공원에 가면 늑대들도 사람들을 두려워하지 않는다. 사람이나 늑대나 모두가 서로 자연스럽다. 미국이나 캐나다에 있는 많은 공원에서는 사람들이 야생기러기나 청둥오리들과 스스럼없이 지내고 있음을 목격한다. 우리나라의 경우도 예부터 사람들과 제비들이 사이좋게 지내 왔다. 최근에 와서는 다람쥐들이나 참새들도 사람들을 그리 무서워하지 않는다. 이런 사실은 인간과 야생동물들이 생명공동체에서 각자의 생활을 유지하면서 서로 어울려 살 수 있음을 보여 준다.

호랑이는 먹이사슬의 맨 윗부분을 형성한다. 자연 속에서 동식물들은 먹이사슬을 형성하면서 전체적인 균형을 유지해 나간다. 호랑이는 굶주려도 풀을 먹지 못하는 육식동물이다. 그러나 배가 부르면 옆에 먹이 감이 있어도 해를 가하지 않는다. 생태계에도 위계질서가 있어, 각 생명체들은 그들 간의 조화로움을 유지해 나가며, 몸가짐도 조심하면서 살아간다. 그런 생태계에서 맨 윗부분을 호랑이가 차지하고 있다. 인간은 이성의 도움으로 도구를 만들고 무기를 만들어 모든 동식물을 지배하고 있지만, 자연의 상태에서는 호랑이가 왕이다. 우리는 그들의 처지를 이해해 주어야 한다. 호랑이는 인간에게 있어 두려움의 대상, 경외의 대상이었으며, 인간을 겸손케 하는 데 나름대로 기여해 왔다. 그런 점에서 호랑이는 생명공동체에서 인간을 위해서도 필요한 존재이다.

그런 호랑이가 조선시대에는 민본주의 정책에 의한 포호정책에 의해, 일제강점시기에는 해수구제정책에 의해 사라져 갔으며, 호랑이를 포획하는 것이 무용담처럼 여겨지고 돈벌이의 수단으로 여겨지기도 했다. 그렇게 해서 우리나라의 경우, 호랑이가 살기에는 너무나 살벌한 그런 곳으로 되어갔다. 오죽하면 남한의 경우에 범이 사라진 지가 90년이나 되었는가? 북한의 경우는 야생 상태에서 몇 마리 있는 것으로 여겨지지만 그 정도의 개체 수로는 종족이 이어질 수 없다. 동물의 경우, 최소한 50여 마리는 인근에 서로 무리를 이루고 살아야 개체가 유지된다고 한다. 개체 수가 적으면, 서로 만나기도 힘들뿐더러 만나서 행여 짝짓기가 이루어진다 하더라도, 근친 퇴화 현상이나 번식 능력 약화로 점차 멸종하게 된다.

건전한 생태계는 생물의 다양성에 근거한다. 먹이사슬의 정점을 형성하던 호랑이가 사라짐에 의해 멧돼지나 고라니와 같은 동물들이 그 수가 급격히 늘어나고 있는 것은 반갑기도 하려니와 또 다른 걱정거리

를 만들어 내기도 한다. 이제 우리는 호랑이가 이 땅에서 생존할 수 있
는 권리를 인정해야 한다. 우리나라에 호랑이가 정착하게 된 시기는 9천
년에서 1만 년 전이라지만, 정확한 시기는 아무도 모른다. 그러나 상당
히 오래전부터 호랑이가 이 땅에 서식하여 왔음은 틀림없다. 울주군 반
구대 암각화나 고구려의 고분벽화에 나타나 있듯이 말이다.

인간과 짐승들과의 관계도 황금률(the golden rule) — 다른 사람들
이 우리에게 해 주기를 기대하는 것처럼 우리도 다른 사람들에게 그렇
게 해 줄 의무를 지닌다. — 이 적용되어야 한다. 다시 말해 "우리는 다
른 짐승들이 우리에게 해 주기를 기대하는 것처럼 우리도 다른 짐승들
에게 그렇게 해 줄 의무를 지녀야 한다". 필자는 이처럼 생명공동체의
구성원들에게까지 확대된 생명공동체에서의 이런 기본적인 도덕률을
'제2의 황금률'이라 일컫고 싶다. 멸종 위기에 있는 호랑이를 복원시
켜, 그들에게도 위와 같은 제2의 황금률을 적용시킨다면, 그런 풍토 속
에서 생명공동체에 근거한 생태문화도 더욱 긍정적으로 펼쳐질 것이
며, 그런 포용성 있는 조화로운 곳에서 민주주의도 더 진화된 형태인
생태민주주의로 꽃을 피울 수 있다.

7.5 요약 및 결론

지금까지 필자는 호랑이[범]의 종류, 특징 및 분포 상황에 관해, 이야
기나 작품 속에 나타난 호랑이의 역할에 관해, 멸종된 범의 복원 방법
에 관해 서술했다. 호랑이는 우리나라 이곳저곳의 이야기나 작품 속에
서 많이 등장해 왔다. 특히 어린 시절에는 할머니와 할아버지를 비롯한
어른들로부터 이런 동물들과 관련된 옛날이야기들을 들으면서 성장해
온 경우들이 많다. 범은 권위가 있으면서도 용맹스러운 동물로 묘사되

곤 한다. 그들은 우리들의 생활이나 이야기 속에서 이야기를 재미있게 해 주면서, 인간의 선행을 유도하기 위한 역할을 독특히 해 왔다.

이에 필자는 그 복원 방법에 관해 야생 상태에서의 복원과 그 문제점에 관해, 복제기술에 의한 복원가능성에 관해 각각 살폈다. 야생 상태에서의 복원을 위해서는 전국적으로 사냥 금지가 이루어지거나 사냥이 대폭 축소되어야 한다는 것, 전국산하에 설치되어있는 덫이나 함정 등 야생동물 포획시설물들을 철거해야 한다는 것, 범에 대한 부정적인 이미지를 시정해야 한다는 것, 먹이사슬을 형성하기 위한 노력이 필요하다는 것을 지적했다. 야생 상태에서 복원시키는 가장 손쉬운 방법은 북한의 도움을 받는 일이다. 같은 혈통을 지닌 호랑이의 종족 보존이라는 측면에서도 이런 일은 필요하다고 여겨진다.

안타까운 또 다른 일은 다른 나라에서 밀렵되는 호랑이들을 구매하는 사람들은 주로 한국인들이라는 점이다. 전 세계에서 범들이 밀렵되는 주된 원인은 한국인들 때문이라고 하기도 한다. 이것은 잘못된 보신문화 때문이다. 과연 호랑이의 여러 기관들이 우리에게 효험이 있는지는 객관적으로 밝힐 필요가 있다. 한의학이나 중의학에서도 현대의학인의 견지에서 그 사실을 밝히는 데 앞장서야 한다. 자기의 잘못된 생활습관이나 음식습관을 고치는데 힘쓰기보다는, 다른 것의 생명을 빼앗아 보신함에 의해 건강을 증진하거나 회복시키려는 자세는 윤리적으로 옳지 못하다. 생명공동체에서 보면 아주 비열한 방법이다.

우리가 사는 나라는 그들의 나라이기도 하다. 그들과 공존하면서 평화롭게 살아야 한다. 1992년 리오데자네이로에서 있었던 유엔환경개발회의의 생물종 다양성 협약에는 우리나라도 서명했다. 우리나라는 민주주의를 지향한다. 민주주의는 생태민주주의로 진화될 때, 윤리는 환경윤리로 진화될 때, 더 고양되고 완성된다. 남한에서 호랑이를 비롯한 몇몇 동물들이 사람들에 의해 없어진 현실을 더 이상 묵과해서는 안된다. 그들의 권리가 보장되지 않는 곳에서 인간의 권리가 보장되기를 기대하는 것은 편협된 인간쇼비니즘의 발로에 기인한다. 그들이 없는 나라, 그들이 없는 세계가 과연 아름다운 세계일까? 인간 이외의 다른 생명체의 삶을 부정하거나 업신여기는 그런 풍토 속에서 참된 민주주의나 생태민주주의를 기대할 수 있을까?

우리와 더불어 살아온 한국 호랑이들을 없애 버린 장본인들—조선 시대나 일제 강점 시기의 해수구제정책에 의해, 맹수사냥을 통한 이득에 빠져 있던 사냥꾼이나 포수들에 의해, 맹수를 없앤다는 명분에 무조건 동참한 일반 민중들에 의해—의 태도가 떳떳했는지를 우리는 반성해야 한다. 생명을 존중하고 평화를 중시하는 전통을 지녔다고 하면서도, 생태계에서는 한 마리의 호랑이도 살지 못하게 만든 그런 이기적이며, 극단적인 인간중심주의 풍토로 치닫게 한 그런 모순된 언행들에 대해 이제는 회개해야 한다. 호랑이를 닮은 나라, 올림픽의 마스코트 호돌이, 툭하면 호랑이의 용맹성을 내세우곤 하는 어설픈 우리의 모습을 계속 드러내 보여서는 곤란하다.

호랑이나 표범을 두려움의 대상으로 너무 부정적인 측면에서 바라보는 것도 시정해야 한다. 물론, 그런 짐승들은 맹수이다. 그러므로 그런 짐승들을 복원하는 일은 국민적인 합의가 이루어질 필요가 있다. 생태민주주의나 생명공동체라는 처지에서 보면 그런 짐승들도 다시 우리의 산하에서 살 권리가 있지만, 인간중심주의 사상이 뿌리 깊은 우리의 현재 상황에서는 그 반론도 만만치 않을 것이기 때문이다. 하지만 호랑이를 닮은 나라에, 호랑이를 영물로 생각하는 나라에 단 몇 마리의 호랑이나 표범도 야생에서는 없다는 것은 도를 벗어난 일이다. 국민들에게 여러 동물들이 함께 살 수 있는 생태민주주의 사상을 확산시킬 필요가

있다. 호랑이도 다시 와서 살 수 있는 그런 나라를 만들어 보자. 예로부
터 우리나라는 사람뿐만 아니라 호랑이의 삶의 터전이었기에 더욱 그
렇다.

반달가슴곰의 삶[*]

8.1 문제제기

해마다 수많은 종들이 생태계의 파괴와 오염 등으로 이 지구상에서 사라지고 있다. 이처럼 사라지는 생물종 가운데 우리에게 그 이름이 친숙한 경우들도 상당히 포함되어 있다. 그래서 세계 여러 나라에서는 사라져 갈 위험이 짙은 동식물들을 보존하기 위해 여러 가지 노력을 하고 있다. 현재 한국에서, '국내 멸종 위기의 야생동식물'로 지정된 것들 가운데 곰이 포함되어 있는 것은, 이런 점에서 매우 안타깝다.

야생동물과 관련된 이야기나 작품들 가운데 여우·늑대·호랑이와 더불어 곰처럼 많이 대두되는 것도 드물다. 여우가 교활하고, 늑대가 사납고, 호랑이가 용맹스럽게 묘사되는 경우가 많은 반면에, 곰은 우직

---

* 이글은 필자(2010b)가 『환경철학』 제10집에 게재했던 논문인 「희귀성 멸종 위기 동물 복원의 필요성과 그 대책(Ⅲ)-반달가슴곰을 중심으로-」를 부분적으로 수정·보완한 것임을 밝힌다.

한 것으로 묘사된다. 그런데 이런 곰 또한 우리나라의 경우 극소수만이 백두산이나 지리산과 같은 깊은 산 속에 서식하고 있는 것으로 추정된다. 이는 생명공동체나 생태민주주의를 위해서도, 풍부한 이야기나 작품의 소재를 위해서도 아쉬운 일이다.

전 세계에 걸쳐 밀렵되는 곰을 구매하는 사람들은 주로 한국인들이나 중국인들이다. 이 두 나라에서는 곰이 예부터 중요한 약재로 사용되어 왔기 때문이다. 최근에 와서 더욱 놀라고 있는 사실은 전 세계에서 곰들이 밀렵되는 주된 까닭이 주로 한국인들 때문이라는 견해에 관해서다. 이는 빗나간 보신문화 때문이다. 과연 곰의 여러 기관들, 특히 쓸개즙이 우리에게 그렇게 효험이 있는가? 한의학이나 중의학에서도 이제는 현대의학인의 견지에서 그 사실을 밝히는 데 더욱 앞장서야 하지 않을까?

일상인들의 경우도 다른 동물의 생명을 빼앗아 보신함에 의해 건강을 증진하거나 회복시키려는 자세가 얼마나 비윤리적인지 깨달아야 한다. 이런 행위는 배타적·인간중심적인 사고방식에 기인한다. 더욱이 생명공동체나 생태민주주의라는 관점에서 보면 아주 비윤리적인 비열한 방법이 아닐까? 특히 희귀성 멸종 위기 동물들을 보신의 위해 살생한다는 것은 범법 행위이며, 사회적으로 지탄받는 행위이다. 건강하게 살아가는 사람들은 규칙적인 생활습관이나 적절한 운동이나 균형잡힌 음식을 섭취함에 의해서지, 비과학적이거나 객관적으로 검증되지 않은 민간요법에 의한 것이 아니다. 자연과 함께하는 삶을 중시해 온 우리나라에 곰이 멸종 직전에 처해 있다는 사실은 우리에게 무엇을 시사하는가?

곰은 호랑이와 더불어 우리나라의 단군신화에도 등장하며, 그 동안 우리 민족과 불가분의 관계를 지니면서 살아왔다. 그래서 지역사회나

학교의 경우는 곰을 상징물로 내세우기도 한다.[1] 늑대 · 여우 · 호랑이처럼 우리의 옛이야기에서, 문학작품 속에 종종 등장하면서 우리의 삶을 풍부하게 해 왔던 동물이기도 하다. 이들 가운데 곰과 범은 생태계의 정점에 위치하면서 인간에게 여러 가지 교훈적인 것을 많이 제시하기도 하면서 살아온 그런 동물이다. 곰과 범은 그 특징이 서로 대비되어 이야기 내용을 풍부하게 해 주기도 한다. 그렇다면 이런 곰의 종류, 특징 및 분포 상황은 어떤가? 우리 인간의 이야기나 작품 속에서 곰의 역할은 어떠했는가? 곰을 복원할 수 있는 방법들로는 어떤 것들이 있을까? 아울러 그들을 대하는 우리 인간의 자세는 어떠해야 하는가?

8.2 곰의 종류, 특징 및 분포 상황

8.2-1 특징 및 종류

곰은 식육목(食肉目) 곰과(科)에 속하며, 주로 지구 북반구에 살고 있다. 꼬리와 네발은 모두 짧은 편이며, 발바닥은 넓은 편이며, 사람처럼 걸어 다닐 수도 있다. 강건한 발톱이 있어 구멍을 파는 데 적합하다. 앞다리보다 뒷다리가 길며, 싸울 때의 주무기는 앞발이다. 눈은 작고 귀는 몸에 비해 짧고 둥글다. 번식기 이외에는 단독으로 지내며, 식성은 잡식성이며, 나무타기를 잘한다. 수명은 15~30년이다. 우리나라 반달가슴곰의 경우를 보면, 암컷은 태어난 지 4년부터는 새끼를 낳을 수 있다. 짝짓기는 6~8월에 주로하며, 수정란은 가을을 지나 12월경

---

1 예컨대, 강원도와 강원대학교는 곰이 그 상징물이다. 그래서 강원도청 앞에는 곰의 상징물이 버티고 있고, 강원대학교 연적지 앞에는 화강암 돌로 곰의 형상이 조각되어 있다. 지역이나 학교의 상징물로 동물이나 식물들을 내세우는 것은 우리나라 뿐만 아니라 다른 나라에서도 흔히 찾아볼 수 있는 경향이다.

자궁에 착상한다. 그 후 12월부터 30~60일 정도 임신기를 거쳐 그 이듬해 봄이 오기 전인 2월경에 새끼를 낳는데, 태어난 새끼는 1년 동안 어미와 함께 생활하다가 독립하게 된다.

곰 가운데 가장 큰 곰은 불곰(큰곰)으로, 몸길이 2.8m, 무게가 780kg정도이며, 가장 작은 곰은 말레이곰으로 몸길이 1.1~1.4m, 무게가 27~65kg이다. 대형동물에 속하는 회색곰의 경우는 몸무게가 600kg나 되며, 시속 50km로 달릴 수 있다. 발톱길이는 12cm나 된다. 지구상에 있는 곰들의 종류, 특징 및 분포 상황을 정리하면 다음과 같다(동아출판사 백과사전부, 〈3〉, 1988 : 368-9).

〈표 1〉 곰의 종류, 특징 및 분포 상황

종류	특 징	분포 지역
게이름뱅이 곰	몸길이 1.4~1.8m, 몸무게 54.5~135kg 털이 거칠고, 가슴에 황색의 반달형 무늬가 있음	인도 · 스리랑카
말레이 곰	1.1~1.4m, 27~65kg 털이 짧고, 가슴에 반달형 무늬가 있음	말레이반도, 보르네오
반달가슴곰	1.3~1.6m, 120kg 검은색이며, 가슴에 흰색의 반달형 무늬가 있음	아시아 동부 및 남부에 분포
북극곰	2.2~2.5m, 410kg 황백색	북극지방
불곰(큰곰)	2.8m, 780kg 암갈색	북아메리카 · 아시아 · 유럽의 산림지대
아메리카 흑곰	1.5~1.8m, 120~150kg 검은색이나 적갈색. 나무에 잘 오름	아메리카 남부에서 멕시코
안경곰	1.5~1.8m, 120~140kg 눈 주위에 안경을 쓴 것 같은 흰색 테가 있음	콜롬비아에서 칠레의 안데스 산맥

8.2-2 우리나라의 반달가슴곰

현재 반달가슴곰은 한국에서는 찾아보기 힘든 동물로서 천연기념물 329호로 지정되어 있다. 우리나라에서 곰의 수가 급격하게 줄어든 것은 20세기에 들어와서였다. 특히 일제강점기 때 많이 줄어들었다. 일제강점기에 속하는 1910년에서 1943년까지 우리나라에서 집계된 곰 포획수는 1076마리나 되고, 해방 후인 1950년에서 1970년까지 남한에서는 76마리가 포획되었다(안건훈, 2007: 22). 물론, 보고되지 않은 포획된 곰들의 수는 이보다 훨씬 더 많을 것이다. 지금은 거의 멸종되어 지리산에 몇 마리 남아 있는 것으로 추정된다. 이웃나라 일본에는 현재 야생곰이 약 1만 5천 마리나 살고 있음에 비해 우리의 경우는 너무 안타깝다.

그 후 한동안 보이지 않던 야생반달곰이 2000년 지리산에서 발견된 뒤, 국립공원관리공단 멸종위기종복원센터에서는 야생반달곰의 개체수를 늘이기 위해 힘쓰고 있다. 그래서 2001년 9월에는 당시 국립환경연구원(현 국립환경과학원)이 지리산에 반달곰 4마리를 처음으로 방사했으나, 사람 손에서 자란 초창기 반달곰들은 등산객들을 따라다니기도 하고, 마을의 꿀통을 뒤지는 것과 같은 사고를 쳤다. 민가 주변을 맴돌다 멧돼지 퇴치를 위해 설치한 올무에 걸려 죽기도 했다. 그 후 복원센터는 전기울타리로 곰의 민가 접근을 차단하면서 곰의 민가 접근을 차단시켰다. 그런 노력으로 곰으로 인한 민가 피해도 2007년 120건에서 2009년에는 12건으로 대폭 줄었다.

2010년 2월 17일자 동아일보 보도에 의하면 곰의 경우, 지리산에는 야생 상태의 곰이 5마리 정도 살아 있는 것으로 추정되었다. 아울러 국립공원관리공단 멸종위기종복원센터의 노력으로 지리산에는 그동안 북한·러시아·중국 등에서 들여와[2] 지리산에 방사한 반달가슴곰 17마리가 야생적응에 성공해서 살고 있었다. 그래서 지리산에는 5마리정도의 야생 상태의 곰 이외에 방사한 곰 17마리, 증식용 곰 4마리, 2월 달에 태어난 곰 1마리를 합해 모두 22마리+α(야생 상태 5마리 정도)가 생활하고 있는 것으로 알려졌다.[3] 센터에서는 개체 수를 50마리 이상으로 늘리는 것을 목표로 하고 있다. 앞으로 100년 동안 야생 상태에서 곰들이 멸종하지 않으려면 최소한 50마리는 있어야 하기 때문이다. 2004년, 2005년생이 대부분인 곰들이 출산가능한 연령이 되면서 개체 수 증가에 대한 기대도 더욱 커지게 되었다(A23면).

그러나 이런 기대에도, 같은 해 6월 30일자, 7월 1일자 같은 신문에 보도된 내용이 필자의 마음을 안타깝게 한다. 2010년 6월 12일에는 경남 산청군 농가 인근 산에서, 2007년에 러시아 연해주에서 들여온 4년생 수컷 반달곰(천연기념물 329호. 관리번호 RM-24)이 그 지역 농가

---

2 국립공원관리공단은 지금까지 반달가슴곰 30마리를 북한·중국·러시아 등에서 들여왔다. 연해주·지린(吉林)성 곰이 한반도에 사는 반달가슴곰과 유전적으로 동일하기 때문이다. 이 가운데 9마리가 올무에 걸려 폐사했거나 실종됐다. 4마리는 자연적응에 실패해 증식용으로 키우고 있다(동아일보. 2010년 2월 17일: A23면).

3 2월에 3마리의 어미곰들(NF-8, NF-10, RF-18)이 새끼를 낳았다. 이 가운데 신문에는 NF-8만 보도되었다. NF-10은 새끼를 낳다 죽었으며, RF-18은 2마리의 새끼를 낳았다. 보도에 포함되지 않은 것을 보면, NF-8이 새끼를 낳은 후에 NF-18이 새끼들을 출산한 것으로 보인다. NF-18은 2012년에도 새끼를 낳는 데 성공했다. 이 곰은 2008년 올무에 걸려 죽을 뻔 했던 곰이기도 한데, 올무에 다친 곳을 수술 받고 지리산으로 돌아가 그동안 4마리의 새끼를 낳았다. 현재 지리산에 사는 반달가슴곰은 27마리며, 이 가운데 지리산 야생에서 태어난 반달가슴곰은 8마리다(동아일보, 2012년 9월 14일: A16). 한편, 2013년 1월 28일자 같은 신문 A13면에는 "지리산에 방사한 반달가슴곰이 지난해 12월 초부터 동면을 시작해 1월 중순부터는 26마리 모두 동면에 들어간 상태"라는 기사가 실렸다. 이런 동면은 2011년 겨울보다 1~2주 빨라진 것인데 강추위와 잦은 폭설로 먹이를 찾기 어려워졌기 때문인 것으로 추정했다. 2015년 11월 경에는 38마리로 늘어나 복원 사업이 성공으로 이어지고 있다.

가 사용한 후 방치한 농약(포레이트: 고추·감자·사과에 사용하는 농약)을 먹고 죽은 채 발견되었으며(농약을 먹고 죽은 최초의 곰), 2009년 초 지리산 야생 상태에서 자연분만으로 새끼를 낳아 화제가 됐던 6년 생 어미 반달가슴곰(NF-8)도 올무에 걸려 죽어 있는 것이 6월 29일에 발견되었다.[4]

　이 어미 반달곰은 2004년 1월에 태어나 2005년에 북한에서 들여와 지리산에 방사되었으며, 지리산에서 처음으로 자연스럽게 새끼곰을 낳았다. 이 어미 곰은 2009년에 새끼를 낳은 뒤 한동안 그 모습을 감췄으나, 9월 경에 새끼를 업고 나무를 타고 오르내리는 모습이 카메라에 잡혀, 많은 사람들에게 기쁨을 안겨주었다. 안타깝게도 이 어미 곰은 2007년과 2008년에 각각 올무에 걸린 적이 있었지만 다행히 가까스로 구조되어 생명을 이어 나갔다. 그런던 것이 3번째 올무에 걸렸을 때는 그 올무에서 벗어나지 못하고 결국 생을 마감하게 된 비운의 곰이다.

　같은 무렵에 새끼를 낳았던 북한에서 들여온 또 다른 암컷 반달곰(NF-10)은 새끼를 보호하려다 탈진해 숨졌다. 이처럼 어미 곰 2마리가 죽었기 때문에 이제 지리산에 방사된 곰 가운데 임신이 가능한 곰은 3마리로 줄게 되어, 이를 지켜 보는 사람들의 마음을 안타깝게 할 뿐더러, 자연증식이 어려움도 더 커졌다. 2010년 2월 출산시기에 야생에서 2마리의 새끼를 출산한 또 다른 연해주 출신 어미 곰(RF-18)은 한 마리의 새끼만 데리고 다니는 것으로 확인되어 다른 한 마리는 그동안 죽은 것으로 추정된다. 그래서 반달곰 복원 사업에 따라 이제까지 방사

4　2010년 6월 29일 오후 4시 경. 전남 구례군 토지면 송정리 내안마을 뒷산 중턱 375m 지점에서, 국립공원관리공단 멸종위기종복원센터 직원 2명이 어미반달가슴곰이 올무에 걸려 죽은 것을 발견했다. 이 반달곰은 내안마을에 사는 최모 씨(71세)가 길이 2m 통나무에 설치한 0.5cm 굵기의 철사올무에 의해 걸린 뒤 빠져나오기 위해 안간 힘을 쓰다가 죽은 것으로 추정되었다(6월 30일자 신문).

한 32마리 가운데 11마리의 반달곰이 올무에 걸려 죽거나, 농약을 먹었거나, 자연사했고, 4마리는 자연적응에 실패하여, 생존해 있는 반달곰은 17마리였다(2010년 11월 상황). 이들 이외에 증식용 곰 4마리, 야생상태로 아직까지 겨우겨우 생존해 있는 지리산 토종곰 5마리 정도가 지리산에 있는 반달가슴곰 모두였다.

그러던 것이 2010년 2월에 출산경험이 있는 곰(RF-18)이 그 후 또 2마리의 곰을 출산하여 몸에 품고 있는 사실이 2012년 1월에 밝혀져, 지리산에 살고 있는 반달가슴곰은 같은 해 3월 1일에는 모두 27마리가 되었다. 그동안 모두 34마리를 방사했으나 13마리는 폐사했고, 4마리는 자연적응에 실패해 종복원센터로 복귀했고, 1마리는 실종된 상태였다. 2013년 3월 25일 보도에 따르면 그 해 겨울 2마리가 태어나고 1마리가 죽어 모두 27마리라고 한 것을 보면 1년 사이에 2마리가 희생된 셈이다. 2007년 11월 러시아에서 함께 온 식별번호 RF-21, 25도 그 해 초에 나란히 새끼를 낳았다. 이렇게 해서 같은 해 4월 30일 국립공원관리공단에 따르면 지리산에는 다 자란 곰 17마리와 새끼 곰 10마리가 살고 있다. 2012년이나 13년이나 반달가슴곰의 수는 변함이 없는 상태였다. 그 후 계속 늘어나 2015년 11월에는 38마리, 2016년 4월 초순에 이르러서는 44마리로 밝혀져 복권사업이 어느 정도 성공적임을 보여준다.

지리산에는 2만 여명의 사람들이 생활하고 있고, 해발 700m 이하는 대부분 사유지여서 사람들이 그곳에서 농작물을 경작하고 있기 때문에, 사람들과 곰들의 충돌은 예삿일이 아닌 것이 되고 있다. 2004년부터 시작된 지리산 반달곰 복원 사업은 2012년까지 50마리가 서식하도록 하는 것이었으나, 지금의 상황으로 보아서는 그 수정이 불가피하다. 현재 지리산 반달곰 자연학습장은 문수골 자연적응장을 중심으로 이루어지고 있다.

한때, 적응장에서 왕초 노릇을 하던 북한평양에서 들어온 장강21도 방사된 후 먹이를 찾아 마을 가까이 내려왔다가, 주민이 밤농장 근처에 쳐 놓은 올무에 걸려 죽은 뒤, 신고도 되지 않은 채, 그 주민에 의해 매장되었다. 몇 달이 지나서야 곰의 시체가 발견되고, 그것에 관한 조사가 실시되자 동네 사람들이 '사람이 중요하지 곰이 귀한가' 하면서 올무설치의 정당성을 내세우면서 인간중심주의적인 표현을 하고 나섰다. 이런 상황 속에서 곰은 생명을 잃어 가고 있으며, 주민들은 경제적인 손실을 막아 내려 하고 있다.

아쉽게도 지리산 이외에 남한의 다른 산에서는 반달가슴곰이 현재 발견되지 않고 있다. 설악산의 경우는 1983년 5월 밀렵꾼에 의해 총상을 입은 반달가슴곰[5]이 발견되어 치료하던 중 죽은 이후 발견되지 않다가 수년전 겨울에 또 한 마리의 곰이 촬영 팀에 의해 촬영되었으나, 그 후 소식을 모른다. 한때 지리산에서 어떤 포수는 36마리의 곰을 잡아 화제가 되기도 했다는데, 이런 씁쓸한 화제를 남긴 채 곰들은 우리나라에서 사라져 갔다.

8.3 이야기나 작품 속에서의 역할

단군신화에서 곰은 동굴 속에서 쑥과 마늘만 먹고 21일 만에 사람이 되지만 호랑이는 고통을 참지 못해 굴 밖으로 뛰쳐나가 우리 조상이 되지

---

[5] 그 곰은 10년생으로 몸길이는 112cm였는데, 마등령 북쪽 2km지점에서 1곳에 총상을 입은 채 발견되었다. 그러나 발견된 지 18시간 30분 만에 끝내 숨졌다. 그 곰은 그 후 박제되어 지금은 춘천에 있는 강원도립화목원 내에 있는 산림박물관에 전시되어 있다.

못한다. 이렇게 해서 우리 민족은 곰의 자손이 된다. 우리 민족이 지닌
은근과 끈기를 곰의 성격에 비유해서 표현한 신화이다. 아울러 단군신
화에서 유추할 수 있듯이 우리나라에서는 곰을 중히 여기고 나아가서
는 숭상의 대상이기까지 했음을 알 수 있다. '곰 가재 뒤지듯' 이란 말
이 있다. 이 말은 곰이 돌을 하나하나 뒤져서 가재를 잡듯이 침착하게
일함을 비유한 말이다(한글학회, 1997: 338).

곰은 미련한 짐승으로 묘사되기도 한다. 남을 욕할 때, "야, 이 곰아
이런 것도 모르니?"하는 표현이 이에 해당한다. '미련 곰탱이 같은 놈'
이란 말도 있다. 그러나 이 말은 바보스러움을 나타내는 말이면서 다른
한편으로는 우직함을 드러내는, 믿음직스러움을 드러내는 그런 표현이
기도 하다. 교활한 사람이 너무나 많은 이 세상에서, 믿음직한 신임이
두터운 사람이 필요함을 곰에 비유해 하는 말이기도 하다. 무식함보다
는 믿음직스러움에 그 초점이 주어진 표현이다.

외국의 경우도 소설을 비롯한 많은 이야기책에서 곰은 좋은 소재거
리가 된다. 어린이나 어른에게 삶의 지혜를 주어 왔던 『이솝우화』[6]에도
곰과 관련된 몇몇 이야기들이 실려 있는데, 어떤 경우는 미련한 것으
로, 또 어떤 경우는 죽은 사람은 절대 해치지 않는다는 인정스런 것으
로도 묘사되어 있다. 사자와 곰이 어린사슴을 서로 먹기 위해 있는 힘
을 다해 싸우다가 결국은 둘 다 온몸이 피투성이가 되고 눈까지 다쳐서
앞도 못보게 되자, 근처에 숨어서 지켜보던 여우가 그 사슴을 가로채
물고 유유히 사라졌다는 이야기인 「사자와 곰, 그리고 여우」는 전자와

---

6 우화란 사람 이외의 동물과 식물에 사람의 감정을 불러 넣어 사람처럼 생각하게 하
고, 행동하게 하는 의인화 과정을 거쳐, 그들이 빚어내는 기치와 유모 속에 교훈과 지
혜를 담아 전해주는 이야기다. 이솝(Aesop)은 아이소포스(Aisopos)의 영어식 표기
로, 이솝은 기원전 6세기 쯤 프리지아에서 그리스로 와서 살았다(이솝 지음 · 한국어
린이문화연구소 엮음, 2006: 6).

관련된 이야기라 하겠다. 반면에 죽은 사람에게는 가까이 가지도 않는다고 하면서, 죽은 것도 불쌍한데 그 시체를 먹는다는 것은 매우 잔인하고 못된 짓이라고 여우에게 말하는 모습을 담은 「여우와 점잖은 곰」은 후자와 관련된 이야기다. 곰의 경우, 『이솝우화』에서는 여우나 사자처럼 많이 등장하지는 않지만 미련하고 우직한 것으로, 인간에게는 약간 인정 있는 동물로 묘사되고 있다.

곰은 그 생김새나 행동이 사람들의 귀여움을 받게끔 되어 있다. 서서 아장아장 걷는 모습이 그렇고, 생김새에 비해 나무에 잘 오르는 모습이 그렇다. 몸집에 비해 유난히 작은 눈은 순진하게 보이게 한다. 그러면서도 힘이 장사이다. 그래서 그런지 사람들이 좋아하는 동물 인형 가운데 곰인형처럼 인기를 끄는 것도 찾기 힘들다.

8.4 복원 상황과 문제점

8.4-1 야생 상태에서의 복원과 그 문제점

곰이 다시 우리나라에서 생활할 수 있게 하기 위해서는 야생에서의 복원과 복제기술에 의한 복원이 있을 수 있다. 현재 남한에는 지리산에만 야생 곰들이 생존하고 있는 것으로 알려졌다. 한동안 있었던 설악산에서는 더 이상 곰들이 발견되지 않는다. 2012년 3월 1일의 경우, 지리산에는 자연적응에 실패해 종복원센터에서 증식용으로 생활하는 4마리를 포함해 모두 27마리의 반달가슴곰들이 살고 있다. 복원을 위해 인위적으로 방사한 곰들 가운데 18번 곰은 두 번에 걸쳐 4마리(1마리 사망), 27번은 2마리, 8번, 21번, 15번은 각각 1마리씩을 출산했다. 그래서 야생에서 출생한 이들 2세대 8마리가 3세대를 어떻게 형성하게 하느냐에 따라 지리산 반달가슴곰 종복원 사업도 탄력을 받게 된다. 그 후 계속적인 노력에 의해 2016년 4월 초에는 지리산의 경우, 야생 상태에서 44마리의 곰들이 생활하게 되었다. 하지만 적어도 같은 지역에서 50여 마리는 함께 생활해야 종이 유지될 수 있다는 점을 고려하면, 아직도 야생 상태에서의 복원은 순탄하지 않다. 지리산에서의 복원이 성공적이면 다른 곳에서의 복원 계획도 좀 더 탄력을 받을 수 있게 된다.

곰을 야생 상태에서 복원하기 위해서는 무엇보다도 곰을 포획하는 행위가 지속적으로 금지되어야 한다. 나아가서 야생동물들에 관한 포획 금지 행위도 대폭 확대되어야 한다. 이를 위해 엽총 사용 금지는 물론, 덫·독극물·올무·함정(구덩이) 등을 설치하지 못하도록 해야 한다. 이런 식으로 야생동물들을 포획하는 행위는 그들을 속여서 생명을 빼앗는 다는 점에서 2중으로 윤리적이지 못하다. 야생동물들이 우리들의 생명에 위협이 되지 않는 한, 그들의 생명을 빼앗는 행위는 생명공동체의 일원으로 떳떳하지 못하다. 더욱이 스포츠의 일환으로 사냥이 이루어지고 있음은 부끄러운 일이다. 살생을 담보로 하는 운동은 심신을 연마하는 운동정신에 어긋나는 행위이다.

이를 위해서는 야생동물 수렵금지와 같은 철저한 법집행이 요청된다. 아울러 곰을 보호하기 위해서는 우리 민족의 잘못된 보신 문화가 없어져야 한다. 보신 문화는 남한에 사는 몇 마리밖에 남지 않은 곰을 보호하기 위해서 뿐만 아니라, 전 세계에 있는 곰을 보호하기 위해서도 필요하다. 이는 호랑이가 지구상에서 사라져 가는 이유와 비슷하다. 다행히 북한에는 아직도 몇 마리의 곰이 야생 상태에서 활동하는 것으로 보고되고 있고, 남한에서는 지리산을 중심으로 반달가슴곰을 사육하여 계속 방사하고 있다.

잘못된 보신풍토에 편승하여 야생동물들을 매매하는 행위도 금지시켜야 한다. 인간에게 어떠한 도움도 받지 못한 야생동물들을 죽여서 그

것으로 몸을 보신하는 행위는 아주 이기적인 행위임에 틀림없다. 특히 곰의 쓸개에 관한 효능은 과대포장되어 왔다. 곰의 쓸개즙을 채취하기 위해 2007년 당시 남한에서는 약 1500여 마리의 곰들이 철창 속에서 사육되고 있었다. 그 가운데 상당수의 곰들은 가슴에 뚫린 인공호수에 의해 쓸개즙을 밖으로 내보내고 있었다. 너무나 끔찍한 일이라 사회적으로 큰 문제가 되었다. 인간에게 어느 정도의 약효가 있는지 확실하게 검증되지도 않은 상태에서 말이다.

2012년 1월 26일에는, 경기도 양주나 파주 등에 있는 동물사육장들에서 합법을 가장하여 곰들에 가해지는 비참한 모습이, TV에 방영된 적이 있었다. 그 가운데 필자의 머릿속에서 아직도 지워지지 않는 섬뜩한 장면이 있다. 사육장에서 다리 4개 가운데 3개가 절단된 상태에서 그날그날 살아가는 곰의 처참한 모습이다. 필자의 마음을 아프게 하는 것은 3개의 다리가 혹시 탐욕스런 인간의 곰 발바닥 기호 때문에 절단되지는 않았는지 하는 의구심 때문이다.

이러한 모습들을 TV나 신문·잡지를 통해 접할 때마다, 많은 사람들의 마음을 무겁게 한다. 한쪽에서는 고통으로 울부짖는데, 그리고 생명이 없어져 가는데, 다른 한쪽에서는 생존이 아닌 보신 차원에서 동물을 이용한다면 이는 너무나 비윤리적인 행위이다. 이런 행위가 과연 만물의 연장이라는 인간이 할 짓인가?

이런 일들을 방지하기 위해서는 생명경외사상에 근거한 야생동물 보전운동과 더불어 애호운동을 펼칠 필요가 있다. 모든 윤리의 근본은 생명존중사상에서 비롯된다. 생명이 있고 난 뒤에야 생활도 있기 때문이다. 그들도 우리 세대에 우리와 더불어 이 나라에 살 수 있는 권리가 있는 주체임을 사람들에게 인식시켜야 한다. 곰에 관한 잘못된 편견을 부식시키는 일도 중요하다. 곰은 우직한 짐승으로 우리의 옛이야기에 많이 나오는 짐승이지만 부정적인 모습으로 그려지는 경우도 많다.

현재 우리나라는 다른 어떤 나라들에게도 뒤지지 않는 산림녹화국으로 알려져 있다. 그러나 산림 속에 살고 있는 동물들의 숫자는 의외로 적다. 이를 위해서는 야생의 상태에서 먹이사슬이 제대로 이루어질 수 있도록 환경을 조성해 줄 필요가 있다. 곰은 산 것과 더불어 죽은 동물체의 고기도 잘 먹지만 나무의 뿌리나 열매도 즐겨 먹는다. 곰의 경우는 곰이 좋아하는 열매가 열리는 나무도 심어 놓고 야생짐승도 증식시켜 먹이사슬이 형성될 수 있도록 해야 한다. 우리나라가 먹이사슬이라는 측면에서는 곰에게 그렇게 나쁜 환경은 아니라고 여겨지지만 말이다.

남한의 경우, 반달가슴곰들이 자연 상태의 경우 지리산을 중심으로 몇 마리정도 있지만 거의 멸종 상태인 것이나 다름없다. 다행히 유전적으로 동일한 곰이 연해주나 만주에 살고 있다. 이런 상황아래서 복원시키는 가장 현실적인 방법은 북한의 도움을 받는 일이다. 북한에는 아직도 남한에서 멸종된 여러 종류의 야생동물들이 살고 있다. 이는 같은 혈통의 곰의 종족 보존이라는 면에서도 필요하다. 그러나 이런 복원을 향한 노력은 주변에 사는 주민들의 협조나 일반 국민들의 지원 없이는 그 희망이 불투명하다.

8.4-2 복원센터에 의한 복원과 그 문제점

2010년 2월 16일자 연합뉴스와 2월 17일자 동아일보 A23면 보도에 의하면, 국립공원관리공단은 3일 전남 구례군에 있는 멸종 위기종 복원센터 내 생태학습장에서 폐쇄회로(CC)TV로 반달가슴곰의 출산 장면을 촬영했다. 지리산에 방사된 반달가슴곰이 새끼를 낳은 적은 있으나, 국내 증식시설에서 출산이 이루어진 것은 이번이 처음이라 한다.

이 영상에는 어른 손바닥 만한 크기에 몸무게가 약 300g인 새끼가 태어나 움직이는 모습이 담겨 있다. 약 5분 길이의 영상에는 출산장면과 함께 어미 곰이 새끼를 핥아 주고, 태어난 새끼의 체온을 유지시키기 위해 지푸라기를 끌어당겨 덮어 주는 등 모성애를 보여 주는 행동도 포착되었다. 성별 등 상세한 사항은 아직 확인되지 않은 상태였다. 센터 관계자는 "아직 어미가 새끼에게 젖을 먹이며 돌보고 있어 4~5월이 돼야 새끼에 대한 자세한 정보를 직접 알아볼 수 있다."고 설명했다. 새끼 반달가슴곰은 6~8개월 간 어미로부터 먹이 섭취 등 생존 교육을 받은 뒤 자연적응 훈련을 거쳐 먹이가 풍부해지는 10월 즈음 지리산에 방사될 계획이라 했다.

어미곰(옛 이름 '칠선'이, 지금은 곰의 애완동물화를 막기 위해 이름을 붙이지 않음.)은 2004년 러시아에서 들여와 풀어 주었으나 자연적응에 실패해 2005년부터 자연학습장에서 증식용으로 관리되어 왔다. 아빠곰(옛이름 '덕성')도 자연에 적응하지 못해 자연학습장에서 증식용으로 관리되고 있다. 센터 관계자의 말에 의하면, 최근 들어 중국과 러시아 등이 곰의 해외 반출을 강하게 통제해 지리산에 풀어 놓을 원종(原種)확보에 어려움이 커져 가고 있는데, 이제는 자체 증식시스템을 통해 원종 확보가 가능하게 됐다.

현재까지 인간의 복제기술에 의한 곰의 복제는 이루어지고 있지 않다. 복제기술에 관한 한 우리나라는 세계 여러 나라들에 비해 선진대열에 서 있다. 서울대 수의대 황우석 교수팀에 의해 1999년 2월에는 한국 최초의 체세포 복제 젖소 '영롱이'가, 같은 해 3월 27일에는 복제 한우(韓牛) '진이'가 각각 태어났으며[7], 늑대의 경우는 서울대 이병천 교수

---

[7] 이 가운데 영롱이는 그 후 성장하여 황소와의 자연교배를 통해 2001년 4월 12일에 암송아지를 낳았다. 이런 일을 통해 영롱이도 생식능력이 있음을 보여 주었다.

팀이 2005년 10월 18일과 26일에 세계 최초로 복제된 회색인 암컷늑대 2마리(스눌프와 스눌피)를 출생시키는 데 성공했다. 이 교수팀은 이미 개들(스너피·보나·피스·호프)도 복제한 바 있다. 이런 복제기술로 보면 반달가슴곰의 복제도 가능할 것 같다. 물론, 2006년에 있었던 것처럼 복제기술의 진실성 문제로 한 차례 큰 홍역을 치루기는 했지만, 우리나라는 이 분야에 관한 한 상당한 수준에 이른 상태이다.

8.5 사람과 곰, 그리고 생명공동체

8.5-1 황금률의 확대와 발상의 전환

사람들이 야생동물에 대해 별로 해를 끼치지 않는 외국에서 흔히 보는 일이지만 야생토끼나 너구리, 다람쥐 등은 사람을 잘 피하지 않는다. 기러기도 그렇다. 우리나라의 경우도, 제비들이 예부터 사람들이 사는 집의 처마 밑에 집을 짓고 사람들과 더불어 자연스럽게 살아왔다. 최근에 와서는 우리나라의 참새, 왜가리, 청둥오리 등도 사람들을 그리 무서워하지 않는다. 과거처럼 그들에게 해를 끼치지 않으니, 이제는 그들도 사람들을 믿게 된 것이다.

이런 점에서 사람과 반달가슴곰과 같은 야생짐승들과의 관계에서도 황금률(the golden rule)—우리는 다른 사람들이 우리에게 해 주기를 기대하는 것처럼 우리도 다른 사람들에게 그렇게 해 줄 의무를 지닌다.—이 적용된다. 다른 야생동물들이 우리에게 해 주기를 기대하는 것처럼 우리도 그들에게 그렇게 해 줄 의무를 지녀야 한다. 필자는 이런 기본적인 도덕률을 제2의 황금률이라 일컬었다. 인간관계에서 필요한 황금률을 생명공동체에서도 실현하여 이상적인 생태민주주의로 한걸음 더 나아가자는 것이다. 멸종 위기에 있는 반달가슴곰을 복원시켜 나감과 동시에 그들에게 위와 같은 제2의 황금률(안건훈, 2010a: 138; 2011a: 226)을 적용시킨다면, 우리와 더불어 공동체를 이루면서 살 수 있는 그런 평화로운 생태민주주의가 좀 더 가까워지리라 여겨지기 때문이다.

멸종위기종복원센터 관계자의 말에 의하면, 인간에 대한 경계심이 심해야 야생적이라 한다. 사람들과 접하게 되면, 야생동물들의 자연에서의 적응 능력이 떨어지기 때문이라는 견해이다. 요사이는 다람쥐도 참새도 사람들을 과거처럼 그렇게 두려워하지 않는다. 반가운 일이라 여겨진다. 사람들이 그들에게 해를 가하지 않고, 경우에 따라서는 먹을 것도 주니까 말이다. 제비나 비들기가 사람들과 더불어 살듯이 곰들도 사람들과 더불어 살 수는 없을까? 사람들에 대한 경계 정도로 야생 상태를 가늠하는 것은 문제가 있다. 먹이를 찾아 인가에 다가오는 야생동물들을 우리는 이해해야 한다. 인간의 도움을 필요로 하기 때문이다. 폭설이 내려 야생짐승들이나 새가 굶게 되었을 경우 먹이를 주는 일도 필요하다. 그들에게 먹거리를 제공하면서 그들과 더불어 사는 생명공동체를 실현해 보자.

2010년 6월 29일 발견된 어미반달가슴곰의 죽음을 야기시킨 철사올무, 그리고 철사올무를 설치한 농부의 포획 행위에 관해서도 우리는 곰곰히 생각해야 한다. 농부는 경찰조사에서 "'멧돼지 등 유해동물이 고사리나 보리 등 각종 작물을 모두 먹어 치워 큰 피해를 봤다.'고 하면서 '한 달 전 멧돼지 등을 잡기 위해 올무를 설치했다.'"고 진술했다. 각종 작물에 피해를 줄 경우, 야생동물들을 포획해도 되는지 여부도 문제거리다. 먼저 관계 당국이나 관련 단체에 도움을 청해야 했다. 야생 상태에서 2010년과 2012년, 두 번에 걸쳐 4마리의 새끼를 낳은 RF-18 반달가슴곰의 경우도 지리산을 돌아다니다가 사람들이 산짐승들을 잡기 위해 설치한 올무에 걸려 크게 다쳐 국립공원 종복원센터로 옮겨져 대수술 후에 겨우 살아난 적이 있었다. 그 곰은 러시아 연해주에서 들여와 2005년 10월에 지리산에 방사된 곰이다.

야생동물들이 농부가 짓는 농작물을 먹어 치움에 의해 입는 피해가 어느 정도인지 밝힐 필요가 있다. 울타리 설치 방법과 비용은 어느 정도인지도 계산해 볼 필요가 있다. 우리의 옛 조상들은 야생동물들과 어떻게 조화를 이루면서 살아왔는지도 연구해야 한다. 야생동물, 더욱이 반달가슴곰과 같은 희귀성야생동물의 경우, 농부도 국립공원관리공단도 좀 더 진지하게 이런 문제를 검토해야 한다. 경제적 손실과 반달가슴곰과 같은 야생동물의 생명존중 사이에 나타나는 가치갈등을 함께 풀어나가야 한다. 희귀성야생동물과 공존하는 방법을 찾아야 한다. 현재 우리 남한에는 소수의 야생반달곰들만이 산에서 힘들게 살아가고 있는 실정이다. 우선은 어떻게 해서든 그들을 살려야 한다.

물론, 야생동물로 입은 피해는 안타까운 일이다. 야생동물들의 피해를 막기 위해 올무를 설치해도 야생동물들에게 경고성 올무가 아닌 강한 철사올무까지 설치할 필요가 있을까? 야생동물과 더불어 사는 삶을 중요시하는 사람들은 논밭주변에 경고성 올무를 설치하는 데 그쳐야 한다. 그런데 현실은 어떤가? 짐승들에게 경고를 주거나 쫓아 버리기 위해 설치한다기보다는 포획하기 위해 설치하는 경우가 다반사다. 포획하면 법에 어긋나는데도 말이다. 경우에 따라서는 농작물 피해를 핑계로 야생동물을 포획하려는 사람들도 있음을 부인하기 힘들다.

발상의 전환이 필요하다. 산촌의 농부나 관계기관들은 야생동물들로 인한 농작물피해를 최소화하기 위해, 피해지역 주변에 방어용 울타리와 같은 기구를 설치해야 한다. 농작물들이 피해를 보았을 경우는 관계당국이 적극적으로 보상해 주어야 한다. 우리나라에는 자연을 애호하는, 야생동물들을 아끼는 많은 단체와 개인들이 있다. 이들을 중심으로 모금활동을 벌리거나 기금 확보 운동을 전개할 필요도 있다. 그 많은 환경 단체들도 이런 일들에 좀 더 귀를 기울여야 한다.

경우에 따라서는 농작물 피해지역이나 예상지역을 야생동물 출몰지역으로 정하여 관광 자원화할 수도 있다. 야간에 출몰하는 야생동물들의 울음소리나 눈빛을 보기 위해, 야생동물로 인한 무서움을 느끼기 위해 호기심 많은 사람들이 모일 수도 있다. 우리 인간에게는 현대문화나 문명 속에 살면서도, 한편으로는 원시성을 그리워하기도 한다. 우리의 조상들이 겪었던 그런 상황을 느껴 보고 싶어하기도 한다. 곰이 출몰하는 지역, 이 얼마나 태고의 자연스런 모습인가? 농사도 지으면서 자연 학습장이나 관광자원화로 활용하자. 야생동물들이 더 이상 나타나지 않으면, 다시 전적으로 농사를 짓고 목축을 하자. 여하튼 그들의 생명을 빼앗는 일은 피하자.

8.5-2 돌봄의 미덕

이성 곧, 사고력의 중요성을 내세우는 것은 인간중심주의의 처지에서 보면 매우 그럴 듯한 견해다. 이성이라는 기준으로 본다면 인간이 당연히 다른 동물들에 비해 앞서 있기 때문이다. 다른 동물들도 정도 차이는 있을지언정 이성이란 개념이 담고 있는 특징들을 부분적으로 지니고 있다. 그러나 그 정도가 인류에 비해서는 너무 큰 차이를 지닌다.[8] 다른 동물들은 예나 지금이나 사고하는 능력에 별 차이가 없어 생

---

8 경우에 따라서는 '숙고의 능력'를 들어 인간만의 특이성을 말하기도 한다. 예컨대, 조대호(2009)는 그의 논문인 「동물의 자발적 행동과 숙고: 아리스토텔레스의 동물행동학에 대한 예비적 성찰」에서, 아리스토텔레스의 경우는 "동물과 인간이 모두 자발적이고 합목적적인 행동의 주체이며, 이런 행동이 목적에 대한 욕망과 그 목적에 부합하는 대상에 대한 인지적 판단을 계기로 삼는다."고 확신했다. 그러나 동물들은 하위

활에 변화가 없지만, 인간의 사고력은 세월이 지남에 따라 폭발적으로 배가되어 생활에도 큰 변화가 있어 왔다. 이성의 도움으로 인간은 문화와 문명을 이룩해 왔고, 이처럼 다른 동식물들을 지배할 수도 있게 되었다.

그런데 우리는 다른 생명체들이 각자 지닌 특성들도 눈여겨 보아야 한다. 사람들이 사고력이란 측면에서 탁월하다면, 물고기는 헤엄을 친다는 측면에서, 새들은 난다는 측면에서, 개는 냄새를 잘 맡는다는 측면에서 각각 탁월하다. 물론, 곰은 헤엄도 잘치고 나무도 잘 탈 뿐만 아니라, 대표적인 잡식동물이다. 이처럼 각 생명체들은 나름대로 특성을 지니고 있다. 그렇다면 이성을 지녔다는 것만으로 인간의 우월성의 기준으로 삼는다면 이런 견해는 상당히는 힘에 근거한 지배구도에서 유래되었다. 그렇다면 각 생명체들이 고유하게 지닌 특성이나 인간의 지배구도에 근거한 것이 아닌, 각 생명체들이 공통으로 지닌 특성으로는 어떤 것이 있는가?

생명체들이 지닌 공통적인 특성으로는 생명을 지녔다는 것 이외에 심신의 균형이 깨지면 고통을 느낀다는 점에서 찾을 수 있다. 이성은 인간에게 특히 돋보이게 나타나지만, 고통은 상당수의 동물들에게 공통적으로 나타나는 현상이다.[9] 짐승을 포함한 동물들이 인간처럼 고통을 당할 때 몸을 비정상적으로 비틀거나 괴로운 소리를 지른다. 그래서 생명공동체에서는 인간이 지닌 이성이라는 특성을 내세우기보다는 모두 함께 피하고 싶은 고통이라는 특성이 더 우선시되어야 한다. 생명체

형태의 지각·심상·기억·관념의 연상·경험 등은 가지고 있지만 숙고의 능력은 없다고 했다.

[9] 동물도 고통을 느낀다는 증거로는 (1)인간의 행동으로부터 유추, (2)고통의 진화적 유용성, (3)신경체계의 특징을 든다(Singer, 2002: 42-66; 최훈, 2010: 288-9).

일반에게는 고통의 최소화가 중요하지, 이성을 더 많이 가졌느냐가 중요한 것이 아니다.

생명공동체에서 우리는 다른 것에 관해 배려하는 자세가 필요하다. 아울러 인간이 진정으로 만물의 영장이라면 돌봄(caring)의 미덕도 요청된다. 돌봄의 역할에 관해 분석을 가한 노딩스(Nel Noddings, 1984)는 타인에 대해 염려한다는 것은 타인의 관점을 취하는 일이며, 이는 타인의 처지에서 그에게 최선이 되는 것이 무엇인지를 묻는 일임을 상기시키면서, 생명체에 관한 염려에서도 생명체가 처한 현실을 이해하려는 노력이 있어야 함을 지적했다(14). 우리 인간은 동물이 당하는 고통을 이해하고 그런 상황에서 할 수 있는 최선의 것이 무엇인지를 숙고해야 한다.

이런 점에서 올무를 설치하는 농부들도 좀 더 신중해야 한다. 농부의 경우, 농작물피해는 경제적인 피해이다. 그러나 야생동물의 경우는 한 번 밖에 없는 귀중한 생명을 고통 속에서 잃는 일이다. 어느 것에 더 비중을 두어야 할 것인가? 어미 곰을 따라다니던 아기 곰은 올무에 걸려 고통 속에 죽어 가는 어미의 모습을 어쩔 줄 몰라하면서 피눈물을 흘려가며 지켜보았을 것이다.[10] 그 아기 곰의 운명은 어떻게 될 것인가? 탈인간중심주의, 생태민주주의라는 처지에서 보면, 그리고 고통의 관점에서 보면 관점이 달라진다. 올무를 설치하는 사람들에게 이런 사실들을 일깨울 필요가 있다. 야생동물이 없는 농촌이나 산촌, 이 또한 적막하지 않은가? 오로지 경제적인 이득만을 위해 농촌 생활이나 산촌 생활을 하지는 않지 않은가?

---

10 6월 30일자 신문 보도에 의하면, 멸종위기종복원센터 측은 죽은 어미 곰의 새끼가 사고지점 인근에 숨어 있을 것으로 보고, 수색작업을 할 방침이라 했다.

8.6 요약 및 결론

지금까지 필자는 곰의 종류, 특징 및 분포 상황에 관해, 이야기나 작품 속에 나타난 곰의 역할에 관해, 멸종 위기에 처한 곰의 복원 방법에 관해, 그리고 생태민주주의와 생명공동체에서의 곰의 역할과 처지에 관해 서술했다. 현재 남한의 경우, 곰은 거의 멸종 직전에까지 이른 상태다. 곰은 세계 이곳저곳에서 이야기나 작품 속에서 많이 등장해 왔다. 특히 어린 시절에는 할머니와 할아버지를 비롯한 어른들로부터 이런 동물들과 관련된 옛날이야기를 들으면서 성장해 온 경우가 많다. 곰은 우직하면서도 끈기 있는 동물로 묘사되곤 한다. 그들은 우리들의 생활 속에서 이야기를 통해 인간의 선행을 유도하기 위한 역할을 톡톡히 해 왔다.

조선시대에는 민본주의 정책에 의해, 일제강점기에는 위해조수 퇴치령에 의해, 곰은 사라져 갔으며, 곰과 같은 야생동물을 포획하는 것이 무용담처럼 여겨지고 돈벌이의 수단으로 여겨지기도 했다. 우리나라의 경우, 곰이 살기에는 너무나 살벌한 그런 곳이다. 곰의 경우, 야생 상태에서 몇 마리 있는 것으로 보고되지만 그 정도의 개체 수로는 개체가 이어질 수 없다. 동물의 경우, 최소한 50여 마리는 인근에 서로 무리를 이루고 살아야 개체가 유지된다. 개체 수가 적으면, 서로 만나기도 힘들뿐더러 만나서 행여 짝짓기가 이루어진다 하더라도, 근친 퇴화 현상이나 번식 능력 약화로 스스로 멸종하게 되어 있다. 건전한 생태계는 생물의 다양성에 근거한다. 이제 우리는 곰들이 이 땅에서 생존할 수 있는 권리를 인정해야 한다.

이에 필자는 그 복원 방법에 관해 야생 상태에서의 복원과 그 문제점에 관해, 복제기술에 의한 복원가능성에 관해 각각 살폈다. 야생 상태에서의 복원을 위해서는 전국적으로 사냥 금지가 이루어지거나 사냥이 대폭 축소되어야 한다는 것, 전국산하에 설치되어 있는 덫이나 함정 등 야생동물 포획 시설물들을 철거해야 한다는 것, 곰에 대한 부정적인 이미지를 시정해야 한다는 것, 먹이사슬을 형성하기 위한 노력이 필요하다는 것을 지적했다. 야생 상태에서 복원시키는 가장 손쉬운 방법은 북한이나 중국, 러시아의 도움을 계속받는 일이다. 북한에는 아직도 남한에서 멸종된 여러 종류의 야생동물들이 살고 있으며, 같은 혈통의 곰을 보존한다는 측면에서도 이런 일은 필요하다고 여겨진다.

우리가 사는 나라는 곰들의 나라이기도 하다. 우리는 그들과 공존하면서 평화롭게 살아야 한다. 민주주의를 외치는 우리나라에서 그들이 멸종되는 현실을 더 이상 묵과해서는 안 된다. 민주주의는 생태민주주의로 진화될 때, 윤리나 문화는 환경윤리나 환경 문화로 진화될 때, 더 고양되고 완성된다. 몇 마리의 곰들조차 살 권리가 박탈당한 그런 나라에서 인간의 권리가 보장되기를 기대하는 것은 그야말로 전형적인 인간쇼비니즘이다. 생태민주주의나 생명공동체라는 처지에서 보면 곰도 우리의 산하에서 살 권리가 있다. 국민들에게 여러 동물들이 함께 살 수 있는 생태민주주의 사상을 확산시킬 필요가 있다. 이 나라는 사람들만의 나라는 아니기 때문이다. 누가 이 땅을 사람만을 위한 곳이라 했는가? 그들이 없는 나라, 인간만이 사는 나라가 과연 살기 좋은 곳일까? 다른 생명체의 삶을 부정하거나 업신여기는 그런 풍토 속에서 참된 민주주의가 싹틀 수 있을까?

9

산양과 사향노루의 삶*

9.1 문제제기

지구상의 생물종 가운데 지금도 수많은 종들이 생태계의 파괴와 오염 등으로 사라져 가고 있다. 이처럼 사라지는 생물종 가운데 우리에게 그 이름이 친숙한 경우들도 상당히 포함되어 있다. 현재 한국에서 '국내 멸종 위기의 야생동식물'로 지정된 것들 가운데 산양과 사향노루(궁노루)가 포함되어 있는 것은 이런 점에서 안타깝다. 20세기 초까지만 해도 전국 곳곳의 산악지대에서 발견되는 그런 동물이었는데 말이다.

  야생동물들이 이렇게 사라져 가는 것은 지나친 인간중심주의사상에 기인한다. 개체 수가 많은 동물이든 희귀한 동물이든 분별없이 무자비 하게 포획하여 먹거리나 보신용으로 밀렵한 것이 그 주된 까닭이다. 특

---

* 이 글은 환경철학 제15집(2013년 여름호)에 실린 필자의 논문인 「산양과 사향노루 를 통해 본 생태민주주의-대중매체와 교육의 역할을 강조하면서-」를 이 책의 체제에 맞게 부분적으로 수정·보완한 것임을 밝힌다.

히 사향노루의 경우는 인간이 좋아하는 그 독특한 냄새 때문에 경제적인 가치가 높아져, 돈벌이의 수단이 되어 왔다. 그 결과 지금 남한의 경우는 사냥으로 거의 멸종 직전 상태에 이르게 되었다.

다른 동물의 생명을 빼앗아 보신이나 기호를 충족시키려는 행위는 빗나간 인간중심주의에 근거한다. 생명공동체나 생태민주주의라는 관점에서 보면 아주 배타적이고 비윤리적인 비열한 방법이다. 물론, 이런 희귀성 멸종 위기 동물들을 살생한다는 것은 범법 행위이기도 하다. 자연과 함께하는 삶을 중시해 온 우리나라에서 이런 야생동물들이 멸종 직전에 있다는 사실은 어불성설이며, 사회적으로 지탄받아야 할 행위다.

산양이나 사향노루는 우리의 옛이야기나 문학작품 속에 종종 등장하면서 우리의 삶을 풍부하게 해왔던 동물이기도 하다. 그들은 아주 깊은 산중에서 암벽과 더불어 사는 겁이 많으면서도 신비스런 그런 동물이다. 그렇다면 이런 산양과 사향노루의 종류, 특징 및 분포 상황은 어떤가? 이들과 비슷한 처지에 있는 대륙사슴이나 붉은 사슴의 경우는 어떤가? 이야기와 작품 속에서 그들의 역할은 어떠했는가? 그들을 복원할 수 있는 방법들로는 어떤 것들이 있는가? 아울러 그들에 대한 우리의 자세는 어떠해야 하는가?

9.2 특징 및 분포 상황

9.2-1 특징

산양의 머리는 짙은 황색, 뺨은 흑색, 목에는 흰 반점이 있다. 노루가 수컷의 경우만 뿔이 있는 것에 비해 산양은 암컷·수컷 모두 뿔이 나 있으며, 활모양으로 뒤로 굽어 있는데 약간 가는 편이다. 몸은 회색빛 갈색이며, 꼬리 부분은 회색인데 꼬리털이 비교적 풍성하다. 산양은 겨

울털의 경우, 회황색
을 띠고 등면의 정중
선은 암색이다. 그러
면서도 주둥이로부터
후두부에 이르는 부분
은 흑색을 띠고, 머리
옆과 입술은 회갈색에
흑색이 섞여 있으며,
입술의 또 다른 부분

박제된 산양의 모습(강원도립화목원)

은 희고, 뺨은 흑색, 목에는 희고 큰 반점이 있다.

　산양은 목이 짧고, 다리는 굵고, 발의 끝은 뾰족하여 바위가 많은 산속의 경사가 가파른 곳에서 생활하기 편리하게 되어 있다. 이런 신체적 특징을 활용하면서 바위, 절벽 및 급경사가 많은 산악지대에 작은 무리를 지어 생활한다(안건훈, 2011a: 164). 산양은 솟과에 속하는 야생동물로 소처럼 되새김질을 하며, 소화력이 약해 오랫동안 씹는다. 그런 다음에는 기지개를 켠다. 겨울철에 먹이가 부족할 경우는 나무껍질을 먹기도 한다. 여름에는 시원한 곳, 겨울에는 햇볕이 잘 드는 곳을 찾아 생활한다. 몸길이는 82~145cm, 다리길이는 40~50cm, 꼬리는 8~20cm, 무게는 22~35kg로 염소보다 조금 더 큰 편이다. 산양은 1~4마리가 무리를 형성하면서 살며, 뿔로 나무줄기에 영역을 표시한다. 암컷 중심으로 무리를 이루어사는 경우가 많다. 피나무, 신갈나무 등 28종의 연한 식물줄기나 잎, 그리고 열매를 그 먹이로 한다. 행동반경은 약 48km²정도이다(동아출판사 백과사전부, 〈16〉, 1988: 150; 동아일보, 2011년 3월 2일: A23면; 12월 7일, A25면).

　청각이 매우 예민하여 200m 밖에서도 사람이나 짐승들이 움직이는

소리를 들을 정도이다. 4월에 2~3마리의 새끼를 낳는다. 단독생활을
하는 경우가 많으나, 새끼를 기를 때는 무리를 짓는다. 암컷으로만 무
리를 이루면서 사는데, 이런 현상은 멧돼지·사자 등 야생동물의 세계
에서도 종종 나타나는 현상이며, 일종의 모계중심사회이다. 산양은
'살아 있는 화석'이라 할 정도로, 200만 년 전과 같은 모습을 지니고
있다. 다른 동물들에 비해 진화가 느린 근거를 밝히는 일도 나름대로
의미 있는 일일 것이다.

우리나라에서는 현재 산양이 환경부 지정 멸종 위기종(1급)이자,
1968년부터 천연기념물 제217호로 지정되어 있기도 하다. 산양은 전
세계적으로 5종만이 분포하고 있으며 우리나라 산양과 같은 종으로는
아무르(Amur)산양이 있다.[1] 절벽 및 급경사가 많은 산악지대에 작은
무리를 지어 생활한다.

산양과 그 서식환경이 비슷한 곳에 사는 것이 사향노루(궁노루)이
다. 사향노루는 사향노룻과에 속하며, 65cm~87cm 크기로 산양에 비
해 체구가 작다. 수컷은 송곳니가 길게 자라 입 밖으로 나와 있어 야성
미를 드러낸다. 산양도 사향노루도 모두 겁이 많은 초식동물로 절벽처
럼 바위가 많은 곳에서 조심조심 살아간다. 사향노루도 산양처럼 수백
만 년 동안 원시적인 형태를 거의 그대로 간직하고 있는 것으로, '살아
있는 화석'이라 일컬어진다. 특히, 사향노루는 그 희귀성 때문에 생태
계에서는 매우 귀한 존재이다.

우리나라 북부지방(백두산 근처)에는 산양이나 사향노루이외에도
대륙사슴, 붉은 사슴이 일부 살고 있다. 이 가운데 대륙사슴은 뿔이 나
있으며, 궁둥이에는 노루처럼 흰 반점이 크게 나있다. 몸에는 밤갈색

---

[1] 러시아의 경우는 연해주에 라조브스키 보호구역이 있어, 산양을 체계적으로 보
호·관리하고 있다.

털 바탕 이곳저곳에 흰점박이 무늬가 꽃잎으로 수놓아진 것처럼 펼쳐
져 있다. 붉은 사슴은 우리나라에 서식하는 사슴 가운데 가장 몸집이
크다. 북한에서는 누렁이, 말사슴이라고도 일컫는다. 철에 따라 이동하
면서 생활하는 것으로 전해진다.

9.2-2 분포 상황

산양의 서식지는 사향노루와 동일하다. 2005년 6월에 발행된 신문
보도에 의하면 우리나라의 경우, 약 600여 마리의 산양이 살고 있었다.
그 후 2011년 3월 2일 신문 보도에 의하면 우리나라의 경우, 약 700～
800마리가 살고 있다고 했고, 2012년 9월 16일 TV뉴스에 의하면 800
마리 정도라 했다. 해마다 약간씩 증가하는 개체 수인데 자연번식에 의
한 것인지, 발견되지 않던 것이 추가로 발견된 것인지는 분명하지 않
다. 불법적인 포획에 대한 단속이 점점 강화되어 나타난 현상이기도 하
다. 산양이나 사향노루나 20세기 초까지는 전국에 걸쳐 비교적 많이 분
포했던 것으로 기록되어 있다. 1967년 설악산의 자연 생태를 조사한
학술보고서만 보더라도 산양이 해마다 수백 마리씩 잡힌다는 기록이
있다(동아일보, 2005년 6월 28일자). 이런 사실은 그 당시만 하더라도
산양의 개체 수가 상당수였음을 알려 준다. 산양은 200m 밖에서도 낙
엽밟는 소리를 듣고 도망갈 정도로 겁이 많고 청력이 뛰어나기 때문에
관찰하기가 무척 어렵다. 무인 센서 카메라에 포착된 것에 근거하거나
군인들의 말에 의하면, 민통선과 가까운 곳에서 이따금씩 발견된다.[2]

동아일보 2010년 4월 29일자 신문에 "이상저온…폭설후유증…산양

---

[2] 2011년 1월 3일 11시 30분에서 12시까지 YTN에서 방영한 "DMZ의 사계"(방송통
신위원회 지원)에는 설치한 무인 센서 카메라에 2마리의 산양이 지나가는 것과 더불
어, 돌출된 송곳니가 선명한 사향노루도 그 후 포착되었다.

들이 죽어 간다"라는 제목의 기사는 이런 산양의 최근 실태에 관해 우리들에게 시사하는 바가 크다. 산양은 사람들의 사냥이나 환경의 변화에 의해 그 개체 수가 현저히 감소되어 가는 대표적인 야생동물 가운데 하나이다. 다리길이가 비교적 짧고 가늘어 폭설이 오면 쌓인 눈을 헤치고 나갈 힘이 떨어져, 눈에 갇히는 경우가 많다. 헤엄을 못치는 물에 빠진 짐승처럼 허우적거리다 죽음에 이르게 된다. 겨울에는 먹이를 찾지 못해 굶어 죽는 경우도 많다. 이런 이유들로 2010년 3월~5월에는 경북 울진군 일대에서만 죽은 산양 22마리가 발견되었다. 이런 점은 사향노루의 경우도 비슷하다. 아쉽게도 우리나라 남한의 경우는 멧돼지·고라니·청솔모(참다람쥐)를 제외하고는 상당수의 야생동물들이 그 개체 수에 있어 감소되어 가는 상태에 있다.

산양은 20세기 초반까지만 하더라도 전국 곳곳에 서식했으나 그 후 사람들의 극성스런 남획으로 지금은 민통선과 그 가까운 곳 그리고 전국적으로 약간씩 분포되어 있는데 신문에 기사화된 내용을 중심으로 좀 더 구체적으로 살펴보기로 한다. 2010년 4월의 경우를 보면, 전국 산양의 분포도는 동북 강원도 비무장지대 및 인접 지역에 200마리 이상, 양구군과 화천군지역에 100마리 이상, 내설악에 100마리 이상, 울진군·삼척시·봉화군 일대에 100마리 이상 분포하고 있으며, 양양군 서면 미선골에 10마리 이상, 석병산과 백향산 사이에 있는 고적대에 10마리 이상이 각각 서식하고 있다. 그 이외에 인제군 서화면 매봉산·오대산·석병산·노추산 조고봉·백향산·백운산·목우산·소백산·태백산·도화동 조록바위봉·통고산 왕피천·흰뱅이 강시골·금장산·백암산·지리산에 각각 10마리 이하가 서식하고 있다.[3] 이렇게 해서

---

3 두타연 근처 산(1154m)에도 10여 마리가 살고 있다. 2010년 1월 EBS방송에 의하면 왕피천에 6마리(경상북도와 서울대학교 합동연구), 백암산에는 10마리, 녹색연합

700~800마리정도 서식하고 있는 것으로 추산된다. 속리산·덕유산 등에서는 발견되지 않고 있다. 이런 개체 수는 2005년에 발표된 것에 비해 약간 증가된 상태이다. 사향노루는 산양과 그 서식지가 동일하다. 주로 민통선 근처에 극히 일부 서식하고 있으며, 그 복원센터도 현재 양구에 있다.

2010년 11월 16일 TV보도에 의하면, 충북 보은군 국도에서 산양이 길을 건너다 차에 치어 죽는 일이 발생했다. 산양을 들이받은 차는 뺑소니쳤고, 신음하는 산양을 목격한 사람의 신고를 받은 동물구조대가 도착하여 그 산양의 목숨을 건지려 했으나 숨을 거뒀다는 안타까운 내용의 보도였다. 산양은 보통 4마리 안 팎 무리를 지어 다니므로, 차에 치인 그 산양은 무리를 이탈하여 혼자 길을 건너다 사고를 당한 모양이다. 월악산에는 산양이 살고 있으나, 속리산이 인접한 보은군까지 산양이 서식한다는 것은 새로운 사실로서 눈여겨볼 만한 일이다. 반가운 일이기도 하다. 뺑소니친 운전자가 큰 안목을 갖고 되돌아와 산양을 목격할 당시의 상황을 진술해 주면, 산양에 관한 연구에 퍽 도움이 될 터인데 말이다. 그 당시 산양의 개체 수나 그 이동 방향에 관해 알 수 있는 좋은 자료이기 때문이다.

2009년에서 2010년에 이르는 겨울, 그리고 2010년 초봄은 잦은 폭설과 이상저온으로 많은 산양들이 먹을 것을 찾지 못해 폐사되기도 했는데, 서울대 수의과대 부검실에 의하면, 1년에 보통 2~3마리에 불

박그림(설악산 지킴이)씨에 의하면 내설악에는 100여 마리가 각각 생존해 있다. 2012년 9월 16일 TV 보도에 의하면 월악산에는 2010년 10마리를 방사한 데 이어 지난 겨울 설악산에서 탈진해 쓰러진 4마리도 치료해 방사했다. 그래서 원래 있던 것까지 합해 모두 38마리가 서식하게 되었다. 산양들이 집중적으로 어느 곳에 모여 사는 것보다는 서식 생태 공간을 넓혀가는 것이 유전적인 다양성을 확보하기도 쉽고 돌림병에 의한 피해방지를 위해서도 좋다.

과하던 부검용 산양 사체가 4월 29일 현재 19건에 이른다고 했다. 특히 1월에서 3월에 경북지역에 눈이 많이 내려, 한 달 사이에 그 지역 산양의 15~20%가 폐사되었다고 한다. 산양은 다리가 비교적 짧아 폭설인 상태에서는 움직이기가 힘들다. 폐렴이나 전염병으로 죽은 것이 아니라, 제대로 먹지 못했기 때문에 죽었다. 위를 해부한 결과, 위는 나무껍질이나 낙엽 등으로 채워져 있었다. 울진에서 죽은 산양 가운데 4마리는 새끼를 밴 7~8년생 암컷이어서 더욱 안타깝다. 개체 수가 적은 산양의 세계에서 새끼를 낳을 수 있는 어미들이 이처럼 죽는 것은 개체 수 보전에 큰 어려움을 던져 주기 때문이다.

그런데 더욱 안타까운 것은 2009년 겨울에서 2010년 초봄에 이르는 시기에 겪은 이런 사양의 수난이 경북지역에서만 나타난 것이 아니라 백두대간 곳곳에서 발생했을 가능성이 짙기 때문이다. 설악산의 경우만 보더라도, 2월에 산양 5마리가 쓰러져 있는 것을 구조해서 4마리를 보호소에서 보살폈고, 삼척에서도 산양으로 여겨지는 사체가 3개나 발견되는 등 곳곳에서 그 징후가 나타났다(안건훈, 2011a: 178).

사향노루는 궁노루라고도 하는데, 천연기념물 216호로 지정되어 있다. 야생동물 가운데서도 산양과 더불어 또는 그 이상으로 가장 원시성을 그대로 지니고 있는 동물로, 번식기에는 수컷이 암컷을 유인하기 위해 사향이라는 냄새를 풍긴다. 송곳니가 돌출되어 있으며, 엉덩이 부분에 노루처럼 흰점무늬가 있다. 또한 목덜미에서 앞다리 양쪽으로 흰 줄로 이루어진 털이 펼쳐져 있는 것이 특징이다. 궁노루는 산양과 생활영역이 같고, 암반이 있는 곳에서 살아가며, 시각과 청각이 매우 예민하다. 산양과 생활영역이 왜 같은지에 대한 것은 앞으로의 연구과제이다.

사향노루는 6·25전쟁 이후에도 휴전선 근처를 비롯해 우리나라 이곳저곳에서 발견되었다. 특히 민통선 근처에서 종종 발견되어, 그 당시

김여배라는 분(2011년 84세)의 경우는 포수나 주민들로부터 사향노루를 구입하여 이윤을 남기고 되팔곤 했는데, 어떤 경우는 하루에 3마리도 판적이 있었다. 그 분은 사향노루를 사서 산 가격의 두 배 정도 남기고 되팔았다고 하니 그 당시 상황으로 보면 괜찮은 수입이다.[4] 그 분은 그 시절, 몇 백 마리나 되는 사향노루를 그런 식으로 구하여 되팔아 돈을 벌었다. 그 당시는 사향진이 뇌졸증에 좋다는 소문이 있었으며, 사향진은 금방 잡은 사향의 것은 희고 누런 액체로 고름과 비슷했으며, 오래된 사향노루의 것일수록 귀한 것으로 여겨졌다. 그 분의 표현에 의하면, 새끼의 경우는 고름 같은 것이 약간 있을 뿐인데 비해, 오래된 사향노루에는 귀한 약이 배꼽에 가득 차 있다는 것이다. 그런 소문에 의해, 경제적인 이유로 사향노루를 잡은 사람들이 많았을 것을 생각하면, 상당수의 사향노루가 그런 식으로 남한에서 사라져 갔음을 알 수 있다. 이젠 노루의 경우도 제주도를 제외한 다른 지역에선 찾아보기 힘들게 되었다. 노루는 수컷의 경우, 해마다 뿔이 새로 돋아나는데 나중에 세 갈래로 갈라진다.

그 후 지난 30~40년간 자취를 감췄던 사향노루가 민통선에서 다시 발견된 것은 2010년 초 겨울이었다. YTN에서 방영한 것에 의하면, 제작진에서 설치한 무인 센서 카메라에 산양이 두 마리 포착되었는데, 그 후 그 지점에서 돌출된 송곳니와 엉덩이에 흰무늬가 있는 사향노루도 포착된 것이다. 무인카메라가 설치된 그곳은 제작진과 탐사팀에 의해 그런 동물들의 배설물이 발견된 곳이기도 했다. 여러 가지 형편으로 그

---

4 2011년 11월 24일 내셔널 지오그래픽(National Geographic, Channel 22)에서 방영한 "사라져 가는 야생동물을 찾아서"라는 TV프로에서, 양구에 사는 김여배 할아버지(TV방영 당시 84세)의 증언에 의하면, 그 당시 소 1마리의 값은 1만 원, 사향노루 1마리 값은 구입한 가격이 7천 5백원, 판가격이 1만 6천 원이었다고 한다.

곳에서 계속 잠복할 수만은 없는 상태라 무인 센서 카메라를 대신 설치한 곳이었다. 사향노루가 존재한다는 사실은 생태계를 사랑하는 사람들에게 한 가닥 희망을 지니게 하는 것이었다.[5] 북한에서는 함경북도 은덕군 녹야리 사향노루(337호) 등 4개 지역의 사향노루들을 천연기념물로 지정하여 보호하고 있다(동아일보, 2005년 3월 11일).[6]

대륙사슴의 경우는 연해주 타이거 숲속에 많이 살고 있다. 먹이를 찾아 이동하며, 원기를 회복하기 위해 바닷가에 나가 소금물이나 소금을 섭취하기도 한다. 연해주에서는 호랑이와 그 서식지가 일치하는 경우가 많다.

9.3 가곡이나 우화에서의 역할

양이나 노루가 그렇듯이 산양이나 사향노루도 겁이 많고 순한 동물이다. 초식동물 가운데서도 유난히 그렇다. 사향노루의 경우는 현재 우리나라에서 거의 찾아보기 힘들지만, 6·25전쟁 이후에도 민통선 근처에서는 종종 발견되거나 그 울음소리를 들을 수 있었다. 1968년 한명희가 작사하고 장일남이 작곡한 가곡 〈비목(碑木)〉의 2절인 "궁노루 산울림 달빛타고 달빛타고 흐르는 밤, 홀로 선 적막감에 울어 지친 울어 지친 비목이여…"를 보면 궁노루라는 낱말이 있는데 이것이 바로 사향노

---

5 2010년 국립환경과학원이 실시한 조사에 의하면, 강원도 민통선지역인 백암산 일대(화천군과 철원군에 걸쳐 있음)는 1급 멸종 위기종인 사향노루·산양·수달과, 2급 위기종인 담비 등 5종의 보호종, 그 이외에 너구리·오소리 등도 서식하고 있는 것으로 알려져 있다. 백암산 지역은 현재 남한에서 사향노루가 몇 마리 서식하고 있는 유일한 지역으로 각별한 주의가 요청된다.

6 문화재청(http://www.ocp.go.kr)과 한국과학기술정보연구원(http://nm.nktech.net)은 홈페이지를 통해 남북한 천연기념물에 관한 자료와 사진을 소개하고 있다.

루이다. 작사자인 한명희는 ROTC소위로 강원도 화천군과 철원군의 경계에 자리한 휴전선 남쪽 백암산(1179m)의 무명고지에서 비무장지대(DMZ) 초소장으로 18개월 간 근무했다. 그는 그 당시인 1965년 초가을에 보았던 무너진 돌무덤과 이끼 긴 나무묘비[碑木]을 생각하면서 훗날(1968년) 비목이란 노랫말을 지었다(조선일보, 1990년 9월 9일).[7] 이 노랫말에서도 알 수 있듯이, 그 당시 백암산에서는 궁노루 울음소리를 종종 들을 수 있었다. 궁노루들이 이능선 저능선 바위능선에 살았던 것으로 여겨진다.

외로이 서 있는 비목과 달빛 아래 울려 퍼지는 애달픈 궁노루의 울음소리가, 두고 온 먼 고향의 어린 시절을 그리워 할 것 같은 비목의 주인공을 그(한명희)로 하여금 상상하게 했고, 작사자의 그리움도 어우러져 이 가곡이 세상에 그 모습을 드러내게 되었다. 외롭게 서 있는 그 사그러진 비목의 주인공은 누구일까? 6·25전쟁 후 능선 이곳저곳에 서 있는 비목을 보면서 어린 시절을 보낸 나(안건훈)의 경우도 훗날 어른이 되어 이 비목이란 가곡을 접하면서 그 시절 그 모습을 생각하면서 마음이 숙연해지는 것을 느꼈다. 전쟁의 소용돌이 속에서 비목을 보면서 생활한 사람들이라면 그 느낌이 더하리라 여겨진다. 비목이란 이 가곡은 궁노루란 외로운 동물의 울음소리와 더불어 그 깊이를 더한다.

『이솝우화』를 보면 뿔이 큰 수사슴과 관련된 이야기들이 나오는데, 「포도나무와 수사슴」, 「수사슴의 다리와 뿔」 등이 그렇다. 사슴은 꽃사슴이라는 말에서도 찾아볼 수 있듯이 예쁘고 귀엽게 생겼다. 나아가서

---

7 한명희는 제대 후 한 동안 동양방송 고전음악 담당 PD로 근무했고(훗날에는 서울시립대 교수로 재직), 장일남은 〈비목〉을 작곡할 당시 한양대 음대교수로 있었다. 장일남도 6·25전쟁 때는 철원에서 격전을 치른 경험이 있어, 두 사람은 전쟁의 아픔을 서로 잘 알고 있었다. 이런 전쟁의 아픔과 백암산 주변의 아름다운 자연이 함께 어우러져 〈비목〉이란 국민 가곡이 태어났다(조선일보, 1990년 9월 9일)

위장술이나 달리기도 잘한다. 대륙사슴에서 찾아볼 수 있는 그런 모습들이다. 그런데 그런 예쁨과 귀여움, 위장술이나 달음박질도 자만하면 위험스러움으로 이어지기 쉽다. 사슴과 관련된 이야기에는 그런 점들이 종종 강조되어 있다. 비록 사슴과 관련된 이야기가 대륙사슴을 반드시 지칭한다고 할 순 없지만, 이솝우화에서 「포도나무와 수사슴」, 「수사슴의 다리와 뿔」 등이 그런 사슴의 자만심과 오만함을 드러내 보여 준다. 전자는 '사냥꾼들에게 쫓기던 수사슴이 포도나무 가지와 잎 덕택에 목숨을 건진 뒤 배가 고파오자, 그 포도나무 잎을 우적우적 씹어먹다가 그 소리를 들은 사냥꾼에게 발각되어 목숨을 잃게 되는 내용이다(『이솝우화 123가지』, 2006: 202-203). 후자에는 어떤 수사슴이 물에 비친 자기의 멋진 뿔에 만족해하는 한편, 가느다랗고 형편없는 자기의 다리에 대해 한탄할 때, 사냥꾼과 사냥개가 다가오자 다리 덕분에 재빨리 피할 수 있었으나 곧이어 뿔이 나무가지에 걸려 옴짝달싹 못하다가 그들에게 발각되어 죽게 되는 내용이 담겨 있다(234-5).

이처럼 동물들은 우리에게 많은 이야깃거리를 제공해 준다. 우화는 사람 이외의 동물과 식물에 사람의 감정을 불어넣어 사람처럼 생각하게하고, 행위하게 하는 의인화 과정을 거쳐, 그들이 빚어내는 기지와 유머 속에 교훈과 지혜를 담아 전해 주는 이야기다(『이솝우화 123가지』의 머리말). 우화는 상상력을 동원하여 지혜롭고 재치 있는 풍자로서 어리석은 사람을 일깨우는, 듣거나 읽어도 그리 싫지 않은 교훈이 담긴 그런 이야기이다. 직설적인 방법이 아니라 우회적인 방법으로 사람들을 깨우치게 하는 점잖고 수준 높은 이야기이다.

민통선에는 밀렵이 힘든 관계로 아직도 희귀한 동식물들이 종종 목격된다. 보도에 의하면 동물의 경우, 솔부엉이·새호라기·큰오색 딱따구리처럼 멸종 위기에 있는 것들도 관찰된다. 수달·금강모치·버들가지·붉은 박쥐(황금박쥐)·관박쥐·긴 점박이 올빼미(세로로 줄무늬가 있음)도 그렇다(YTN, 2011년 1월 3일: "DMZ의 사계"). 이런 동물들이 예로부터 우리와 더불어 살아오면서 사람들에게 이야깃거리를 제공해 왔음은 물론이다.

동물 가운데서도 산양이나 사향노루는 높은 산악지대에서 생활하며, 밤에 활동하므로 먼 옛날 산악에서 살아가는 사람들에게 이야깃거리나 노래에 의해 묘사되곤 했다. 외롭고 쓸쓸한 동물이지만 그럼에도 사람들에게 먹거리나 가죽을 제공하는 귀한 동물로 여겨져 왔다. 현재 다른 나라의 경우, 히말라야 산맥에 사는 사람들이나 먼 거리를 오가면서 물물교환을 하며 살아가는 사람들의 삶에서 간혹 찾아볼 수 있듯이 말이다.

9.4 복원 사업과 생명공동체에서의 삶

9.4-1 야생 상태에서의 복원과 그 문제점

정부에서는 1급 멸종 위기 야생동물들을 복원하기 위해, 2006년 계획을 마련해 증식과 복원 작업을 체계적으로 펴 나가고 있다. 산양은 2년 단위로 한두 마리의 새끼를 낳는 것이 보통인데, 그 나마도 새끼들의 생존율이 30% 미만이다. 이런 상황 아래서 사람들이 특히 해야 할 일은 덫이나 함정이나 올가미 등을 제거하는 일이다. 이런 것들에 의한 포획은 동물들을 가리지 않는다. 암컷, 수컷도 가리지 않는다. 무리를 이루어사는 개체의 수가 일정 수 이하가 되면 스스로 멸종된다. 몇 마리 남지 않는 멸종 위기 동물들은 만나서 짝짓기하기도 힘들뿐더러, 그 새끼들이 수컷이나 암컷으로만 되어 있을 경우, 대가 끊긴다. 근친 퇴화 현상이나 번식 능력 약화 때문에 자연스럽게 소멸되기도 한다.

이런 상황에서 사람들이 해야 할 일은 재해를 입은 산양들을 보호하기 위해 보호소나 전문의료진이 있어야 한다. 치료와 적응 훈련 등을 하는 산양계류증식센터도 있어야 한다. 구조된 산양들에게는 위성위치확인시스템(GPS)발신기를 목에 걸어 그들의 상황을 지속적으로 관찰할 필요도 있다. 눈 속에 갇혀 옴짝 달싹 못해 굶주린 산양들에게 먹이를 주기 위해서나, 사고나 질병에 의해 움직이지 못하는 산양들을 치료하기위해서 이런 위성위치확인시스템 구축은 필요하다. 물론, 사람들이 그들에게 해를 끼치는 행위를 하지 않는다는 점을 산양들이 알게끔 인식시켜야 한다. 현재 우리나라에는 이에 대한 적절한 시설이나 의료진이 부족하다. 무엇보다도 산양들이 사는 서식 지역을 보전해야 한다. 산양·사향노루·대륙사슴은 겁이 많은 초식동물들이기에 더욱 그렇다.

1970년대의 일인데, 설악산과 양구민통선 일대에서는 폭설로 고립되었다가 구조된 여러 마리의 산양들이 있었다. 이 산양들은 산림청과 에버랜드 동물원에서 치료도 받고 증식 과정도 거쳐 1994년부터는 3차례에 걸쳐 월악산 국립공원에 방사되었다. 월악산이 선정된 것은 과거에도 그곳에 일부 산양들이 서식하고 있었을 뿐만 아니라 산봉우리들이 거대한 절벽들로 이루어져 있어 유난히 겁이 많은 그들로서는 생활터전으로 적격이었기 때문이다. 그 후 월악산 산양들의 개체 수는 약간 늘어났다. 원래 그곳에 살던 산양들과 짝짓기가 이루어졌을 가능성이 높다. 그 후손들 가운데 일부(두살배기 한쌍)는 2007년에 양구지역으로 옮겨져 방사되었다.

이런 경우는 적어도 2가지 측면에서 매우 의의 있는 일이다. 하나는 부상당한 산양들이 의료진의 치료에 의해 삶을 이어 나갈 수 있게 되었다는 점이다. 우리나라에 얼마 남아 있지 않은 산양들의 종족 보존을 위해서는 매우 필요한 일이다. 다른 하나는 치료 후에 원래와는 다른 산양 서식 지역에 그들을 풀어놓음으로써 다른 지역의 산양들과 만나게 함에 의해 근친교배에 따른 멸종을 막을 수 있다. 집단 내 근친교배는 임신율(姙娠率)을 떨어뜨리거나 사산율(死産率)의 증대로 이어지기 쉽다. 그래서 구조되는 산양은 앞으로도 다른 곳으로 이주시킬 가능성이 높다. 이는 유전적인 다양성을 확보함에 의해 잡종강세의 잇점을 더하는 효과가 있기 때문이다. 서식처 변경은 지속적인 잡종 강세를 위해 긍정적인 역할을 하게 된다.

　산양의 경우, 아직은 우리 남한에도 살고 있으므로 사냥 행위가 금지되면, 그리고 국민들의 무분별한 보신 행위가 중지되면 개체 수를 늘여나갈 수도 있다. 그러나 전체적으로 보면 그 개체 수가 적으므로 항상 조심해야 한다. 현재 강원도 양구군 동면 팔랑리에는 2007년 6월 개장한 양구산양복원증식센터가 있다. 양구지역에서 포획한 6마리와 월악산에서 들여온 6마리로 출발하였는데, 2015년 5월에 이르러서는 29개체로 늘어났다.

　사향노루[8]와 대륙사슴은 남한에서는 현재 더 이상 발견되지 않으므로 북한이나 중국, 러시아의 도움을 받아 복원시킬 수밖에 없다. 2012년 7월에는 강원 인제군 북면 용대리에도 산양·사향노루·대륙사슴 등 멸종 위기 동물복원을 위한 멸종 위기 우제류복원센터가 국립공원 종복원 기술원 북부복원센터와 함께 세워졌다.[9] 이런 센터들이 완공되

---

8 사향노루의 경우 30마리 정도 있을 것이라고 추정하기도 하시만 뚜렷한 입증 자료는 없는 상태이다.

9 우제류복원센터는 임상병리실·수술실 등 수의동과, 직원 근무 시설, 생태교육을 위한 관찰시설로 이루어져 있다. 북부복원센터는 멸종 위기 야생동물 복원을 위한 조사연구와 우제류 증식복원을 위해 산양들을 관찰하고 있다. 이 두 기관은 함께 힘을 모아 산양·사향노루·대륙사슴 등과 같은 우제류들을 복원하고 있다. 비무장지대와 백두대간이 교차하는 이 지역을 야생동물서식의 최적지로 여기면서 백두대간 생태축 복원 연구와 생태 관광 프로그램을 계획하고 있는 것이다.

어 겨울철에 구조돼 관리 중인 산양증식 업무도 더욱 활기를 띠게 되었다. 인제군은 복원을 추진하고 있는 대륙사슴의 경우도 원종이 확보되는 대로 국립공원관리공단과 협력해 사업에 힘을 쏟을 예정이다.

사향노루는 현재 증식이 어렵다. 국내에서 발견되는 경우가 아주 드물뿐더러 외국으로부터 들여오지도 못한다. 각국이 엄격하게 해외반출을 통제할 뿐만 아니라, 구제역 발생에 따른 위험부담 때문이다. 전 세계적으로도 얼마 남아 있지 않은 개체 수마저 이동하는 과정에서 구제역과 같은 무서운 병들에 의해 멸종되는 것을 막기 위해서이다.

9.4-2 복원센터(유전공학포함)에 의한 복원과 그 문제점

우리나라에서는 2010년 12월 1일 오후, 서울대공원 토종동물 복원센터에서 히말라야 산양[10] 수컷의 전립샘을 전기자극기로 자극하여, 정액을 3mL가량 채취하는 데 성공했다. 8년 된 수컷을 48시간 동안 물을 마시지 못하게 한 상태에서였다. 히말라야 산양의 경우, 상당수의 야생동물들이 그렇듯, 겨울에 짝짓기를 하기 때문에 이 시기를 택했다. 히말라야 산양의 경우, 11월 말에서 이듬해 1월 중순에 채취한 것이 가장 좋다. 번식기와 일치하기 때문이다(동아일보, 2010년 12월 10일: A26면).

이 산양의 정자는 야생동물 생식세포은행에서 영하 196도로 유지되는 저온 상태로 저장되었다. 그 과정을 보면, 채취한 것을 38도로 유지되는 보온병에 담은 후에, 생식세포은행으로 옮겨져 우선, 희석액과 섞어 2시간에 걸쳐 5도까지 온도를 천천히 낮춘 다음, 다시 액체질소 증기로 20분가량 쐰 뒤에 그렇게 저장된다. 짝짓기 철에 적절한 암컷이

10 세계자연보전연맹(IUCN)은 현재 히말라야 산양을 멸종 위기 근접종으로 분류했다.

나타나면, 그것을 다시 녹여 암컷에게 주입시킬 예정인데, 2011년에
정자 한 마리와 난자를 수정시키는 번식법에 의해 번식을 시도할 예정
이라고 했다(A26). 일반적으로 시행되는 체외수정법과 다르다는 측면
에서 관심거리기도 하다.

개체 수가 적으면서도 사는 곳이 제한적인 곳에서 나타나기 쉬운 근
친교배현상을 타파하기 위해선 일정 수의 개체를 포획하여 다른 서식
지역으로 이주시키는 방법이 있다. 이렇게 해서 다른 지역에 서식하는
산양들과 짝짓기를 시도함에 의해 근친교배에서 나타나는 부정적인 현
상을 가능한 제거시키자는 것이다. 포획의 어려움과 동물들이 받는 스
트레스 등이 선결과제로서 제기되지만 말이다. 무리한 포획이나 이주
는 멸종을 더욱 부채질 할 수도 있기 때문이다.

사향노루의 경우는 현재 남한지역에서 거의 발견되지 않으므로 북한
의 도움을 받거나 우리나라와 인접한 만주나 러시아지역으로부터 도움
을 받아 복원시키는 수밖에 없다. 사향노루의 서식환경은 산양과 일치
하므로 산양이 사는 곳에 보금자리를 마련하면 된다. 물론, 서로 다른
곳에서 도움을 받아 복원시키면, 유전현상에서 나타나는 부정적인 측
면들도 제거될 것이다.

9.4-3 산양이나 사향노루가 생명공동체에서 시사하는 점

사향노루는 노룻과에 속하며 산양은 솟과에 속한다. 둘 다 초식동물
이고 거주 지역도 비슷한데 소화 기능은 서로 다르다. 솟과동물은 먹잇
감인 식물을 먹고 난 후에 되새김질을 통해 그것을 소화한다. 산양이나
사향노루는 모두 '살아있는 화석'이라 일컬어질 정도로 거의 200만년
이상 그 모습 그대로 유지하면서 살아 온 동물들이다. 어떻게 해서 그
런 현상이 나타나게 되었는지도 관심거리다. 식물에서 은행나무가 오

랜 세월동안 그 모습을 변형시키지 없이 살아왔듯이 말이다(안건훈, 2011a: 222).

이런 점에서 생태학에서 산양·사향노루는 동물의 멧돼지나 식물의 은행나무처럼 생명체들의 진화과정이나 옛 생명체들의 모습을 연구하는데 연구가치가 매우 높다. 생명공동체를 구성하는 구성원들 가운데, 옛 모습을 잘 유지하고 있는 그런 개체들이라 하겠다. 그런데 멧돼지의 경우는 2011년 남한에도 약 25만 마리가 서식하고 있고, 은행나무의 경우는 그 개체 수가 허다하지만, 산양이나 사향노루의 경우는 오늘날 멸종 위기에 처한 안타까운 포유류에 속한다. 생명공동체 구성원들 가운데서도 특별한 보호가 요청되는 동물들이다(222).

산양, 사향노루처럼 초식동물은 잡식동물이나 육식동물에 비해 성질이 온순한 편이다. 육식동물에서 볼 수 있듯이 먹이 때문에 죽여야 하는 그런 혈투는 하지 않아도 되기 때문이다. 식물은 광합성작용을 통해 영양분을 만들어 살아가고 있으며, 초식동물은 그런 식물을, 육식동물은 다른 동물들을 먹이로 삼아 살아가고 있다. 물론, 잡식동물은 식물이나 동물을 먹이로 하여 살아간다. 에너지의 흐름이란 측면에서 보면, 식물은 햇볕을 통해, 동물은 식물이나 다른 동물들을 통해 에너지를 얻는다(222).

오늘날 산양이나 사향노루가 멸종 위기에 처해 있음은 우리가 깊이 반성해야 할 일이다. 노루의 경우도 제주도를 제외하고는 점점 개체 수가 줄어들고 있다[11]. 멸종 위기에 처하게끔 몰고 간 우리의 일그러진 사

---

11   제주도에서 야생노루가 증가하기 시작한 것은 1980년대 후반부터 노루 보호활동이 적극적으로 펼쳐지면서부터이다. 1987년부터 밀렵단속이 강화되고 먹이주기가 활발해진 것이 하나의 큰 요인이 되었다. 제주녹색환경지원센터가 2011년 5~11월 해발 600m 이하 지역을 조사한 결과에 의하면, 1만 7756마리의 노루가 서식하는 것으로 되어 있는데, 그 이상 고지대에 사는 노루까지 포함하면 노루의 개체 수는 훨씬 더 많

고방식이나 행위에 대해 반성해야 한다. 우리나라에서 산양의 개체 수가 급격하게 줄어든 것은 특히 1950~60년대 눈 속에 갇힌 산양들이 주민들에 의해 대량으로 잡혀 죽음에 의해서이다. 우리 몸에 염소보다 더 좋다는 보양식으로 소문이 퍼지면서 그랬다. 사향노루의 경우는 더욱 처절하다. 우리나라의 경우, 50년대까지만 해도 깊은 산속에서 목격되던 사향노루들이 그 향을 채취하기 위한 사람들의 분별없는 남획으로 이제는 거의 사라져 버렸다는 사실은 이성과 도덕성을 내세우는 우리 인간으로서 부끄러운 일이다. 인간의 기호를 충족시키는 사향을 얻기 위해 어려운 상황에서 겨우겨우 외롭게 살아가는 그들의 생명을 빼앗는 일은 너무나도 이기적이며 비난받아야 할 행위다.

특히 올가미에 의해 야생동물들을 포획하는 행위는 심각하다. 우리나라 곳곳에는 수많은 올가미들이 설치되어 있다. 올가미는 희귀성야생동물이고 아니고를 구별함이 없이 모두 잡아 버린다. 올가미는 성별을 구별하지 않는다. 예컨대, 사향노루의 경우, 사향은 수컷에게만 있는데, 올가미는 암컷도 잡아 버린다. 사향처럼 멸종 위기 동물들은 비록 몇 마리가 생존해 있다 할지라도, 그들 간의 근친교배에 의해 유전적인 다양성이 감소됨에 따라 자연퇴화현상에 이르게 된다. 새끼를 낳았을 경우, 그 새끼들이 모두 암컷이나 수컷일 경우도 멸종에 이르게 됨은 물론이다. 이렇게 해서 우리나라는 특히 포유류의 경우 다양성이 결여되어 있다.

산양과 사향노루는 생태민주주의의 구성원들 가운데, 그 수가 너무 적어 멸종위기에 처해 있다. 약육강식에 밀린 탓으로 겁이 매우 많은

아지게 된다(동아일보, 2012년 4월 9일: A16면). 반면에 제주도를 제외한 다른 지역은 그 숫자가 현격하게 줄어 들고 있다. 이는 최근들어 산토끼가 점차 사라지고 있는 것과 더불어 그 원인을 찾아볼 필요가 있다.

동물들이기도 하다. 산양이 지닌 무기와 기술로는 20cm정도의 뿔과 60~70도 경사의 암벽을 비집고 다니는 곡예사와 같은 걸음걸이 뿐이다. 그들은 절대강자의 위치에 있는 인간에 의해 특히 피해를 많이 본 슬픈 비운의 동물들이기도 하다. 적자생존에 의한 희생이 아니라 인간의 기호에 의해 희생된 그런 가엾은 동물들이기도 하다. 그들에 대한 배려를 인간이 어느 정도 하느냐에 따라 그들은 멸종될 수도, 안 될 수도 있다. 남한의 인구는 5천만에 이른다. 그러나 산양은 기껏해야 7백~8백여 마리에 불과하고, 사향노루는 DMZ근처에서 최근에 목격된 한두 마리에 불과하다. 인간에 비해 너무나 수적인 열세에 놓여 있는 그런 가엾은 존재다.

이들이 겪어 온 공포와 고통을 외면한 채 만물의 영장으로서의 인간의 존엄성만을 내세운다면 이런 모습은 지극히 이기적인 인간 쇼비니즘의 발로라 하겠다. '만물의 영장'이라는 표현은 인간이 지닌 사고력이나 이성을 계산(calculus)능력에 의해서만 규정할 때 나타나는 그런 것이 아니어야 한다. 이성이 인간만을 위한 그런 이기적인 특성에 국한되어서도 안 된다. 생태민주주의에서의 이성에는 멸종위기 동·식물이 겪는 고통을 이해하고 그들에 대해 배려할 줄 아는 그런 마음가짐이 함축되어 있어야 한다. 생태민주주의에서는 고통이 이성보다 더 직접적이다. 그래서 생태민주주의에서는 고통을 함축하지 않는 이성은 그 의의가 상실된다.

매우 가치롭기는 하나 힘이 없는 그들을 보호하는 일은 청지기로서 인간이 지녀야 할 덕목이다. 생명공동체에서 인간의 도움을 받지 못하면 그 개체가 소멸되는 그런 경우는 인간이 나서서 방지해야 한다. 자연적인 소멸이 아니라 인간에 의한 소멸의 경우는 더욱 그렇다. 그들 세계에서는 인류가 그들을 없애버린 원수였다는 점을 우리는 알아야

한다. 이에 우리는 그들에게 도덕적인 빚을 지고 있다. 빚을 갚기 위해
선 관심을 갖고 그런 동물들을 보호할뿐더러, 그들의 후손들이 이어나
갈 수 있도록 도와주어야 한다. 이것이 그들에 대해 진 빚을 갚는 일이
며, 창조주 앞에 회개하는 일이다.

사람들이 야생토끼나 다람쥐 등을 해치지 않으면 그들도 사람을 피
하지 않는다. 다른 많은 동물들의 경우도 유사하다. 우리나라의 경우,
제비들이 옛부터 사람들이 사는 집의 처마 밑에 집을 짓고 사람들과 더
불어 자연스럽게 살아왔듯이 말이다. 까치의 경우도 인가 근처에서 살
아왔다. 이런 사실은 인간과 야생동물들이 생명공동체에서 각자의 생
활방식을 유지하면서 서로 어울려 살 수 있음을 보여 준다. 그들과 함
께 있음으로 인간사회에도 수많은 이야깃거리나 작품들이 싹틀 수 있
었다. 상상력이 풍부한 어린이들을 위해서는 더할 나위 없이 좋은 이웃
이 되어 주기도 한다.

다른 동물들에 대한 관심이 높아지면서 일부 텃새나 철새들이 얼마
전부터 사람들로부터 두려움을 느끼지 않고 평화롭게 살고 있는 모습
을 볼 때, 우리에게도 희망은 있다. 참새나 박새와 같은 텃새나, 왜가리
나 천둥오리와 같은 철새들도 이제는 우리 주변에서 우리와 더불어 사
는 경우가 많다. 이런 긍정적인 현상은 그동안 있었던 환경 교육을 통
한 윤리의식 고양과 엄격해진 법집행 덕분이다. 노랫말이나 우화 등을
통해 생명공동체의 중요성을 일깨우는 일도 지속적으로 요청된다.

환경윤리가 정착되기 힘든 곳이나 시간적인 여유가 없을 경우는 우
선적으로 엄격한 법집행이 요청된다. 산양·사향노루·대륙사슴은 희
귀한 초식동물일 뿐더러 생명공동체의 약자들이다. 이들은 주변 생태
계의 변화에 매우 민감한 동물들이기도 하다. 산양의 경우는 산과 산
사이에 도로가 생기면 도로를 건너 다른 산으로 이동하지 않는 습성이

있다. 그래서 별다른 무기도 없는 그들은 깊고 높은 절벽에서만 겨우겨우 힘겹게 살아간다. 그들을 보호할 책임이 청지기로서의 인간에게 있다. 그런 청지기 역할은 하지 못할지언정 그들의 생명을 빼앗아 보신하는 일은 도덕적으로 온당치 못할 뿐만 아니라 법적인 규제를 엄격하게 받아 마땅하다. 법은 인간사회에서나 생명공동체에서나 성실하게 살아가는 약자를 돕는 최소한의 보호장치이기 때문이다.

야생동물들과 화해하는 일도 필요하다. 건강한 생태계의 특징은 동식물의 다양성에 있다. 그런데 우리나라의 산하(山河)는 그런 다양성에 문제가 있다. 우리는 이제 생명공동체에서 지은 죄, 다양성을 베푼 창조주에게 지은 죄를 갚아야 할 때다. 나아가서 우리에게는 우리의 후손들도 다양한 생명공동체 속에서 살게 할 의무가 있다. 인류만으로 가득 찬 지구는 창조주의 뜻도, 생명공동체의 이상도 아니다. 독선적이고 이기심에 가득 찬, 결국에 가서는 스스로의 존재도 보장 받지 못할 그런 편협한 인간의 사고방식에서 벗어나야 한다. 배타적이면서 이기적인 인간이 군림하는 생명공동체나 대지는 아름답지도, 온전하지도, 안정성도 지니지 못한다(Leopold, 1968: 224). 생태민주주의는 그런 인간 위주의 편협한 공동체를 지향하지 않는다.

생태민주주의 이상이 인류의 역사에서 그런대로 실현된 경우는 아메리카 인디언의 전통에서 그나마 일부 엿보여지기도 한다. 아메리카 인디언의 경우는 많은 사람들이 그런 이상을 실제로 실천했다는 데 그 큰 의의가 크다. 예컨대, 중앙아메리카 과테말라(Guatemala)에 사는 인디언들은 그들의 자녀들에게 아주 어린 시절부터 자연세계를 신성시하고 존경케하는 마음을 지니도록 가르친다. 해나 흙, 물을 포함해서 말이다 (Burgos-Debray, 1992: 56-58).

중요한 것은 "이성이나 언어를 갖고 있느냐가 아니라, 고통을 느낄 수 있는 것인가이다."(Bentham, 1948: 311 ; Nash, 1989: 23)라는 벤담의 주장은 다른 생명체들을 배려한다는 측면에서 선각자적인 자세이다. "궁극적인 민주주의는 식물이나 동물들도 정치적인 토론에서 대표권을 지니면서 사람처럼 그들의 위치를 찾고 목소리를 낼 수 있는 그런 곳이어야 한다."(Nash: 3)는 스나이더(Gary Snyder)의 주장이나, "인류를 자연으로부터 분리시키려는 시도는 철학적으로 틀렸으며, 도덕적으로도 유해하다."(32)는 에반스(Edward P. Evans)의 주장 또한 생태민주주의가 싹틀 수 있는 실마리를 제공한다는 측면에서 그 의의가 크다.

진화론의 처지에서 보면, 인간도 인간 이외의 동물들도 진화과정을 겪어 왔다. 인간은 어떤 상태에 이르면 고통을 느낀다. 그렇다면 인간 이외의 다른 동물들도 어떤 상태에 이르면 고통을 느끼게 된다고 보는 것이 설득력이 있다(최훈, 2010: 288-9). 고통이 있고 없고가 아니라, 정도차이로 파악해야 한다. 고통을 느끼는 정도의 차이는 신경계의 발달차이에서 나타날 따름이다(유호종, 2004: 304-5). 이런 점에서 인간의 보신이나 쾌락을 위해 다른 생명체들이 멸종에 이를 정도로 그들에게 고통을 가하거나 희생을 강요하는 일은 이성이나 도덕성을 내세우는 인간으로서 떳떳하지 못하다.

9.5 결론 및 시사점

야생동물이 사라져 가는 것은 산림이나 자연이 제 기능을 다하지 못할 뿐더러 사람들이 무자비하게 수렵활동을 하기 때문이다. 특히 후자 때문인 경우가 많다. 이런 점에서 희귀성 멸종위기동물이 된 산양이나 사향노루가 다시 서식할 수 있는 자연환경을 마련해 주는 것이 그들뿐만 아니라, 우리가 우리의 후손들에게 이 나라에서 좀 더 오래 살 수 있는 길이나 권리를 마련해 주는 일이 된다. 생명공동체에서는 그 구성원들이 서로 조화를 이루면서 공존할 수 있는 환경이 조성되어야 한다. 재해를 입은 야생동물들을 보호하기 위한 적절한 보호소와 전문의료진도 확보하여 체계적으로 운영되어야 한다.

사람들이 동물들을 해치지 않으면 그들도 사람을 피하지 않는다. 우리나라의 경우, 제비들은 예부터 처마 밑에 집을 짓고 사람들과 더불어 자연스럽게 살아왔으며, 까치나 비들기도 사람들이 사는 가까운 곳에서 같이 살아왔다. 최근에 와서는 참새도, 왜가리도, 다람쥐도, 천둥오리도 사람들을 그리 피하지 않는다. 그런 그들의 모습을 보면, 우리에게도 희망이 있음을 알게 된다. 우리가 흔히 즐겨 말하는 자연과의 조화도 이런 상황에서 그 모습을 엿볼 수 있다. 그런 곳이 이상향이 아닐까? 생태민주주의에서 그런 일이 일어나도록 우리는 우리의 몫을 해야 한다.

야생동물을 포획하는 것이 무슨 큰 자랑거리나 무용담처럼 여겨져 왔던 과거 우리나라의 경우, 산양이나 사향노루나 대륙사슴이 살기에는 너무나 살벌한 그런 곳이었다. 그 결과 산양은 얼마 남아 있지 못하고, 사향노루나 대륙사슴은 남한에서 자취를 감췄고, 북한에서도 거의 사라졌다. 그러나 우리는 그들에게 이 땅에서 다시 생존이나 생활할 수 있는 권리를 인정해야 한다. 그들을 잡아 보신하는 잔인하면서도 이기적인 원수가 아니라 그들과 더불어 생활하는 정다운 이웃사촌이 되어야 한다. 그들을 소재로 수많은 노래나 이야기가 이어질 수 있도록 해야 한다. 물론, 멸종위기까지 몰고 간 우리의 부적절한 처신에 대해 반성하면서 말이다.

이에 필자는 야생 상태에서의 복원과 복제기술에 의한 복원, 그리고 그 각각의 문제점에 관해서도 살폈다. 전자를 위해서는 사냥 금지가 실시되거나 사냥이 대폭 축소되어야 하며, 야생동물 포획 시설물들을 철저히 제거해야 하며, 야생동물 보존을 위한 환경 교육 강화나 희귀성 야생동물 포획자에 대한 처벌 규정 강화가 있어야 한다. 야생 상태에서 거의 찾아보기 힘든 사향노루나 대륙사슴을 복원시키는 가장 현실적인 방법은 북한이나 만주나 연해주로부터 도움을 받는 일이다. 그 가운데서도 북한의 도움이 필요하다. 원종 확보가 어려운 현실에서는 더욱 그렇다. 북한은 그런 동물들의 원종 확보라는 측면에서 남한보다 사정이 나은 편이다. 남한에서 멸종된 사향노루도 대륙사슴도 북한에는 약간 있다. 가능한 같은 혈통의 종족 보존이라는 측면에서도 이런 일은 필요하다. 복제기술에 의한 복원 방법은 산양의 경우, 그 가능성이 입증되었지만 희귀성 동물들의 원종 확보라는 어려움이 여전히 가로놓여 있다.

우리가 사는 이 나라는 그들의 나라이기도 하다. 그들은 오랫동안 우리와 이웃하여 살면서 우리에게 노래나 이야깃거리를 제공해 왔으며, 인간의 삶을 풍부하게 해 주었다. 우리는 우리에게 그런 역할을 해 온 그들이 멸종되는 현실을 더 이상 못 본 체해서는 안 된다. 건강한 생태계는 서로 의존하는 그 구성원의 다양성에 있다. 민주주의는 생태민주주의로, 윤리는 환경윤리로 나아가야 질적으로 나아진 민주주의이며, 윤리며, 문화이다. 그들의 권리를 보장되지 않고 인간의 권리만을 보장하는 것은 편협된 인간쇼비니즘이며, 그런 풍토는 생태민주주의와는 거리가 멀 뿐더러, 그런 곳에서는 참된 민주주의도 깃들기 힘들다. 다른 짐승들이 우리에게 해 주기를 우리가 기대하는 것처럼 우리도 다른 짐승들에게 그렇게 해 줄 의무를 지녀야 한다. 그런 자세로 인간에 의한 산양이나, 궁노루의 멸종 문제에 관해 접근해 보자.

10

물범·수달·황새·황금박쥐 등의 삶

10.1 머리말

20세기 이후 동식물들의 멸종 상태가 급격하게 증가하고 있다. 지구상에 있었던 생명체들 가운데 200년 전에는 그동안 1천 2백여 종이 멸종했으나. 지난 100년 사이에 2만여 종이 멸종했다는 보고도 있다. 실로 놀라운 속도로 진행된 생태계에서의 멸종 속도이다. 그 주된 원인은 서식지 파괴와 인간에 의한 환경 재앙 때문이다. 공업화·산업화가 급속하게 이루어져, 세계 13위권의 경제부국이 된 우리나라의 경우는 특히 심하다. 상대적으로 환경 문제에 관해 소홀히 한 점이 있기 때문이다.

이 글은 필자가 그동안 준비해 온 희귀성 멸종 위기에 처한 포유류들에 관한 일련의 서술들 가운데 최종 편에 해당한다. 물론, 황새는 포유류가 아니지만 논의의 편의상 이곳에서 함께 다룬다. 남한에서는 현재 포유류 가운데 11종류를 희귀성 멸종 위기 동물로 지정하여 놓고 있다. 이 가운데 늑대·대륙사슴·바다사자·스라소니·여우·표범·호랑이는 더 이상 발견되지 않고 있으니, 실로 안타까운 일이다. 궁노루[사향노루]도 그 개체 수가 거의 없다 시피하다.

이에 필자는 우리나라에서 지정된 희귀성 멸종 위기 동물 가운데 날짐승인 황새·붉은 박쥐·수리, 들짐승인 대륙사슴·붉은 사슴, 물에 사는 물범·수달을 들어 그 종류, 특징 및 분포 상황을 서술하려 한다. 아울러 희귀성멸종위기 동물을 아니지만 해안가 사람들에게 친숙한 우리나라 근해의 고래에 관해서도 서술하려 한다. 특히, 고래의 경우는 수산자원 보호나 국제협약 등과 관련되어 있어 민감한 사안이다.

이어서 복원 상황에 관해 언급한 후 그런 동물들이 생명공동체나 생태민주주의에 시사하는 점에 관해서도 살펴보겠다.

10.2 황새·붉은 박쥐·수리의 삶

황새(천연기념물 199호)는 습지 먹이사슬의 최강자이면서 행복과 고귀, 장수를 상징하는 상서로운 새로 알려져 있다. 그런 황새가 동아일보 특종기사(1971년 4월 1일자 1면)로 충북 음성군에서 마지막으로 한 쌍이 발견됐다. 하지만 그 후 수컷이 밀렵꾼의 총에 맞아 죽고 홀로 남은 '과부황새' 마저 1994년 9월 서울대공원에서 죽으면서 멸종에 이르렀다(동아일보, 2012년 5월 14일: A16면). 북한의 경우를 보면, 과거 황새 번식지는 황해도의 배천군과 평산군, 함경북도 김책시 등인데, 1970년 이후엔 사라진 상태이다. 현재 북한에서도 황새는 천연기념물로 지정되어 있다.

붉은 박쥐는 황금박쥐라는 애칭을 지니는 박쥐로, 포유류 가운데 유일하게 날짐승이다. 보통 한 마리의 새끼를 낳는다. 경우에 따라서는 두 마리를 낳는 경우도 있으나 드문 일이다. 두 마리의 새끼를 낳을 경우는 그 가운데 한 마리는 떼어버려 죽게 내버려 둔다. 어미의 작은 체구로는 두 마리를 데리고 먹이 사냥을 하기에 너무 벅차기 때문이다. 대만의 경우도 우리나라의 황금박쥐와 비슷한 모양을 한 것이 집에 살고 있으나, 색깔이 연하고 치아의 배열 모양이나 수에 있어 다르다. 우리나라의 황금박쥐는 귀 가장자리를 따라 검은 테가 있으나, 대만의 박쥐는 그렇지 않아 황금박쥐는 우리나라에만 서식하고 있는 것으로 알려져 있다. 그러니 우리나라에서 멸종되면 황금박쥐를 더 이상 찾아볼 수 없게 된다. 현재 우리나라에는 모두 5백 마리가량 서식하고 있는 것으로 추정된다.

황금박쥐는 음식물을 충분히 섭취한 후에는 깊은 겨울밤을 잔다. 동굴이나 폐광처럼 깊은 곳에 서식하는 경우가 많은데, 우리나라의 경우는 DMZ주변[1] 폐광 지역, 강원도의 고성·오대산·치악산, 충북의 월악산, 경남 남해의 동굴, 지리산, 전남 함평에서 발견되곤 했으나, 함평 지역 이외에는 그 개체 수가 너무 적다. 그나마도 고성의 경우는 최근에 있었던 개발로 인해 서식지가 파괴되어 그 지점에서는 황금박쥐가 더 이상 발견되지 않는 실정이다. 치악산과 월악산의 경우는 최근 조사에서 발견된 경우인데, 멸종 위기 야생생물 2급인 토끼박쥐도 함께 발견되었다.

황금박쥐는 사계절 동안 온도나 습도가 거의 변화가 없는 곳에서 서식한다. 야행성이지만 이따금씩 낮 동안에도 다닌다. 황금박쥐는 초음

---

[1] 민통선에는 밀렵이 힘든 관계로 아직도 희귀한 동식물들이 종종 목격된다. 보도에 의하면 동물의 경우, 솔부엉이·새호라기·큰오색 딱따구리처럼 멸종 위기에 있는 것들도 관찰된다. 수달·금강모치·버들가지·붉은 박쥐(황금박쥐)·관박쥐·긴 점박이 올빼미(세로로 줄무늬가 있음)도 그렇다(YTN, 2011년 1월 3일: "DMZ의 사계"). 이런 동물들이 예로부터 우리와 더불어 살아오면서 사람들에게 이야깃거리를 제공해 왔음은 물론이다.

파를 사용하여 사냥을 한다. 초음파가 제2의 눈 역할을 한다. 함평에서
는 황금박쥐들이 저녁 때 가로등에 모여드는 나방을 잡아먹는 것이 종
종 목격되곤 한다. 초음파에 의해 포착된 먹잇감을 잡아먹는다. 물이
필요할 경우는 나뭇잎에 맺혀 있는 물을 두 날개로 오목하게 말아 물을
고이게 한 뒤에 마시는 영리함도 보인다.

　황금박쥐는 그 모양이 독특하고 하늘을 나는 모습이 날렵하여, 어린
이들의 호기심을 불러일으키기 쉽다. 그래서 어린이들을 대상으로 하
는 만화나 어린이용 드라마의 주인공으로 자주 등장한다. 뿐만 아니라
탐정소설이나 무협소설 등에도 등장하곤 한다. 사는 곳이 으슥한 동굴
이나 오래된 옛날 집이라 더욱 그런 것 같다.

　수염수리는 오랫동안 우리나라에서 사라졌다가 무려 95년 만에 한
반도에 다시 그 모습을 드러낸 희귀종이다. 2013년 2월 신문 보도(동
아일보 A27면)에 따르면, 환경부 국립생물자원관은 2013년 1월 27일
강원 고성군 일대에서 수염수리 한 마리를 관찰했다고 그해 2월 5일 밝
혔다. 수염수리는 1918년 강원지역(북한)에서 마지막으로 관찰됐다.
이후 국내관찰 기록이 없어 멸종 위기종으로 지정조차 할 수 없었던 희
귀종이다. 이번에 관찰된 그 수염수리는 95년 전에 목격된 그 수염수리
의 후손일 가능성도 있다.

　수염수리의 몸길이는 약 110cm, 양 날개를 편 길이는 약 260cm, 무
게는 5~7kg에 달한다. 부리 끝에 검은색의 수염이 달린 것이 특징이
다. 주로 중앙아시아·남시베리아·서유럽의 높은 산악지대에 서식한
다. 외국의 경우를 보면, 수염수리는 멸종 위기에 처했으나, 프랑스·
이탈리아·스위스 등이 공동으로 복원 프로젝트를 추진하면서 개체 수
가 조금씩 늘고 있다. 한상훈 국립생물자원관 동물자원과장은 "이번
겨울 동아시아에 한파가 이어지면서 수염수리가 평소 월동 범위를 넘

어 한반도에까지 남하한 것으로 보인다."고 말했다(A27면).

또 다른 대형 맹금류인 흰꼬리수리는 멸종 위기종 1급으로 지정된 새인데, 5년 정도 자라면 꼬리가 흰색으로 변한다. 같은 신문(A13면) 2013년 1월 29일자 보도에 따르면, 2012년 1월 12일 경기도 이천시 단월동 복하천 둔치에 갈색 바탕에 흰 점이 박힌 흰꼬리수리 한 마리가 웅크리고 있는 것이 목격되었다. 추위에 오랜 기간 굶주려 거의 움직이지 못했다. 환경부와 경기도의 정성 어린 간호 끝에 건강을 되찾은 그 흰꼬리수리는 2012년 2월 15일 날개에 인공위성 추적 장치와 합성 비닐로 만든 날개표지를 달고 야생으로 돌아갔다. '윙텍 33번'으로 이름이 붙여진 채 말이다.

이 새는 4월 6일 귀향길에 올랐고, 8일 만인 14일 러시아 하바롭스크 아무르 강 유역에 도착했다. 윙텍 33번은 여기서 182일을 머문 뒤 이곳 저곳을 거쳐 다시 겨울을 나기 위해 1월 6일 강원도 강릉시에 도착했고, 이어서 경북 안동시 일대에 머물렀다. 윙텍 33번의 왕복 비행거리는 약 3,660km에 달했다니 놀랄 만한 거리이다. 환경부 허위행 연구사는 "윙텍 33번을 부착한 2년생 흰꼬리수리는 몸길이 90cm, 날개를 펴면 2m정도 된다."고 밝히면서 "상세한 이동경로와 번식 추정 지역을 확인한 만큼 보호 대책을 마련할 계획"이라고 말했다(A13면).

10.3 대륙사슴과 붉은 사슴의 삶

우리나라 북부지방에는 육지동물 가운데 대륙사슴과 붉은 사슴도 일부 살고 있다. 이 가운데 대륙사슴의 경우는 사슴과에 속하며, 90~160cm 크기로, 밤갈색 털바탕에 흰색의 반점들이 등에 특히 많이 나 있다. 수컷에는 뿔이 나 있으며 암컷도 수컷도 겨울에는 목에 갈기를 지닌다.

남한에서는 야생 상태에서 발견되지 않으며, 북한의 경우는 백두산을 중심으로 한 함경북도 지역에서 발견된다.

대륙사슴은 궁둥이에 노루처럼 흰 반점이 크게 나 있다. 왜 궁둥이에 방석 같은 흰털이 있어 눈에 잘 띄게 하는지 관심거리다. 몸에는 갈색 털 이곳저곳에 흰점박이 무늬가 꽃잎으로 수놓은 것처럼 펼쳐져 있다. 연해주 타이거 숲속에 주로 서식하고 있으며, 호랑이들의 먹잇감이 되곤 한다. 그래서 대륙사슴의 생활영역은 호랑이의 서식지와 일치하는 경우가 많아, 사슴들이 이동하는 경로에는 호랑이도 함께 있을 경향이 짙다. 먹이를 찾아 이동하며, 원기를 회복하려고 바닷가에 나가 소금물이나 소금을 섭취하기도 한다. 대륙사슴은 남한에서는 현재 더 이상 발견되지 않으므로 북한이나 중국, 러시아의 도움을 받아 복원시킬 수밖에 없다.

붉은 사슴(red deer)도 남한에서는 발견되지 않으며 백두산 근처에서만 발견되는데, 철에 따라 이동하면서 생활하는 것으로 전해진다. 북한에서는 누렁이, 말사슴이라 하고, 중국에서는 마록(馬鹿)이라 일컫는다. 몸길이 165~265cm, 어깨높이 75~150cm, 뿔의 길이 80~120cm, 꼬리길이 10~27cm, 몸무게 75~340kg인데(서울동물원 동물정보), 북반구의 많은 지역에서 산악지대의 숲에 서식한다. 배와 엉덩이 주위의 색은 다른 부분보다 엷은 색이다. 북동아시아와 북아메리카에 사는 붉은 사슴들이 유럽과 남부아시아 지역에 사는 것들보다

붉은 사슴(서울대공원)

몸집이 더 크다. 식성은 초식성으로 부드러운 나무잎, 풀잎 등을 좋아한다. 여름에는 숲이나 계곡의 해충을 피해 산꼭대기로 이동하기도 한다. 수명은 8~10년, 암컷의 임신 기간은 230~240일이며, 6월에 1~2마리의 새끼를 낳는다. 뿔은 2~3월에 떨어지고, 7월에 다시 나온다. 암수가 따로 무리를 지으면서 살며, 10월 초순이면 수컷들이 짝짓기 준비를 위해 암컷들에게 접근하기 시작하는데, 이때부터 수컷들 사이에 들이받기·소리지르기 등과 같은 치열한 경쟁이 벌어진다.

10.4 물범·수달·고래의 삶

우리나라에서 더 이상 발견되지 않는 바다사자[2]와 달리, 물범의 경우는 아직도 백령도에서 발견되고 있다. 백령도에 서식하는 물범인 점박이물범은 그 활동 범위가 중국 산둥성(山東省) 북쪽에 있는 보하이만(渤海湾)에 까지 이르는데,[3] 그 개체 수가 줄어드는 실정이다. 1940년대에는우리나라 서해안에 약 8천 마리의 물범이 살고 있었는데 현재는 약 2천 마리 정도로 추산된다(2011년 10월 TV보도). 필자가 2014년 6월에 백령도에 가서 관찰했을 때도 바위 위에서 휴식을 취하고 있는 물개들을 볼 수 있었다. 이런 동물들의 보존이나 관리보호를 위해서는 국제적인 공조가 매우 필요하다. 바다사자가 우리나라에서 멸종된 원인을 우

---

2 바다사자는 바다 속에서는 새끼를 낳지 못한다. 임신 기간은 1년이며, 2주간의 진통을 겪은 후에 새끼를 낳는다. 산후에는 새끼를 보호하기 위해 새끼 곁을 떠나지 않는다. 먹이를 주어도 움직이지 않는다. 2주 정도 지나면, 새끼에게 수영을 가르친다. 다이빙도 가르친다. 이런 바다사자는 국내에서 완전히 사라져 이제는 멸종 위기종이 아니라 멸종된 종이다.

3 국립수산과학원은 2008년부터 백령도에서 점박이물범에게 위성 추적 장치를 달아 이동경로를 조사하고 있는데, 그것에 의하면 물범은 보하이만에 들어갔다가 백령도로 돌아온다(동아일보, 2011년 7월 19일).

리나라 사람들의 바다사자에 관한 관심 부족에서 뿐만 아니라 인접 국가들과의 국제적인 공조 관계 부족에서도 찾을 수 있기 때문이다.

바다사자와 물범은 바다에 사는데 반하여, 수달(otter)은 민물에서 산다. 수달은 식육목(食肉目) 족제빗과에 속하며, 맑고 깨끗한 물에 서식하는 그런 포유류이다. 족제빗과에는 족제비 이외에도 수달·스컹크(skunk)·오소리 등이 속해 있는데, 이 가운데 수달의 경우를 보면 몸은 비교적 긴 편이며, 네 다리의 길이는 짧다. 수달은 헤엄을 잘 칠 수 있도록 물갈퀴가 달려 있다. 우리나라에 사는 수달의 경우는 몸길이 63~75㎝, 꼬리길이 41~55㎝, 몸무게 5.8~10㎏이다(동아출판사 백과사전부, 〈18〉, 1988: 32). 주로 밤에 활동하며 시각·청각·후각이 발달되어 있고 지능도 높은 편이다. 체중의 15%무게에 해당하는 먹이를 매일 먹어야 할 정도로 식성이 좋다. 수달의 먹잇감으론 물고기가 주식이나, 그 이외의 갑각류·무척추동물·양서류·작은 포유류 등도 사냥해서 먹는다.

바다에 사는 동물로서 몸집이 큰 것들로는 고래나 상어를 들 수 있다. 이들 가운데, 현재 한국의 연근해에 사는 고래 개체 수의 추정치는 밍크고래 1만 6천 마리, 상괭이(쇠돌고랫과에 속하며, 돌고래와 달리 등지느러미가 없음) 3만 5천 마리, 돌고래 3만 마리 정도이다. 고래는 바다 먹이사슬의 가장 위에 있으며, 우리나라 연근해에 서식하는 고래들이 먹는 수산자원은 연간추정치가 14만 6천 톤으로 우리나라 연근해 어업생산량 123만 톤의 12%를 차지한다. 그물에 걸린 물고기를 먹으려다 그물을 망가뜨리는 고래도 연간 1천여 마리나 된다. 고래가 먹는 수산자원과 어구(漁具) 손실 등을 경제적 가치로 환산하면 연간 4천억 원에 이른다. 고래잡이에 찬성하는 쪽은 이런 논거를 제시하면서 그들의 주장을 정당화하는 반면에, 반대하는 쪽에서는 한국의 경우 2천 년대 들어 한국 연안에서 그물에 걸려 죽은 고래가 4천 7백여 마리에 이르는 등, 한국은 '실질적 포경국가'라는 비판을 가한다(동아일보, 2012년 7월 16일: B8면).[4]

과거 우리나라 동해안에서 목격되곤 하던 귀신고래의 경우는 그 처지가 매우 딱하다. 이 알라스카 귀신고래는 보통 알라스카 서남쪽 바다에서 생활하다가 새끼를 낳기 위해 한 무리는 사할린 동쪽이나 한국의 동해안으로, 또 다른 무리는 미국의 캘리포니아 앞바다나 멕시코 서쪽 해안 쪽으로 이동하는데, 이제는 과거와 달리 사할린이나 한국의 동해안 쪽으론 잘 오질 않는다. 사할린 동쪽에서만 약 1백 20마리의 귀신고래가 목격되곤 한다. 귀신고래가 새끼를 낳기 위해서나 계절에 따라 정기적으로 떼지어 다니던 회유지(回游地)에서 우리나라 동해안은 이제 제외된 것이다. 고래 고기를 유난히 좋아하는 일본사람이나 일본사람처럼은 아닐지라도 고래를 잡는 것에 제한을 가하지 않았던 한국사람을 고래는 피하고 있는 것 같다.

---

4 〈정부, 과학조사용 포경 사실상 철회, GPS 이용 비살상방식 검토〉

  정부는 2012년 초부터 논란이 됐던 '과학조사 포경(捕鯨·고래잡이)' 계획을 사실상 철회하고, 호주·뉴질랜드 등이 고래연구에 이용하는 '비(非)살상 과학조사' 방식을 도입하는 방안을 긍정적으로 검토하여 왔다. 27일 농림수산식품부 당국자는 "환경단체나 국제사회가 고래잡이가 아닌 비살상 과학조사 방식으로도 고래의 개체 수·서식지·먹이·습성 등에 대한 연구가 충분히 가능하다는 의견을 내고 있다."며, "현재 이 방식의 효과에 대한 검증 작업을 진행 중이며 관계부처 협의가 끝나는 대로 최종 결론을 내릴 것"이라고 말했다. 비살상 과학조사란 고래에 위성위치확인시스템(GPS)을 달아 서식 지역을 추적하거나 고래의 배설물을 채집해 먹이와 습성들을 연구하는 방식이다. 고래를 죽이거나 잡지 않아도 되어 호주 뉴질랜드 등 포경 반대국가들은 이 방법으로 고래를 연구하고 있다. 올해 초 국제포경위원회(IWC)에 참석한 한국정부 대표단은 과학조사용 포경계획을 밝혔다가 국제사회와 환경단체의 거센 비난을 받았다. 과학조사 목적으로 포경을 하려면 IWC과학위원회 개최 6개월 전에 계획서를 제출해야 한다. 비살상 과학조사는 계획서를 제출할 필요가 없다(동아일보, 2012년 11월 28일: A8면).

반면에 고래를 잡지 않는 미국이나 멕시코의 경우는 2만여 마리의 고래가 목격되곤 한다. 지능이 비교적 높은 고래가 자기를 잡아먹지 않는 곳을 택한 것이다. 그곳에서는 현재 사람과 고래가 친구가 되어 서로 가깝게 지낸다. 바다에 가면 서로를 구경하면서 더불어 살아간다. 그곳에서도 60여 년 전에는 고래잡이가 허용되어 고래의 개체 수가 줄어들었으나, 고래잡이를 법으로 금지하고 고래와의 우호적인 관계를 증진시키는 일에 힘을 쓴 결과 개체 수가 그렇게 증가하였다는 것이다.

10.5 복원 사업

황새의 경우를 보면, 소위 '과부황새'가 1994년 9월 서울대공원에서 죽으면서 우리나라에서는 더 이상 황새를 볼 수 없게 되었다. 그러자 충북 청원군 한국교원대 〈황새생태연구원〉 박시룡 교수는 1996년 새끼 황새 2마리를 러시아에서 들여왔다. 그후 2002년에는 인공번식(알을 인공으로 부화해 실험실에서 키우는 것)을, 그 이듬해에는 외국에서 들여온 황새 어미가 사육장 내에서 알을 낳고 새끼를 직접 기르는 것도 성공했다. 2007년 6월에는 암수 한 쌍을 충북 청원군 미원면 화원리에 시험방사하는 데까지 이르렀으나 실패했다. 그러나 계속된 연구 결과는 희망적이었다. 그래서 2010년 문화재청은 충남 예산군 광시면에 황새마을을 만들기로 결정했다. 광시면 대리 일대 12만 2천㎡(약 3만 6970평)에 인공습지·인공증식장·야생화훈련장·황새공원·황새사육장·번식장·연구시설 등 황새서식에 필요한 환경을 조성하기로 한 것이다. 이런 노력에 힘입어, 2015년 가을에는 황새 8마리가 자연방사되었고, 이들 가운데 한쌍은 2016년 4월 야생 상태에서 알을 낳아, 5월에는 2마리의 새끼를 부화했다.

현재도 황새생태연구원 박시룡 교수팀에 의해 황새 복원 사업은 활발하게 진행되고 있다. 3개의 황새야생 복원지역 가운데 '제3권역'은 특히 통일에 대비한 준비로 추진된다. 인천 강화군 교동도에 황새의 야생복귀거점시설을 마련한 뒤, 2017년부터 황해남도 배천군과 황해북도 평산군, 그리고 과거 한반도에서 생물다양성이 가장 높았다는 연백평야, 비무장지대 등을 그 대상으로 야생복귀를 실시한다는 것이다.

20세기 중기까지만 해도 우리나라 이곳저곳에서 목격되었던 새로 '따오기'가 있다. '따오기'라는 동요도 있을 정도였다. 그러나 웬일인지 그런 따오기도 멸종되어 2008년에는 중국에서 들여와야 하는 처지에 이르렀다. 이렇게 해서 우리나라에 둥지를 틀게 된 우포따오기 양저우(洋洲) 룽팅(龍亭) 한 쌍이 2012년 3월 13일 오후에는 처음으로 알 1개를 낳는 경사가 있었다. 따오기는 번식기에 접어들면 천적으로부터 몸을 보호하기 위해 호르몬을 분비해 깃털 색이 진한 회갈색으로 변한다(연합통신; 동아일보, 2012년 3월 15일: A13면).

물에 서식하는 희귀성 멸종 위기 동물에 관한 대표적인 복원 사업으로는 수달의 경우를 들 수 있다. 강원도 화천군 간동면에 있는 한국수달연구센터가 그 역할을 하고 있는데, 수생태계의 지표인 수달을 연구·증식·복원하는 데 기여하고 있다. 한국수달연구센터는 2004년에 그 준비단이 발족되어, 2006년에는 수달사육장 시설을 완공했고, 2013년 6월엔 신축이전 된 곳에서 개관식을 개최하기에 이르렀다. 이곳에선 부상당하였거나 병에 걸려 치료가 완료된 수달이나, 방사가 필요하다고 여겨지는 수달을 자연서식지로 돌려보내는 활동도 한다. 수달의 자연복귀가 원활할 수 있도록 복원 훈련·외부 현장 조사 등을 실시함은 물론이다. 방문객들에게 수달에 관한 정보 전달 및 환경 교육도 하고 있어, 교육적인 기능도 담당하고 있다.

10.6 요약 및 시사점

이제까지 필자는 우리나라에서 지정된 희귀성 멸종 위기 동물 가운데 물에 사는 물범·수달, 날짐승인 황새·붉은 박쥐·수리, 들짐승인 대륙사슴·붉은 사슴을 들어 그 종류, 특징 및 분포 상황을 서술했다. 희귀성 멸종 위기 동물은 아니지만 수산자원 보호, 어민생활, 국제협약 등 민감한 상황에서 살고 있는 고래에 관해서도 언급했다. 이어서 복원 상황에 관해서도 황새와 수달의 경우를 들어 살폈다.

필자는 생명공동체의 구성원인 인간의 바람직한 생활 태도로서 인디언들의 생활모습을 귀감으로 삼을 필요가 있다고 본다. 인류의 역사 가운데 생명공동체 사상을 실제로 일상생활에서 실천하면서 생활했던 종족은 아메리카 인디언이라 여겨지기 때문이다. 예컨대, 콜럼비아시에 라네바다 산맥에 사는 아루아코족의 경우, 대부분의 다른 인디언들이 그렇게 생각하듯, 어머니인 땅과의 관계를 아주 중요시한다. 그들은 어머니인 대지의 숨결을 느끼기 위해 신발도 신지 않는다. 어머니인 땅과의 접촉을 방해한다고 여기기 때문이다. 그들은 가능한 바위도 움직이지 않고, 나무도 베지 않는다. 어머니와의 관계가 흐트러질 수 있기 때문이다. 우리가 생각하기에는 지나친 행위라 여겨지지만 그런 행위가 무엇을 시사하는지는 알 수 있다.

그들은 생명공동체 사상에 근거한 철저한 남녀평등사회로서, 공동체 생활을 중요시한다. 자연을 지키기 위해 물질적인 탐욕에서 벗어날 것을 강조한다. 대부분의 인디언들이 그렇듯 그들도 약초에 관한 한 상당한 지식도 지니고 있는데, 무엇보다 약초를 다릴 때의 자세나 마음가짐을 중요시한다. 그들의 교육열은 높은 편이다. 그래서 다른 지역에 가서 유학을 하기도 한다. 그러나 그들의 공통된 생각은 인간과 자연의 관계에서 그들의 전통사상이 옳다는 데 이견이 없다. 그들은 다시 고향에 되돌아가서 그들의 전통을 이어가면서 살기를 원한다. 숙연함을 느끼게 하는 삶의 자세라 하겠다.

이런 점에서 우리도 그들의 자세를 주목할 필요가 있다. 긴 안목에서 본다면 그들이 더 앞을 내다보는 현명한 생활을 하기 때문이다. 온갖 과학 기술의 혜택을 누리면서 사는 많은 현대인들보다는 인디언들처럼 사는 것이 생태계를 좀 더 안전하게 보전하는 길이며, 우리도 좀 더 안전하게 살 수 있는 길이기에 그렇다. 그들처럼 우리도 살고 있는 땅과 생명체의 보전에 힘쓴다면, 인간에 의한 지구의 훼손 속도도 훨씬 늦출 수 있을 것이고 멸종 위기와 같은 생명공동체가 겪는 위기도 줄어들 것이다.

● 참고문헌 ●

교육출판공사(1985).『세계철학대사전』. 서울: 교육출판공사.

국립수의과학검역원 동물보호과 엮음(2010).『동물실험 윤리교육』. 안양: 국립
    수의과학검역원.

김경희 외(2006).『소나무 관리도감』. 한국농업정보연구원.

김동진(2009).「백성을 위해 호랑이를 잡은 조선」.『호랑이의 삶, 인간의 삶』
    (2010년 호랑이의 해 국제학술대회 대회보)(pp.29-48). 서울: 국립민속
    박물관 · 서울대학교 수의과대학.

동아일보(2002-2016). 멸종 위기 동물에 관한 기사들. 같은 신문 1994년 12월
    16일 1면, 2012년 12월 29-30일 B7면.

동아출판사 백과사전부(1988).『동아원색세계대백과사전』3, 8, 16, 20, 29권.
    서울: 동아출판사.

류지홍(2009).『현대 풍수지리교과서』. 서울: 동학사.

박시익(1999).『한국의 풍수지리와 건축』. 서울: 일빛.

박희성(1955).「생명의 문제」.『고려대학교 개교50주년 기념논문집』(1989년
    여훈근이 엮은 유고집『회의와 진리』의 9-30쪽).

배상원(2004). 『우리 겨레의 삶과 소나무』(숲과 문화총서12). 서울: 수문출판
    사.

신경준(1990). 『산경표(山経表)』. 서울: 푸른산.

안건훈(1998). 「아메리카 인디언의 환경윤리」. 『철학』, 57, 325-344.

안건훈(2001). 『과학·기술 그리고 철학』. 서울: 철학과현실사.

안건훈(2007). 「자연권, 자연의 권리, 생태민주주의」. 『생태문화와 철학』(pp.13-
    33). 부산: 도서출판 금정.

안건훈(2008). 『논리와 탐구』. 춘천: 강원대학교 출판부.

안건훈(2009). 「희귀성 멸종위기동물 복원의 필요성과 그 대책(I)-여우나 늑대
    를 소재로 한 작품이나 이야기를 위해-」. 『문학과 환경』, 제8권(1), 29-
    53.

안건훈(2010a). 「희귀성 멸종위기동물 복원의 필요성과 그 대책(II)-호랑이를
    중심으로-」. 『환경철학』, 제9집, 117-144.

안건훈(2010b). 「희귀성 멸종위기동물 복원의 필요성과 그 대책(III)-반달가슴
    곰을 중심으로-」. 『환경철학』, 제10집, 171-194.

안건훈(2011a). 『환경문화와 생태민주주의』. 춘천: 강원대학교 출판부.

안건훈(2011b). 「풍수와 환경문화(I)-형기론을 중심으로-」. 『환경철학』, 제12
    집, 91-113.

안건훈(2012). 『이분법적 사고방식』. 파주: 서광사.

안건훈(2013). 「산양과 사향노루를 통해 본 생태민주주의-대중매체와 교육의
    역할을 강조하면서-」. 『환경철학』, 제15집, 61-89.

엔도 키미오(2009). 「한반도의 호랑이는 왜 사라졌을까?」. 『호랑이의 삶, 인간
    의 삶』(2010년 호랑이의 해 국제학술대회 대회보)(pp.55-66). 서울: 국
    립민속박물관·서울대학교 수의과대학.

옥한석(2003). 『강원의 풍수와 인물』. 서울: 집문당.

옥한석(2011). 「소령원 산도(昭寧園山図)의 지형표현 연구」-숙빈최씨 묘소도
    형여산론(墓所図形与山論)의 분석을 중심으로-.(미게재논문), 1-28.

유호종(2004). 「고통과 인식: 인식전환을 통한 고통극복방법의 인식론적 정당
    성 검토」. 『철학연구』, 제65집(철학연구회), 301-319.

이돈구 외(2012). 『숲의 생태적 관리』. 서울: 서울대학교 출판문화원.

이민재(2013). 「실험동물의 윤리적 취급 및 과학적 이용」. 『2013년도 동물실험
    윤리위원회 위원 추천대상자 교육(중부권)』(pp. 39-64). 농림축산검역
    본부.

이솝 지음·한국어린이문화연구소 엮음(2006). 『이솝우화 123가지』. 서울: 영
    림카디널

이익중(2003). 『길한터 흉한터』. 서울: 우성출판사.

이중환(1991). 『택리지』(허경진 옮김). (원서는 1751년에 펴내짐)

이찬용(2003). 『소나무 재선충』. 춘천: 강원대학교 출판부.

이항(2009). 「호랑이의 삶, 인간의 삶」. 『호랑이의 삶, 인간의 삶』(2010년 호랑
    이의 해 국제학술대회 대회보)(pp.69-78). 서울: 국립민속박물관·서울
    대학교 수의과대학.

이형식 편역(2001). 『여우이야기』. 서울: 궁리(원서인 Le roman de Renart는
    작자 및 연대 미상임).

임경빈(1995). 『소나무— 빛깔있는 책들 175 —』. 서울: 대원사.

임신재 외(2005). 『동물행동의 이해와 응용』. 서울: 라이프사이언스.

임주훈 편(1995). 『참나무와 우리문화』(숲과 문화총서3). 서울: 수문출판사.

자연을 담는 사람들(2010). 『한국의 버섯』. 서울: 문학사계.

장회익(2001). 『삶과 온생명』. 서울: 솔.

전영우 편(1993). 『소나무와 우리문화』(숲과 문화총서1). 서울: 수문출판사.

조대호(2009). 「동물의 자발적 행동과 숙고: 아리스토텔레스의 동물행동학에

대한 예비적 성찰.『철학연구』, 제86집(철학연구회), 87-118.

조선일보 2012년 11월 15일 기사.

천진기(2009).「호랑이, 산신령을 태우고 산을 호령하다」.『호랑이의 삶, 인간
의 삶』(2010년 호랑이의 해 국제학술대회 대회보)(pp.9-25). 서울: 국립
민속박물관·서울대학교 수의과대학.

최인학(1996).「설화속의 호랑이」.『한국민속문화의 탐구』(pp.15-26). 서울:
민속원.

최창조(1992).『한국의 풍수사상』. 서울: 민음사.

최훈(2010).「동물을 도덕적으로 고려해야 할 진화론적 이유」.『철학연구』, 제
88집(철학연구회), 283-305.

한글학회(1997).『우리말 큰사전』. 서울: 어문각.

한우근(1970).『한국통사』. 서울: 을유문화사.

현진오·김사홍(1999).『설악산 생태여행』. 서울: 도서출판 따님.

Alston, William P.(1978). Language. In Paul Edwards(Ed.), *The encyclope-
dia of philosophy Vol.4*(pp.384-6). New York: The Macmilan Compa-
ny & The Free Press.

Beaver, Bonnie V.(1992). *Feline behavior: A guide for veterinarians*. Phila-
delphia: W. B. Saunders Company.

Beaver, Bonnie V.(1999). *Canine behavior*. Philadelphia: W.B. Saunders
Company.

Bentham, J.(1948). *An introduction to the principles of morals and legisla-
tion*. (Laurence J. LaFleur, Ed.), New York.(Original work published
1789).

Blumberg, Albert E.(1976). *Logic*. New York: Alfred A. Knopf.

Bookchin, M.(1982). *The ecology of freedom*. Palo Alto: Cheshire Books.

Burgos-Debray, Elisabeth(Ed.)(1992). *I, Rigoberta Menchu: An Indian woman in Guatemala*(Ann Wright, Trans.). London: Verso.

Callicott, J. Baird (1989). *In defense of The Land Ethic: Essays in environmental philosophy*. New York: State University of New York Press.

DesJardins, Joseph R.(1993). *Environmental ethics: An introduction to environmental philosophy*. Belmont: Wadsworth.

DesJardins, Joseph. R.(1999). 『환경윤리』.(김명식 옮김). 서울: 자작나무.(원서인 *An introduction to environmental philosophy*(2nd. Ed.)는 1997년에 International Thomson Publishing에서 출판되었음)

Dugatkin, Lee Alan(2012). 『동물행동학』.(유정칠 외 옮김). 서울: 범문에듀케이션. (원서인 *Principles of animals behavior, 2nd Ed.*은 2009년 W. W. Norton & Company에서 출판되었음)

Edwards, Paul(1978). *The encyclopedia of philosophy Vol.4*. New York: The Macmilan Company & The Free Press.

Eisenstein, E. M., Eisenstein, P., Bonheim, P. & Welch, E. A. (1990). Habituation of the galvanic skin response in adult males as a function of age. *Physiology & Behaviour, 48(1)*, 169-173.

Erdoes, Richard(1976). *Lame Dear: Seeker of visions*. New York: Simon and Schuster.

Fire, J., Deer, L., and Erdoes, R.(1972). *Lame deer: Seeker of visions*. New York: Simon and Schuster.

Gurney, Carol(2012). 『애니멀 커뮤니케이션』.(한유미 옮김). 서울: 아카데미북.(원서인 *The language of animals: 7 steps to communicating with animals*는 2001년에 미국 Dell에서 출판됨)

Hart, Benjamin L.(2003). 『동물행동학』.(신태균 옮김). 제주: 제주대학교 출판부.(원서인 *The behavior of domestic animals*는 1985년 New York과 Oxford에 있는 W.H. Freeman and Company에서 출판됨)

Hobbes, T.(1950). *Leviathan*(A. D. Lindsey, Intro.). New York: E. P. Dutton (Original work published 1651).

Kant, I.(1959). *Foundations of the metaphysics of morals*. (L. W. Beck, Trans.), The Liberal Arts Press. (Original work published 1785).

Lange, Karen E.(2002). Wolf to wolf: The evolution of dogs. *National Geographic · January 2002*.

Leopold, A.(1968). The land ethics. *A sand county almanac*. New York: Oxford University Press.

Leopold, A.(1970). *A sand county almanac, With essays on conservation from Round River*. New York: Ballantine.

Lin, Y. F. & Lin S. Y. T.(1999). 『집합론』.(이홍천 옮김). 서울: 경문사.(원서인 *Set theory: An intuitive approach*는 1999년에 출판되었음)

Long, William J.(2006). 『동물들은 어떻게 대화할까』.(이경아 옮김). 서울: 동아일보사.(원서인 *How animals talk: And other pleasant studies of birds and beasts*는 2005년 Bear & Company에서 출판됨. 최초의 출판은 1919년 New York와 London의 Harper & Brothers Publishers에서 출판됨)

Mackie, J. L.(1973). *Truth, probability, and paradox*. Oxford: The Clarendon Press.

Nash, R. F.(1989). *The right of nature: A history of environmental ethics*. Madison: The University of Wisconsin Press.

Noddings, Nel(1984). *Caring: A feminine approach to ethics and moral education*. California: University of California Press.

Quammen, David(2012.12). Giant of the forest. *National Goegraphic*,

222(6), 28-41. Washington, DC: The National Geographic Society.

Quammen, David(2013.3). Bonobos' Wild side. *National Goegraphic*, *223(3)*, 98-117. Washington, DC: The National Geographic Society.

Regan, Tom(1982). *All that dwell therein: Animal rights and environmental ethics*. California: University of California Press.

Regan, T.(2003). Animal rights: What's in a name? In Light & Rolston III(Eds.). *Environmental ethics-An anthology*(pp.65-73). Malden: Blackwell Publishers.

Russell, B. and Whitehead, A. N.(1968). *Principia mathematica, 1*. Cambridge: Cambridge University Press(Original work published 1910).

Russell, W. M. S. & Burch, R. L.(1959). *Principles of humane experimental technique*. London: Methuen & Co.(Reprinted as a special edition in 1992 by UFAW.)

Singer, P.(2002). 『동물해방』.(김성한 옮김). 서울: 인간사랑.(원서인 *Animal liberation*은 1975년 New York시의 New York Review of Books Press에서 출판되었음)

Singer, P.(2003). Not for humans only: The place of nonhumans in environmental issues. In Light & Rolston III(Eds.). *Environmental ethics-An anthology*(pp.55-64). Malden: Blackwell Publishers.

Smith, Roff (2013.6). Last of the whalers. *National Goegraphic, 223(6)*, 118-141. Washington, DC: The National Geographic Society.

Snyder, G.(1972). *Energy is eternal delight*. The New York Times(Jan. 12).

Szreter, Adam(2009). Animals-The maverick monkeys-. *Morning Calm* (Korean Air), 33(1), 78-85.

Tarski, A.(1952). The semantic conception of truth. In L. Linsky(Ed.). *Se-

mantics and the philosophy of language(pp.13–49). Ill: Illinois University Press.

|ㄱ|
가능태와 현실태(완성태) 19
감자바리와 청소놀래기 27-28
갈참나무 99-100
까마귀[孝鳥] 65
개체 생명 22-23
개체중심 23
거니(Carol Gurney) 51-54
결합 양상과 시공 형태 22
결합 양상의 차이 22
고라니 111, 152, 154, 188, 191-195, 230
고릴라 51-57, 68
고차언어(meta language) 110, 113
고통(pain) 28-33, 37-38, 42-44, 87
곰의 쓸개즙 213
과부황새(1971년 발생) 36, 252, 260
교토대 영장류연구소 56

구제역(口蹄疫) 177
구황식품 101
국립공원관리공단 멸종위기종복원센터 205, 207
국제포경위원회(IWC) 259
굴참나무 99-100
귀신고래(1980년 마지막 목격) 36
금강송 85, 95-97
금낭경(錦囊経) 116-117
기(氣) 117-118
기계론 19-20
길상지(吉相地) 선정 기준 120, 126

|ㄴ|
나경(羅経) 119
나일 악어 65
낭림이 181
『내가 알고 있는 야생동물』 152
노딩스(Nel Noddings) 221

노루 226, 242

노예해방선언문 39

녹색기후기금(GCF) 46

눈잣나무 92

『늑대왕 로보』 151

능산적 자연 40

|ㄷ|

다윈(Charles Robert Darwin) 68-
69

따오기 7, 37, 261

단순질료 20

대간·정간·정맥 131

대덕산 호랑이(1922년 발견) 36,
178, 180

대륙사슴 142, 226, 228, 234-240,
245-256

대상언어(object language : O) 110

떡갈나무 99-100

데카르트(Renē Descartes) 20

도선(道詵) 120-121

돌고래 258

돌봄(caring) 221

동경이(댕견) 60

동기감응론(同氣感応論) 117, 137

동물보호법 제13조 32

동물실험의 원칙 32

동물의 5대 자유 42

동수비보(洞藪神補) 129, 138

동위개체 23

들소 35

DNA 21-22

|ㄹ|

러셀(Bertrand Russell) 106-113

레오폴드(Aldo Leopold) 101, 109-
111

린네(Carl von Linné) 68

링컨(Abraham Lincoln) 39-43

|ㅁ|

마르타 비둘기 34

만주흑송 92

말레이곰 204

말타 견(Maltese dog) 160

멧돼지 60, 101, 111, 154, 171,
188, 195, 205, 217, 228, 230,
242

멸종 위기 야생동물(포유류) 237,
253

멸종 위기 야생동식물의 국제거래에
관한 협약(CITES) 189

묏자리[음택] 120

문자언어 50-51

문(門)·주(主)·조(灶) 120

물범 36, 142, 251-262

물형론(物形論) 119

밍크고래 258

|ㅂ|

바다사자 7, 36, 251-258

박시룡 260-261

박희성 22

반달가슴곰 7, 201

반려동물 59-61

반송(盤松) 95

발복(發福) 117, 130

발현(emerging) 24

배산임수 120-126

백송(白松) 95

범신론(pantheism) 40

벤담(Jeremy Bentham) 30

보생명 22-23

보신(補身)문화 190, 202, 212

보전(preservation) 129

보호관리(conservation) 85, 90,
    129, 135, 138

불곰(큰곰) 204

붉은 사슴[누렁이, 말사슴, 馬鹿] 7,
    192, 226-229, 252-256, 262

붉은 여우 143-145

비보풍수(裨補風水) 127, 135

|ㅅ|

사실-가치 이분법(fact/value dichot-
    omy) 118

사유화(appropriation) 24

사상(事象, occurrence) 25

사향노루(궁노루) 7, 228

사향진 233

『산경표(山経表)』 131

산림동태(forest dynamics) 103,
    105

산양 142, 171, 225

산천비보(山川裨補) 127-128

살아있는 화석 7, 228, 241

삼엽송(三葉松) 92

상괭이 258

상수리나무 99-100

새천년비자나무(조상목) 81

생기론(vitalism) 19-20

생명 18-25, 30

생명공동체 17-18, 28-31

생명이 없음 25

생명이 있음 25

생명체 17-24, 27-31, 41-47, 69,
    85, 112, 165, 194-198, 220-223,
    242

생명 현상 19-21

생물계과 무생물계 22

생물의 발생 단계 23

생물종 다양성 협약 197

생태담론에서의 역설 91, 103

생태민주주의 18, 43, 143, 165,
    196-198, 202, 216-217, 221-223,
    247-248

생태중심 23

섬잣나무 89, 92

세계자연보전연맹(IUCN) 34, 240

세포와 원형질 22

소나무(속)과 참나무(속) 89

소나무 재선충병 104

소령원(昭寧園) 122-124

소산적 자연 40

속리산 정2품송 72, 85

솔잎혹파리 73, 103

송전(松田) 94

쇼비니즘(chauvinism) 41

수달 142, 252, 257-258, 261-262

수염수리 8, 254

숙빈 최씨 123

숲의 교란(disturbance) 101, 105, 112-113

스나이더(Gary Snyder) 40, 247

스눌프 · 스눌피 158, 216

스피노자(Baruch de Spinoza) 40

3Rs 33

시베리아 호랑이 168-173, 181, 193

신갈나무 99-100, 227

실질적 포경국가 259

실험동물 32-33

싱어(Peter Singer) 30

쓰나미(Tzunami) 66

|ㅇ|

아메리카 인디언 40, 50, 69, 246, 262

아루아코족 262

아무르강(The Amur) 172

아와지시마 몽키센터 56

악순환의 원리(the vicious circle principle) 106

안산(案山) 118-119, 126

압승풍수(壓陞風水) 127-128

양택삼요(陽宅三要) 120

양택풍수(양기풍수) 120-122

에반스(Edward P. Evans) 247

엠페도클레스(Empedokles) 136

엥겔스(Friedrich Engels) 21

옐로스톤 국립공원 35

『여우가 된 부인(Lady into fox)』 150

여우놀이 148

여우 생태 복원 155

『여우의 재판』 150

『여우 이야기』 151

역설(paradox) 103

영경묘 · 준경묘 금강송 95

예측과 예견 130-131

오대산 전나무 숲 73

오도산 표범(1962년 마지막 발견) 182

온생명 22-23

와갈봉조선범 181

왜가리 160, 216, 245, 248

요세미티 국립공원 194

용문산 은행나무 75

용(龍) · 혈(穴) · 사(砂) · 수(水) 118

우백호(右白虎) 117, 119, 126-127

우수리강(The Ussuri) 170

우역(牛疫) 177

우제류복원센터 239

우포따오기(2008년 들여 옴) 261

위성위치확인시스템(GPS) 259

유기체로서의 사건(events) 24

유엔생물다양성과학기구(IPBES) 45

유엔생물다양성협약(UNCBD) 45

유엔환경계획(UNEP) 34

육송 94

은여우 144

음성언어 50-51, 69

이기론(理氣論) 118, 124-125, 137

이병천 159, 215

『이솝우화』 150, 210

이엽송(二葉松) 92

이율배반(antinomy) 105-106

인간중심주의 윤리 30

입수(入水) 119

|ㅈ|

자기의존(self dependence) 106

자기향유(self enjoyment) 24

자연권(natural rights) 41

자연의 권리(the right of nature) 41

자유와 평등 5, 40-47

자초(自超, 無學) 121-125

잣나무 92

장풍득수(藏風得水) 116, 125-126

장회익 22

전저후고(前低後高) 120-126

전착후관(前窄後寬) 120, 125

전체론 19-20, 101, 111

전통수목양묘장 85

정도의 차이(difference of degree) 6, 29-31, 42, 67-69, 247

정부간 기후변화위원회(IPCC) 46

제2의 황금률 162, 196, 216-217

제주비자림 81

제주비자림 연리목(連理木) 81

제호이위신(祭虎以爲神) 184

조산(祖山) 118

조산(朝山) 119

조선범 181

졸참나무 99-100

종류의 차이(difference of kind) 67-69

종의 불연속성(discontinuity of species)의심 68

주산(主山) 118, 126, 132

지구생존지수(LPI) 34

지명비보(地名裨補) 127

진화과정 25, 193, 242, 247

질료와 형상 19

집터 135

|ㅊ|

착호갑사(捉虎甲士) 176

참나무 시들음병 104, 112

참나무 6남매(참나무 6형제) 99

창덕궁 향나무 77

창덕궁 회화나무 76

청둥오리 160, 194, 216

청솔모 230

최고의 민주주의(ultimate democracy) 40

추애산조선범 181

7단계 하트토크 프로그램(7 Steps Heart Talk Program) 52, 54

침팬지 51-58, 67-68

|ㅋ|

칸트(Immanuel Kant) 38-43

캉갈도그 59-60

커핀저(Raymond Coppinger) 161

코식이(코끼리) 64

코요테 64

콰인(W. V. O. Quine) 105

키티(kitty)여우 144

|ㅌ|

타르스키(Alfred Tarski) 106-113

탈인간중심주의 윤리 30-41

태백산 주목 76

태(胎)-식(息)-잉(孕)-육(育) 132

『택리지』 129

|ㅍ|

파구(破口) 124, 134

패러다임의 대전환 43

포호정책(捕虎政策) 176, 195

표범 35-36, 142, 167-173, 177-
  183, 192, 198, 251

풍수 115

|ㅎ|

한국교원대 〈생태연구원〉 260

『한국민속문화의 탐구』 185

한국 호랑이(백두산 호랑이) 168,
  173, 179, 182, 188, 192, 198

함축(implication) 50

해송(흑송. 금솔) 94

해수구제정책(害獸驅除政策) 170,
  180, 195, 198

형기론(形氣論. 형세론) 115-119,
  125, 129, 135-138

호환(虎患) 176, 183

혼례소나무 85

화이트헤드(Alfred North White-
  head) 24, 26

황금률 38-47, 162, 196, 216-217

황금박쥐 8, 237, 251-254

황새 36-37, 251-252, 260-262

황장금표(黃腸禁標) 97

황장목(黃腸木) 96

황장봉산(黃腸封山) 97

히말라야산양 240

흰꼬리수리 8, 255